아이들은
나무처럼
자란다

2023년 6월 10일 초판 1쇄
2023년 7월 15일 2쇄

지은이 **김소라**
　　　　진병찬

함께한 아이들
김진환, 김하윤, 신우영, 김석환, 장세욱

펴낸곳 **비온후** www.beonwhobook.com
펴낸이/꾸밈 **김철진**

ISBN 978-89-90969-59-0 03370

책값 18,000원

아이들은 나무처럼 자란다

부산참빛학교 초등교실 1년간의 기록

김소라

진병찬

II.
참빛학교
교과과정에 담긴
교육철학

책을 내며...

이 책은 부산참빛학교 초등과정에 다니는 다섯 아이의 사계(四季)를 담고 있습니다. 그 아이들이 1년 동안 배움을 일구어가면서 자라는 모습을 그리고 있습니다. 한 그루의 나무가 자기 자리에 점차로 뿌리 내리고, 계절의 흐름에 따라 때맞추어 잎과 꽃을 피우고 열매 맺고 낙엽을 떨구는 순환을 통해 무럭무럭 자라듯이, 우리 아이들도 그렇게 자랍니다. 그렇게 자라면서 내면에는 세상에 하나뿐인 모양의 나이테를 옹골차게 만들어가지요.

이 책은 "아이들이 스스로 내면의 힘을 키우고 자신의 호기심과 관심에 따라 각자의 배움을 일구어가도록 돕는 것"이 교육이라는 관점을 바탕으로 자연과 더불어 자유롭게 자라고 있는 아이들의 모습을 관찰한 기록물이라고 할 수 있습니다.

그러한 교육을 지향하는, 부산참빛학교는 2011년 3월 화명동에서 여섯 명의 초등 아이와 함께 개교한, 이른바 '대안학교'입니다. 표면적으로는 조촐해 보이지만, 그 시작에는 100여 명에 이르는 분들의 관심과 도움이 있었습니다. 학교 현장에서 '아이들이 행복한' 교육을 고민하며 실천해 오신 분들과 화명동에서 마을공동체를 일구고 계시던 분들이 참빛학교가 문을 열고 운영되는 데에 물심양면 도움을 주셨습니다.

그렇게 십여 년이 흐르는 동안, 처음에 입학했던 아이들이 중학생이 되고 고등학생이 됨에 따라 중등과정과 고등과정이 차례로 개설되어 현재는 초중고 12년제로 운영되고 있습니다. 물론, 그 과정에 새로운 아이들이 입학해서 학급수도 늘어나고 학사도 확장 이전하는 과정을 겪었습니다.

참빛학교는 특정한 가치나 이념을 내세우기보다는 오히려 교육의 참된 본질에 더 천착하면서 진정한 배움이 무엇인지를 찾고 실현하는 데에 집중해왔습니다. 그러한 참빛학교 교육철학의 근본은 학교 이름에 잘 담겨있습니다. 참빛학교의 교육은 아이를 그 자체로 온전히 '참빛'을 지닌 존재로 보는 것에서 출발합니다. 아이를 미성숙한 존재로 보고, 가르쳐야 할 대상으로 여기는 관점과는 정 반대에 있습니다. 아이를 자신의 배움을 스스로 찾고 일구어갈 수 있는 주체적인 존재로 보는 것이지요.

그런 관점에서 보면, 학교와 교사는 아이들이 자신의 관심과 호기심에 따라 각자의 배움을 실현해 갈 수 있도록 돕는 역할로 존재합니다. 아이를 중심에 둔 교육, '가르침'보다 '배움의 욕구'에 더 관심을 두는 교육의 궁극적 목적은 아이들의 행복입니다.

해마다 발행하는 '학교 교육과정 안내지'에는 참빛학교 교육철학을 "더불어 행복한 삶을 가꾸는 교육"이라고 밝히고 있습니다. 종속적이거나 무기력한 삶을 행복하다고 할 수 없겠지요. 자기 모습 그대로, 자기가 가진 결대로 인정받고, 자기 삶의 주인이 되어 자립적이고 자유롭게 사는 삶을 행복하다고 하는 데에는 이견이 없을 것 같습니다.

그런데 현실은 늘 '다른 사람처럼 되기' 위해 현재를 저당 잡히는 삶을 강요합니다. 행복에 대해서는 같은 꿈을 꾸면서도 현실에서는 자꾸만 거꾸로 갑니다. 참빛학교는 다른 방향으로 한번 걸어보자고 제안합니다. '지금 여기서 즐겁고 행복한 길'을 걸어보자는 것이지요.

본문을 통해 확인할 수 있겠지만, 참빛학교 교실에는 그 흔한 컴퓨터도 없고, 빔프로젝터도 없으며, 스마트폰도 없습니다. 대부분의 교과과정은 직접 몸으로 체험하는 가운데 이루어집니다. 필요한 지식이나 정보가 있으면 학교 바로 옆에 있는 도서관으로 달려가고, 궁금한 것이 생기면 그것에 대해 알려줄 마을 어른을 찾아가 배웁니다. 놀면서 배우고 산과 들과 강변을 누비며 배웁니다. 수동적으로 주어지는 것을 받아들이며 배우는 것이 아니라 직면해서 스스로 겪으며 그 안에서 자신의 욕구대로 배우는 것이지요. 그 과정에서 즐겁고 신나는 배움이 일어납니다. 무엇인가에 호기심이 생기고, 관심을 가진 내용을 알아가는 활동은 누구에게나 기대와 설렘을 줍니다. 궁금하던 것에 나름의 답을 찾았을 때의 기쁨, 이루고 싶은 것을 성취하는 즐거움은 자존감을 높게 하고 새로운 도전에 두려움 없이 나서게 합니다.

이 책은 그처럼 지금 여기에서 즐겁고 행복한 배움의 길이 참빛학교 교과과정에 어떻게 담겨있고, 교실 현장에서 어떤 모습으로 전개되는지를 보여주고자 합니다. 그래서 한해 교실 풍경을 시시콜콜 열거하며 묘사하고 있지만, 사실은 그 열거만으로는 부족함을 느낍니다. 배움은 그 열거된 것들 사이, 혹은 그 너머에서 아이들마다의 모습으로 일어나기 때문입니다. 독자들이 그 행간에서 일어나는 일들을 짐작하고 상상할 수 있다면 참 좋겠습니다.

1부 '1년간의 교실 기록'은 2022년 한 해 동안 참빛학교 초등수업의 교과과정을 자세히 담고 있습니다. 일 년의 교과과정을 설계하고 구성한 담임교사는 수업을 진행하고, 다른 한 명은 수업을 보조하며 매일의 수업과정을 관찰해서 기록으로 남겼습니다. 1년간 두 교사가 함께하면서 매일의 수업을 돌아보고 서로의 생각을 나누었습니다. 수업에 관한 관찰과 두 교사가 함께 나눈 생각들이 모여 이 책의 1부를 이룹니다.

2부는 참빛학교 교육과정에 담긴 교육철학을 정리한 내용입니다. 1년간 수업을 관찰하고 기록하는 가운데 생겨난 질문을 함께 풀면서 교육과정에 담으려고 했던 참빛학교의 철학을 정리해보는 시간을 가질 수 있었습니다. 1부의 구체적인 교실 활동을 읽으면서 생겨나는 질문에 교육철학을 담은 2부의 내용이 도움이 되기를 바랍니다.

1부는 관찰을 담당한 교사(김소라)의 기록이 바탕이 되었고, 2부는 수업을 설계하고 직접 진행한 담임교사(진병찬)의 글이 바탕이 되었지만, 전체적으로는 두 교사의 끊임없는 대화와 생각의 나눔을 통해 조율되고 상호보완된 결과물이라고 할 수 있습니다. 순서대로 읽어도 좋고 2부부터 읽어도 무리가 없을 듯합니다.

교육이 신나고 즐거운 활동이 되기를, 학교에서 배움을 얻는 활동이 기대와 설렘으로 가득하기를, 교육을 통해 기쁨과 즐거움이 가득한 삶을 살기를... 부산참빛학교가 꿈꾸어 온, 이러한 교육에 관한 생각을 더불어 함께 꿈꾸며 현실로 만들 수 있길 바라면서 이 책을 냅니다. 그리고 자신의 아이가 행복한 배움을 이루기를 바라는 부모, 신나고 즐거운 교실을 위해서 어떻게 아이와 만나고 어떻게 수업을 설계하면 좋을지 고민하는 교사, 혹은 대안교육을 궁금해하는 분들에게 도움이 될 수 있으면 좋겠습니다. 독자들이 이런 수업, 이런 학교, 이런 배움이 어떤 의미를, 어떤 힘을 가질 수 있을지 상상하고 발견하는 기회가 된다면 더없이 좋겠습니다.

이 책은 12년간 부산참빛학교를 통해 함께 꿈꾸어 온 많은 학생, 교사, 부모님들의 도움이 있어 나올 수 있었습니다. 여러 어려움 속에도 함께 꿈꾸며 교육의 이상을 가꾸어 온 참빛가족 모두에게 감사의 마음을 전합니다.

2023년 4월
김소라, 진병찬

1년간의
교실
기록

3월 · 만남

2022학년도 새 학기는 두 아이와 시작했습니다. 코로나 19의 여파로 초등 재적 인원 다섯 명 중, 세 명이 개학 날 등교를 못 했기 때문입니다. 두 아이가 새 교실에 앉아 다소 긴장한 표정으로 새 담임선생님을 기다립니다. 초등 저학년은 온돌방 좌식 책상에서 생활하기 때문에 올해 3학년과 4학년이 된 두 아이는 처음으로 입식 책걸상을 사용합니다. 게다가 작년까지 초등을 담당했던 선생님들이 모두 중고등을 맡아 6층 학사로 올라가셨고, 인원수가 많았던 6학년들도 중등과정으로 진학해서 6층으로 올라갔습니다. 평소 같으면 4층 초등학사가 아이들 소리로 시끌벅적했을 텐데, 올해는 개학 첫날 분위기가 조용합니다. 교사도 아이들도 좀 낯설고 어색합니다. 개학 둘째 주가 되어서야 다섯 아이 모두와 만날 수 있었습니다.

사실, 개학 전날, 초등학사 청소를 도우러 학교에 갔다가 다음날 두 명의 아이만 등교한다는 소식을 들었습니다. '두 명으로 수업이 될까?', '두 아이가 실망하거나 심심해하지는 않을까?' 마음에 부담과 걱정이 스며들었지요. 그런데 올해 초등담임을 맡은 진병찬 선생님은 전혀 동요가 없어 보였습니다. 4년 만에 초등담임을 맡은 진 선생님은 그저 기대에 찬 표정으로 아이들을 맞이할 준비에 여념이 없었습니다. 초등 아이들과 처음으로 함께하는 저로서는, 새 학년의 이러한 시작을 온전히 기대와 기쁨만으로 대하기가 어려웠습니다. 그러나 한편으로는, 한 해 수업을 관찰하고 기록하기로 한 나의 입장에서는 더 흥미진진해졌다는 생각이 들기도 했지요. 이런 상황에서도 교사와 아이 모두 즐겁고 신나는 수업은 어떻게 가능하고, 또 어떤 모습으로 펼쳐질까요?

리듬활동으로
시작하기

아이들이 즐겁고 신나게 배우기 위해서 가장 우선되어야 할 것은 무엇일까요? 편안한 마음 안에서 즐겁고 신날 수 있겠지요. 그래서 참빛학교에서는 '안정감'을 배움에 동반해야 할 가장 우선적인 것으로 봅니다. 어른도 마찬가지가 아닐까 싶습니다. 불안한 마음은 현재에 집중하거나 즐길 수 없게 하지요. 그래서 안정감은 아이들이 호기심을 가지고 즐겁게 배움을 열어가기 위한 바탕이라고 할 수 있을 것 같습니다. 사전에는 "바뀌어 달라지지 아니하고 일정한 상태를 유지하는 느낌 _{네이버 국어사전}"이라고 정의되어 있네요. 예측 가능함 속에서 자신이 지금 무엇을 어떻게 해야 할지 스스로 가늠하고 시도할 수 있는 상태를 말한다고 할 수 있겠지요. 참빛학교에서는 이처럼 배움의 바탕인 안정감을 '리듬'이 있는 교육과정으로 추구합니다. 하루, 한 주, 한 절기, 한 달, 한 계절, 한 해가 각각의 이야기를 가지고 흐름을 이루도록 하는 것입니다. 이런 리듬을 통해 배움의 안정감이 삶의 안정감으로 이어지게 되는 것이겠지요.

무엇보다, 아침마다 하는 '리듬 활동'은 하루를 편안하고 즐겁게 시작하게 하는 주요한 활동이라고 할 수 있습니다. 참빛학교의 아침은 '리듬활동'으로 열립니다. 매일 아침 정해진 일련의 활동을 규칙적으로 반복하는 것이지요. 올해 초등과정에서는 대략 아홉 가지의 리듬활동이 진행되었습니다. 아침인사, 날짜와 날씨 말하고 기록하기, 뉴스타임, 계절 노래 부르며 몸풀기, 구구단 외우고 문제 맞히기, 리코더연주, 절기 노래 부르기, '하루를 여는 시' 암송하기입니다. 매일 아침, 이러한 활동이 순서대로 30분가량 이어집니다.

그리고 하교하기 전 하루를 마무리하는 시를 암송하면서 하루를 닫습니다. 처음부터 아홉 가지 활동을 한꺼번에 시작한 것은 아닙니다. 첫 주에는 앞의 세 가지 정도만 반복했습니다. 아침 아홉 시가 되면, 담임교사가 교실 문앞에 서서 "얘들아, 안녕?"이라고 큰소리로 인사를 합니다. 교사의 인사 소리를 신호 삼아 아이들은 교사 앞에 줄을 서고, 한 명씩 교사와 눈을 맞추며 인사를 나눈 후, 자기 자리로 돌아가 앉아야 합니다. 이처럼 단순한 활동도 처음에는 쉽지 않았습니다. 노느라고 정신이 없어 교사의 인사 소리를 듣지 못하기도 하고, 들었더라도 쑥스러워 쭈뼛거리기도 합니다. 반복적으로 매일 하다 보니 선생님의 인사 소리도, 줄을 서서 눈을 맞추는 것도 자연스럽게 하게 됩니다.

인사를 나누고 자리에 앉으면 그날의 '날짜와 날씨를 묻고 칠판에 기록'하는 과정이 이어집니다. 날씨를 표시하는 규칙도 있습니다. 해가 났는지, 바람이 얼마나 부는지, 구름은 얼마나 많은지, 비가 오면 얼마나 오는지, 그 정도를 세 단계로 구분해서 기호로 표시합니다. 당일만이 아니라, 매번 다음 날의 날짜와 날씨도 기록합니다. 아이들은 자기들이 전날 예측한 날씨가 맞으면 기세등등 아침부터 기분이 아주 좋습니다. 매일 아침 어제, 오늘, 내일의 날짜와 날씨를 묻고 답하는 과정은 표면적으로는 아주 단순해 보이지만, 아이들에게 다양한 배움이 일어나도록 돕는 활동인 것 같습니다. 무심히 지나치기 쉬운 날씨를 아침마다 살피면서 자연스럽게 자연의 변화를 느낄 것이고, 매일 날짜와 요일을 확인하고 적으면서 한주와 한달의 순환을 경험할 것이며, 추상적인 수의 세계가 아니라, 숫자의 구체적이고 실질적인 쓰임도 체험하게 되지 않을까 싶었습니다.

날짜와 날씨 말하기가 끝나면, 그다음은 '뉴스타임'입니다. 한 명씩 앞에 나가 자신에 대한 새로운 소식을 전하는 시간이지요. 주로, 전날 방과 후를 어떻게 보냈는지 이야기합니다. 처음에는 긴장해서 머뭇거리던 아이도 날이 갈수록 자연스럽고 편안하게 발표할 수 있게 됩니다. 뉴스타임은 다른 친구들 앞에 서서 발표하는 일을 익숙하게 해주기도 하지만, 아이들이 자신의 일상 속에서 소소하지만 재미있고 소중한 순간들을 발견하게 하기도 합니다. 교사의 입장에서는 그날 아이의 기분이나 컨디션, 나아가 아이의 방과 후 시간에 대해서도 짐작할 수 있게 해주지요.

아이들이 이러한 활동을 자연스럽게 받아들이면 다른 활동을 하나씩 추가해갑니다. 한달이 되어갈 때쯤, 아홉 개 활동의 리듬이 완성되었고, 교사의 지시나 설명 없이도 일련의 리듬 활동이 꼬리에 꼬리를 물고 이어지며 펼쳐질 수 있었습니다.

한달 동안 함께 하다 보니, 매일 반복하는 아침 리듬활동이 아이들의 내면에 어떤 힘을 키워주고 있는지 절로 느껴졌습니다. 두 가지만 말해보자면, 하나는 아이들의 마음을 '지금, 여기'로 모으는 힘입니다. 등교하기 전, 혹은 수업 시작 전에 어떤 마음이나 기분이었든, 일단 리듬활동이 시작되면 자연스럽게 그 활동을 따라가면서 현재에 마음을 집중하는 모습을 보입니다. 두 번째는 하루의 일과를 누구나 편안하고 즐겁게 시작할 수 있도록 하는 힘입니다. 성격이 내성적인 아이이거나 며칠 결석했던 아이라 하더라도 이어지는 리듬에 몸과 마음을 맡기기가 쉽고 또 그렇게 하기만 하면 신나고 즐겁게 시간이 흘러갑니다. 리듬과 반복이 주는 묘미인 것 같습니다. 오늘도 내일도 현재에 집중하면서 리듬을 따라가기만 하면 되는 것이지요. 그러다 보면 어느 순간 잘하고 있는 자기 모습을 발견하게 됩니다.

놀이
친구와의 만남

30여 분간의 아침 리듬 활동이 끝나면, '삶교과' 수업의 본 활동이 시작됩니다. '삶교과'란 삶에 직면해서 아이가 자발적으로 배움을 일구어가도록 돕는, 참빛학교의 고유한 교과입니다. 하루의 첫 수업이 삶교과 시간입니다. 3월의 삶교과 주제는 '만남'입니다. 새 학년이 시작되는 3월은 온통 새로운 것들과 만나는 달이지요.

새 학년을 맞은 아이들은 3월 첫 두 주 동안 놀이로 친구들과 만났습니다. 목마타기, 팽이치기, 병뚜껑으로 딱지 만들어 놀기, 낙동강변에서 연날리기 등. 계절에 어울리고 아이들의 발달도 도울 수 있는 놀이입니다. 목마는 지난해 연말, 진 선생님이 중고등 아이들과 산에서 주워온 나무 등치를 잘라 만든 것입니다. 평소에 모아둔 병뚜껑을 아이들과 함께 두드려 펴서 딱지도 만들어 놀았습니다. 그중에서도 가장 신난 놀이는 연날리기였지요. 참빛학교는 뒤로는 금정산이 있고, 앞으로는 마을 가까이 대천천이 흐릅니다. 대천천을 따라 이삼십 분만 걸으면 낙동강변에 이를 수 있습니다. 그래서 운동장이 없는 참빛학교는 낙동강변에 조성된 구민운동장을 학교 운동장처럼 애용합니다. 드넓은 운동장에서 하늘 높이 연을 날리는 놀이는 아이들의 마음을 한없이 부풀고 즐겁게 하는 것 같습니다. 3월 초 꽃샘추위와 매서운 강바람에 손과 얼굴이 빨개져도 연을 날아오르게 하느라 지칠 줄을 모릅니다.

3월 첫 두 주 동안, 수업이라는 것이 그처럼 대부분 '놀이'였습니다. 놀이는 아이들에게 어떤 배움을 줄까요? 아동교육 연구자들은 '놀이'가 아이들의 성장과 발달에 얼마나 중요한 활동인지에 대해서 입을 모아 역설합니다. 놀이는 신체뿐만 아니라, 인지력, 사회성, 언어발달에도 지대한 영향을 준다고 말합니다. 놀이에 열중하고 있는 아이들을 보고 있자면, 그 말이 어떤 뜻인지 이해할 만합니다. 목마타기도, 팽이치기도, 딱지치기도, 연날리기도 모두 몸으로 하는 놀이지요. 몸의 균형을 잘 잡아야 하고, 힘의 세기도 잘 조절해야 하고, 자세도 잘 잡아야 합니다. 그렇지만 놀이의 기술을 더 잘 익히게 하려고 아이들에게 기본자세를 훈련 시키거나 회전 관성과 같은 팽이가 돌아가는 원리를 가르치는 경우는 드물지요. 요즘은 놀이도 과외를 시킨다고는 하지만, 일반적으로는 놀이를 수학이나 영어 가르치듯 해야 한다고 생각하는 사람은 잘 없습니다.

진 선생님도 놀이의 그런 점에 주목하는 것 같습니다. 목표지향적이지 않고, 놀이 안에서 아이들이 자연스럽게 배움을 일으킨다는 점에 주목하는 것이지요. 아이들은 직면한 놀이를 통해 자기식대로 잘 할 수 있는 방법을 찾고, 그 안에서 관계 맺으며, 규칙을 이해해서 적용하고, 사물의 원리도 경험 속에서 감각적으로 배웁니다. 그 배움을 인지력이나 사회성, 혹은 신체발달로 나누어 구분하는 것은 별로 큰 의미가 없지 않을까 싶습니다. 그렇게 구분해서 분석하려는 시선에는 그 하나하나를 성장 촉진되어야 하는 것으로 여기려는 의도가 숨어있기 쉽기 때문입니다. 아이는 놀이를 통해 종합적으로 자기 자신을 실현하면서 스스로 성장하고 있는 것이지요. 아이들이 놀고 있는 것을 보면 종종 불화도 생기고 낙심하는 아이도 생겨납니다. 그런 것들을 관계 속에서 풀어가는 과정에서 자기 자신과 타인을 이해하는 기회도 생겨나겠지요. 힘든 과정이 반복된다하더라도 아이가 그 과정을 온전히 겪도록 기다려주는 것, 그런 모습을 놀이 수업에 함께하는 교사에게서 발견합니다.

놀이라고 해서 그 과정이 늘 호락호락한 것은 아니지요. 그럼에도 아이들이 기꺼이 인내하면서 놀이 과정에 몰입하고 그것을 끊임없이 반복하게 하는 힘은 무엇일까요? 재미있고 즐겁기 때문이겠지요. 즐거움은 어떻게 일어나는 것일까요? 가장 기본적으로는 자기가 하고 싶은 것을 할 때 즐거울 수 있겠지요. 말하자면 자발적이고 자율적일 때 즐거울 수 있다는 것이지요. 놀이가 바로 그런 것인 것 같습니다. 비록 놀이의 과정에서 어려움과 마주하고 수없이 재도전하는 인내가 필요하더라도 그것이 즐거울 수 있는 이유는 그것이 진실로 자기 내적 동기로부터 비롯하기 때문이 아닐까 싶습니다.

한편, 놀이의 즐거움은 온전히 '현재적'이라고 할 수 있습니다. 지금 여기에 몰입해야 즐거울 수 있는 것이지요. 놀이는 다른 곳, 혹은 미래의 어떤 때가 아니라, 바로 지금 여기에 집중하고 현재에 깨어있도록 하는 가장 좋은 활동이 아닐까 합니다. 바로 거기서, '미래를 준비하기 위한 배움'이 아니라, '현재를 누리는 가운데' 시시각각 자기 모양대로의 배움이 일어나겠지요. 진 선생님은 이러한 놀이를 통한 배움의 원리를 다른 수업활동에도 적극 가져옵니다. 배움이 놀이 같아야 한다면, 그 말은 현재에 집중하면서 진실로 자기로부터 비롯하는 자기 모습대로의 배움, 바로 그것을 통해 즐겁고 행복할 수 있는 배움이라야 한다는 말이겠지요.

아이들이 연을 날릴 때 저도 한번 해보았는데, 연을 높이 날아오르게 하는 것이 그리 쉬운 일이 아니라는 것을 새삼 경험했습니다. 연날리기는 어떤 방법으로 시작해야 할까요? 바람을 타고 올라가게 하기 위해서는 어느 방향으로 뛰어야 하는지, 방패는 어떻게 다루어야 실이 자연스럽게 풀리는지, 높이 떴던 연이 아래로 곤두박질 칠 때는 어떻게 해야 다시 떠오르는지, 다른 연의 줄과 꼬이지 않게 하려면 또 어떻게 해야 하는지 등등… 그저 그 작고 가벼운 연 하나를 하늘로 날아오르게 하는 데에 참 많은 것이 요청됩니다. 이런 것들은 이론적으로 체계적으로 아무리 말로 설명해봐야 소용이 없지요. 직접 해보아야 하고, 다른 사람이 어떻게 하는지 보고 따라 해보기도 해야 합니다.

연날리기 첫날은 바람이 별로 없어서 연이 잘 날아오르지 않았습니다. 수없이 시도해도 잘되지 않자 아이들은 연줄을 쥐고 마구 뜁니다. 뜀박질을 멈추지 않으면 연도 계속 떠 있기는 하지요. 숨을 헐떡거리며 뛰어다니면서도 아이들은 공중에 연이 떠 있는 것만으로도 기쁘고 신나 보입니다. 그러다 연이 때마침 부는 바람을 타고 높이 올라가 더이상 뛰지 않아도 바닥으로 떨어지지 않는 순간이 왔습니다. 이제 어떻게 해야 할까요? 환호하면서도 어찌해야할지 모르는 아이들의 연이 다시 바닥으로 낙하합니다. 한번 맛을 본 아이들이 다시 시도하기를 여러번... 제 자리에 서서 연줄을 살살 당겨주거나 풀어주면서 연이 바람을 타도록 조절하기에 이릅니다. 아이들은 이 모든 것을 경험 속에서 감각적으로 배웁니다. 아이들의 얼굴이 기쁨과 환희로 가득해집니다. 하늘 높이 평화롭게 떠 있는 연을 바라보는 눈길에서 아이들이 그사이 한 뼘 더 자란 것처럼 느껴지기까지 했습니다. 그다음 주에 연을 날리러 갔을 때는 지난주에 결석한 친구에게 자기들이 깨친 것들을 알려주느라 여념이 없습니다. 아이들끼리는 서로 참 잘도 배우는 것 같습니다.

이처럼 아이들이 연을 높이 날리게 될 때까지 그것을 바라보는 제 마음은 애가 좀 탔습니다. 가르쳐주고 싶거나 대신해주고 싶은 마음이 목까지 차오르지요. 담임인 진 선생님 마음도 마찬가지였을 테지요. 그럼에도 진 선생님은 섣불리 관여하지 않습니다. 묵묵히 선생님도 아이들처럼 연 날리는 일에만 열심입니다. 그러다 어느 순간 아이들보다 먼저 연을 날려 올리는데 성공합니다. 아이들은 부러운 눈길로 담임의 방법을 관찰하고 모방하고, 각자 자신이 겪는 어려움에 따라 질문도 하고 도움도 요청합니다. 진 선생님은 아이들의 질문과 요청이 있을 때라야 구체적으로 응답합니다.

이러한 과정에서 실현되는 교육은 교사가 의도한 가르침의 결과가 아니라, 아이들 각자가 자신의 관심에 따라 스스로 일궈내는 배움이라고 할 수 있겠지요. 이러한 교육은 근래에 회자되는 소위 '자기 주도적 학습'과도 확연히 다릅니다. 교사가 정해놓은 내용과 성취목표에 도달하기 위해 아이가 자기주도적으로 방법만을 찾는 교육과는 근본적으로 다르지요. 그러한 교육은 여전히 '가르침'을 중심에 둔 교육 안에 있을 뿐이지요. 여기서는 배워야 할 것이 정해져 있지 않습니다. 배울 것도 도달해야 할 목표도 아이의 관심과 의지에 달려있습니다. '가르침'과 '배움'의 전통적인 관계를 단순히 역전시켰을 뿐인데, 이러한 교육은 주체적인 인간, 나아가 인간 존재의 진정한 본질까지도 재고하게 하는 힘을 갖는 것 같습니다.

연날리기라는 단순한 놀이를 관찰하면서도 저는 교사의 역할에 대해서 다시 생각할 수 있는 경험을 합니다. 내가 의도하고 목적한 바를 가르치고 있는지, 아니면 아이들로부터 나오는 배움의 욕구에 응답하고 있는지... 매 순간 교사가 할 일은 이 두 가지 길에서 자신이 어느 쪽에 서 있는지를 돌아보고 깨어있는 것이라는 점을 실감 나게 배웠습니다. 그러한 단순한 시선의 전회가 또 얼마나 쉽지 않은 일인지도 실감합니다.

경칩
봄과의 만남

교사의 존재 이유가 아이로부터 배움이 일어나도록 돕고, 배움의 요청에 응답하는 것이라면, 교사가 기대야 할 것은 언제나 아이들이겠지요. 아이들이 배움의 욕구를 실현해가는 것을 돕기 위해서 교사는 아이에게 어떤 일이 일어나고 있는지 잘 살피고 관찰해야 합니다. 올해 초등은 여건상 학년 통합 반으로 운영되었습니다. 3학년, 4학년, 5학년이 함께하는 학급입니다. 재적 인원인, 다섯 아이가 모두 등교하자 교실의 분위기가 많이 달라집니다. 교사의 같은 제안에도 아이마다 다른 반응을 보이는 것이 신기하기까지 했습니다. 어떤 아이는 자기주장이나 의견이 강하고, 때로는 자기 기분을 그대로 표현하면서 교사의 제안에 순하게 응하지 않는 모습도 보입니다. 또 한편으로는 상대적으로 그 반대의 모습을 보이는 아이도 있습니다.

아이들의 다양한 반응에 대해 진 선생님께 질문을 한 적이 있습니다. "아이들 숫자가 적은데도 아이마다 정말 다른 반응을 보이네요. 모든 아이가 진지한 태도를 보이면 좋을 텐데요." 진 선생님은 그런 저의 질문에, 오히려 각각의 아이가 발달에 맞게 잘 자라고 있는 모습이라고 말합니다. 그러고보니, 대체로 고학년과 저학년이 보이는 차이였습니다. 숫자가 적어 학년마다 한두 명씩이다 보니, 나에게는 개별적 특성으로만 보였던 것이지요. 발달론은 참빛학교 교사로 있는 동안, 책과 연수를 통해 반복적으로 배운 내용입니다. 실제로 아이들과 만나면서 그것을 알아차리기에는 좀 더 많은 경험이 필요한가 봅니다. 어쨌든 그런 기회를 통해서, 발달단계를 이해하는 것이 실제로 아이를 이해하는 데에 얼마나 중요한 일 중 하나인지를 실감할 수 있었습니다. 발달을 이해하면 문제로 여겨지는 아이의 행동에 대한 이해의 폭도 넓어지고, 그런 이해의 폭을 바탕으로 기다려줄 수 있는 힘도 커지겠지요.

학기 초, 진 선생님은 수업이 시작되면 매번 무언가를 들고 교실에 들어왔습니다. 그런데 그것은 언제나 큰 보자기로 덮여있어서 그 안에 무엇이 들어있는지 알 수 없었지요. 아이들은 매번 무척 궁금해합니다. 보자기를 벗기면 팽이도 나오고 병뚜껑도 나오고 망치도 나오고 연도 나옵니다. 아이들의 호기심을 자극하기 위해서라고 짐작했습니다.

진 선생님은 보자기가 호기심을 일으키기 위한 것은 맞지만, 그것이 모든 아이에게 필요한 것은 아니라고 합니다. 초등 저학년은 그러한 장치 없이도 모든 것에 호기심을 갖기 때문에 그렇게 하지 않아도 충분히 즐거워하고 흥미로워 한다고 합니다. 그런데 초등 고학년에 접어들면, 그러한 무조건적인 호기심의 정도가 조금씩 줄어들기 때문에 보자기 같은 장치가 흥미를 더해 주는 데에 도움이 된다는 것이지요. 팽이치기나 딱지치기가 초등 고학년들에게는 자칫 시시하게 여겨질 수도 있을텐데, 실제로 아이들의 반응을 보면 확실히 진 선생님의 발달단계를 고려한 흥미 유발이 효과가 있는 것이 분명한 것 같습니다. 보자기를 벗겼을 때 나타나는 물건들을 보면서 다섯 아이 모두, 오늘은 저것으로 무엇을 할지 상상력을 펼치고, 재미있게 놀 기대로 눈빛을 반짝거립니다. 시작이 그래서 그런지, 이후에도 한동안 쉬는 시간마다 자기들끼리 목마를 타고 팽이와 딱지치기를 신나게 즐겼습니다.

보자기를 이용해서 특별히 더 아이들의 호기심과 재미를 극대화한 수업이 있었습니다. 절기상 경칩을 맞아 뱀 찾기 놀이를 했던 때였지요. 알다시피, 경칩은 입춘과 우수를 지나 얼었던 땅이 녹고 겨울잠을 자던 뱀이나 개구리가 땅 위로 나오려고 꿈틀대는 때를 이릅니다. 진 선생님은 경칩이 어떤 절기인지 설명하고 난 후, 학교 어딘가에 뱀을 숨겨 두었으니 한번 찾아보라고 합니다. 아이들은 '뱀'이라는 소리에 온몸을 움츠리며 질색을 하면서도 특유의 장난기와 호기심이 발동하는지 교실을 뛰쳐나가 학교 곳곳을 누비며 뱀을 찾기 시작합니다.

뱀 찾기에서도 학년마다 다른 반응을 보이네요. 저학년일수록 그저 재미있어 죽겠다는 표정으로 강당을 이리저리 뛰어다니고, 가장 고학년인 5학년 아이는 "진짜로 뱀이 있다고요?"라고 되물으며 도저히 못 믿겠다는 표정을 짓습니다. 겨울잠에서 막 깨어났으니 독이 덜하긴 하겠지만, 그래도 물리지 않게 조심하라는 담임의 진지한 목소리에 5학년 아이도 일단은 믿어 보기로 한 듯합니다. 그렇지만 동생들처럼 아무 곳이나 막 들춰보며 다니지는 않네요. "뱀은 습한 곳을 좋아하니까…"라면서 젖은 흙과 풀로 장식되어있는 계절 탁자를 몇 번이나 뒤지고, 샤워장, 주방, 화장실 등 습하고 어두운 곳만 찾아다닙니다. 시간이 흘러도 뱀을 찾아내는 아이가 없습니다. "뱀은 도대체 어디에 있는거야? 선생님이 거짓말을 하셨나 봐." 아이들이 낙담하고 강당 바닥에 주저앉을 즈음, 진 선생님이 뱀을 찾았다며 보자기로 덮은 커다란 바구니를 조심스럽게 들고 나타납니다. 뱀이 놀랄 수 있어서 보자기로 덮었으니 조용히 하라고 주의도 줍니다. 아이들은 호기심과 불안이 섞여 편안하게 앉지도 못하고 어정쩡한 자세로 멀찍이 떨어져 바구니 쪽으로 목만 빼고 있습니다. 진 선생님이 보자기 한쪽을 살짝 벗기고 뭔가를 손으로 잡아 끌어내는 순간 아이들의 긴장감과 호기심이 최고조에 달했다가 금방 파안대소로 변합니다. 뱀의 실체가 드러난 것이지요. 줄다리기를 할때 쓰는 긴 줄입니다. 모습이 구불구불하고 두툼한 것이 뱀을 빼닮았습니다. 아이들은 어이없어하면서도 안도하는 듯 손으로 바닥을 쳐가면서 그저 웃기만 합니다.

진 선생님은 아이들이 속았다고 느낄 사이를 주지 않고, 곧바로 긴 줄을 이용해서 뱀 피하기 놀이를 시작합니다. 긴 줄을 바닥에 길게 늘어뜨리고 한쪽에서 흔들면 흡사 아주 굵고 긴 뱀이 움직이는 듯한 모양이 됩니다. "뱀에 물리면 안 되니까, 뱀을 피해서 줄을 뛰어넘어!" 진 선생님의 지시에 아이들이 비명을 질러대며 움직이는 줄을 폴짝폴짝 뛰어넘습니다. 줄을 흔드는 속도가 점점 빨라지자 뱀에 물리는 아이가 속출합니다. 한참을 뱀을 피해 뛰어다니던 아이들이 땀을 뻘뻘 흘리며 강당 바닥에 드러눕습니다. 뱀 피하기 놀이의 단계를 모두 통과하는 즉시 자유시간을 주겠다고 했는데, 벌써 시간이 다 흘러 점심시간이 되었네요. 경칩이야기로 시작한 오전이 이렇게 놀면서 금방 지났습니다.

아이들이 자기도 모르게 흠뻑 빠져든 시간이었고, 호기심과 긴장감, 그리고 재미로 가득했던 시간이었습니다. 동시에 발달단계에 따라 다양한 반응과 상상력이 발현되고 생성되는 시간이기도 했습니다. 또한, 아이들에게는 경

칩이라는 절기를 통해 잊지 못할 기억을 만드는 시간이기도 했을 것입니다. 실제로 '경칩' 이야기는 그다음 주 활동에서도 종종 소환되었지요.

마을 뒷산으로 산책을 가던 길이었습니다. 길 초입에서 작은 웅덩이와 만났습니다. 아이들은 "지난주가 경칩이었는데, 아직 진짜 개구리를 못 봤네. 이런 웅덩이에는 분명히 개구리가 있을 거야."라며 웅덩이 옆에 한참을 쭈그리고 앉아 개구리를 기다립니다. 아이 중 하나가 웅덩이 속에서 개구리 얼굴을 봤다고 소리치는 바람에 더 오랫동안 살폈지만, 개구리가 통 모습을 보이지 않아 그냥 일어날 수밖에 없었습니다. 아이들 소리에 개구리가 놀라 깊이 숨어버렸나 봅니다. 산에서 한참을 놀고 내려오는 길에 아이들은 다시 그 웅덩이로 향합니다. 이번에는 모두 발소리와 숨소리를 죽이고 살금살금 다가가 기다렸지요. 또 한참을 기다린 끝에 드디어 개구리 한 마리가 모습을 드러냈습니다.

진 선생님은 개구리를 봤으니 이제 학교로 돌아가자고 하지만, 아이들은 개구리와 더 놀고 싶은 모양입니다. 한사코 개구리를 웅덩이에서 구해줘야 한답니다. 주변에서 나뭇가지와 억새 풀을 들고 와서 개구리를 유인하지만 잘 안 됩니다. 그때 한 아이가 <왕을 원한 개구리들> 이야기에 나오는 통나무 왕을 떠올리고 통나무를 찾아오자고 제안합니다. 대통령선거가 있던 주에 진 선생님이 계기수업으로 해주었던 이야기입니다. 개구리들은 자기들이 올라가 쉴 수 있는 통나무 왕을 거부하고, 대신 황새 왕을 모신 탓에 모두 잡아 먹히고 말았다는 이솝우화지요. 아이들은 "통나무를 던져 놓으면 분명 개구리가 그 위로 올라앉을 거야."라며 어디선가 작은 통나무 하나를 구해서 웅덩이에 넣었습니다. 개구리가 스스로 통나무 위에 올라가지 않아, 아이들이 합동작전을 펴서 개구리를 통나무 위로 유인했습니다. 아이들이 그 통나무를 들어 올려 결국, 개구리를 웅덩이에서 구해내고야 말았습니다.

개구리를 웅덩이에서 왜 구해내야 하는 건
지는 모르겠지만, 어쨌든 아이들은 자신들
이 위기에 처한 누군가를 힘을 모아 구출
한 듯 뿌듯해하고, 경칩에 개구리를 보았
다는 것에도 기뻐했습니다. 한 수업에서 배
운 것들이 다른 수업활동과 자연스럽게 이어지
고 엮어지면서 아이들의 배움을 더 흥미롭게 만들어가는 장면과 만날 수
있었습니다.

참빛학교에서 '자연의 흐름과 변화'는 주요한 수업내용이며 동시에 틀이기
도 합니다. 아침마다 하는 리듬 활동에서 각 계절에 어울리는 노래를 부르
고, '구슬비'라는 동요를 24절기 이름으로 개사해서 부릅니다. 노래로 만들
어 부르다 보니, 모든 아이가 스물네 개의 절기 이름을 절로 외웠습니다. 24
절기는 4계절보다 더 섬세하게 자연의 변화를 포착하고 있을 뿐 아니라, 각
절기 마다 무엇을 하면 좋은지, 또 어떤 것에 주의해야 하는지 등의 건강한
삶의 풍속과 지혜를 배우게도 합니다. 진 선생님은 절기가 바뀔 때마다 새
롭게 시작되는 절기의 이름과 특성에 대해 설명해 주는데, 나중에는 아이
들이 먼저 새 절기가 시작되었음을 알고 거꾸로 교사에게 알려주기도 합니
다.

절기의 이름을 외우는 것보다 중요한 것은, 아이들이 실제로 자연의 변화와
흐름을 몸으로 느끼고 그 자연스러운 흐름을 자신의 삶의 리듬으로 가져올
수 있도록 하는 것이겠지요. 3월에 아이들은 학교 뒷산을 누비며 <참빛 초
등둘레길>을 만들었고, 매주 월요일과 목요일 오후에 하는 산책은 언제나
자연과 만나는 시간입니다. 산책에서 돌아올 때는 그 계절을 느끼게 하는
자연물들을 수집해서 계절 탁자를 꾸몄습니다. 또한, 한 학기 동안 옥상 텃

밭에 지을 농사 준비도 했습니다. 이처럼 자연과 더불어 하는 활동을 통해서 '시작하는 봄'과 진하고 풍요롭게 만나는 시간을 보냈습니다.

비록 옥상에 만든 나무상자 텃밭이지만, 농사는 아이들에게 참으로 많은 것을 배우게 하는 것 같습니다. 때에 맞춰 씨를 뿌리기 위해 겨우내 얼었던 텃밭의 흙을 갈고 3월 마지막 주에는 구포시장 종묘상에 씨앗을 사러 다녀왔습니다. 상추, 깻잎, 씨감자, 그리고 옥수수씨앗을 샀습니다. 나무로 만든 상자형 텃밭에서 옥수수를 키울 수 있을지 걱정이 되기는 했지만, 아이들이 꼭 옥수수를 키워보고 싶다고 해서 그렇게 하기로 했습니다. 사온 씨앗을 현미경으로 관찰도 합니다. 작물마다 씨앗의 모양과 색이 다릅니다. 각각이 다른 세계와 우주를 가진 듯 합니다. "이 작은 씨앗이 어떻게 상추가 되고 키 큰 옥수수로 자랄 수 있을까?" 아이들은 이미, 다 자란 수확물을 상상하며 나래를 펼치지만, 현실에서 필요한 것은 정성스럽고 부지런한 손길과 기다림이지요. 한 해 농사를 시작하면서 아이들이 좀더 긴 호흡으로 자연의 리듬을 경험하고 그것을 또한 자기 삶으로 체화하게 되기를 기대해봅니다.

마을과의 만남
측정과 지도

3월 첫 두 주 동안 놀이로 친구와 만난 아이들, 이후 두 주 동안은 만남의 범위를 '마을'이라는 더 넓은 세계로 확장했습니다.

시작은 아이들이 매일 생활하는 교실입니다. 진 선생님이 "얘들아, 오늘은 좀 위험한 놀이를 할 거니까 정신을 잘 집중해야 한다."라고 말하고는 아이들에게 신발을 벗고 책상 위로 올라가 아래를 내려다보라고 주문합니다. 아이들은 호기심 반, 두려움 반으로 조심스럽게 책상 위로 올라섭니다. 책상 위에 서서 보니 평소에는 경험하지 못하던 시야가 펼쳐집니다. 진 선생님은 위에서 수직으로 내려다본 책상과 의자의 모습이 어떠한지 잘 살피고 다시 내려오라고 합니다. 그리고는 칠판에 하늘에서 내려다보는 시점의 교실을 교사는 칠판에, 아이들은 공책에 그립니다.

교실 그림을 그리면서도 학년마다 아이들의 반응이 다르고 완성된 그림도 차이가 납니다. 5학년 아이는 담임의 그림이 정확하지 않고, 빠진 것이 많다고 계속 흠을 잡습니다. 그러면서 자신은 교실 구석구석을 다니며 시시콜콜한 물건까지도 놓치지 않고, 복잡하게 생긴 완강기도 위에서 내려다보는 모양으로 그려보려고 애를 씁니다. 그렇게 완성된 교실 그림은 정교하고 평면도로서의 시점도 잘 나타나 있는 편입니다. 최고학년이라 역시 다르다고 말씀드렸더니, 진 선생님은 다른 아이들도 각기 발달단계에 맞게 충실한 모습을 보여주고 있다고 말합니다. 3학년 아이는 큰 고민이나 의심 없이 교사의 것을 모범 삼아 거의 그대로 따라 하면서도 만족하고, 4학년 아이는 교사의 것을 참고하면서도 그대로 따라 하지 않고, 자기가 생각하고 아는 대로 덧

교실측정

붙이려는 의지를 보인다고 합니다. 그러고 보니, 3학년 그림은 칠판에 그려진 진 선생님의 것과 거의 닮았고, 4학년 그림에는 평면도임에도 불구하고, 입체적으로 뭔가 사물을 더 사물답게 표현하려는 의지가 많이 엿보입니다. 5학년 그림은 담임보다 더 잘해보려는 의지로 가득합니다. 이런 경우, 다섯 아이 중에 누구 것이 가장 제대로 그린 것이냐는 질문은 의미가 없는 것이겠지요. 모든 아이가 더도 덜도 아니게, 각자 적절한 단계의 발달을 이루며 성장하고 있다는 것을 잘 보여주고 있기 때문입니다.

그런데, 교실 평면도를 그리는 것으로 끝이 아닙니다. 이제 측정이 시작됩니다. '자'를 사용하지 않고 각자 자기 '발'로 교실의 길이를 측정합니다. 담임이 먼저 시범을 보입니다. 한발, 두발, 세발... 담임의 큰 발로 교실을 측정하니 가로는 26보, 세로는 15보네요. 아이

들도 각자 자기 발 크기로 교실을 측정해서 자기가 그린 교실 평면도에 기록
합니다. 아이마다 발 크기가 다르니, 그림에 표시된 숫자도 모두 다릅니다.
교실 측정이 끝난 아이들은 교실 밖으로 나가 강당도 재고, 엘리베이터 앞
현관도 재고, 주방도 재고... 아이들이 발로하는 측정에 신이 났습니다. 왁자
지껄 활기가 찹니다. 매일 놀고 배우는 학교, 나와 가깝고 익숙한 그 공간을
내 몸으로 구석구석 구체적으로 만나는 시간이었습니다.

다음 날은 학교 밖으로 나갔습니다. 학교 건물 입구에서 바로 근처에 있는
쌈지공원까지는 몇 보일까요? 이제부터는 자기 발걸음 수를 세면서 걷습니
다. 쌈지공원을 지나, <맨발동무도서관>과 <대천마을학교>와 <대천천네트
워크>가 있는 새마을금고 건물 입구까지도 세면서 갔습니다. 여기까지 온
김에 평소에 잘 가 보지 못했던 <대천천네트워크> 사무실에 가 보기로 했습
니다. 그곳에 계시는 분들로부터 큰 환대를 받고 <대천천네트워크>가 어
떤 일을 하는지에 대해서도 들었지만, 아이들의 관심은 그곳에 전시되어있
는 박제된 곤충에 온통 쏠렸습니다. 대천천 주변에 서식하고 있는 곤충들
이라고 합니다. 학교로 돌아와 그날 걷고 방문한 길과 장소를 칠판에 지도
로 그렸습니다.

그다음 날은 지도 그리는 방법에 대해서 배우는 시간을 가졌습니다. 진 선
생님은 "종이 위에 우리 마을을 실제 크기 그대로 그릴 수 있을까?"라고 묻
고, 아이들은 "우리 마을 크기만큼 큰 종이가 있으면 그릴 수 있겠죠."합니
다. 그렇게 큰 종이를 만들 수는 없지요. 만약 지도에 1:10,000이라고 표시
되어 있다면 그것은 어떤 의미이고, 그런 표시가 왜 필요한지에 대해서도
알아보았습니다. 아이들은 축척이나 비율 같은 어려운 개념을 쓰지 않고도
어떻게 지도로 옮길 수 있는지 자기 언어와 방식으로 설명합니다.

지도 공부를 마치고, 우리는 또 마을로 나갔습니다. 이번에는 새마을금고

건물 근처에 있는 행정복지센터까지 갑니다. 걸음 수를 세고 기록을 한 다음, 행정복지센터 건물 3층에 있는 <마을기록관>을 방문했습니다. 마을기록관은 대천마을에 대한 기록물과 마을의 역사를 담은 사진을 모아 2021년 가을에 개관했지요. 개관한지 얼마 되지 않았습니다. 그래서, 학교 아주 가까운 곳에 있지만, 아직 아이들은 한 번도 가 보지 못한 곳입니다. "마을기록관은 무엇을 하는 곳일까?" 입구까지 간 아이들 눈빛이 호기심으로 가득합니다. 우리 학교가 위치한 대천마을의 역사가 글과 그림과 도표 등으로 전시되어있었습니다. 기록관 정식 이름은 마을 사람들의 응모와 투표를 통해 4월에 정하기로 했다고 합니다. 아이들도 각자 자기가 생각하는 마을기록관 이름을 하나씩 적어 응모에 참여하고 학교로 돌아왔습니다. 마침 그곳에 멋진 마을지도가 전시되어 있어, 우리에게 큰 도움이 되었습니다.

학교와 가까운 마을과 만난 우리는, 그다음 날은 좀 더 멀리까지 갑니다. 걸어서 삼십 분 이상 떨어져 있는, 작은책방 <북적북적>과 마을문화공간 <무

마을기록관방문

사이>가 목적지입니다. 아이들은 그전에 하던 대로 각자 발걸음 수를 세면서 걷기 시작합니다. 그런데 거리가 멀다 보니 집중력이 떨어져 자꾸 숫자를 까먹거나 헷갈립니다. 이렇게 계속 갈 수는 없다고 판단한 듯, 가던 길을 멈추고 아이들이 한참 동안 의논을 하네요. 지금부터는 다섯 모두 같은 보폭으로 함께 걷기로 약속을 한 모양입니다. 역할도 나누었습니다. 3학년 두 아이는 계속 하나부터 시작해 백까지 세고, 5학년 아이는 '백'이 되는 순간마다 손가락을 하나씩 접기로 했나 봅니다. 그렇게 한참을 걷다가 어느 순간 아이들이 당황하며 다시 멈춥니다. 아뿔싸! 5학년 아이의 손가락 열 개가 모두 접혀서 더이상 접을 손가락이 없습니다. 그러자 4학년 아이가 손가락 하나를 접네요. 천 단위는 4학년이 맡기로 한 모양입니다. 아이들 걸음으로 거의 2천 보에 가까운 걸음을 걸어 드디어 첫 번째 목적지인 <북적북적>에 도착했습니다.

어렵게 도착했지만, 목적지인 두 곳 모두 시간이 일러 문을 열지 않았네요. 근처에 있는 '솔밭도서관'에서 시간을 보내고 나서야 <북적북적>과 <무사이>에 들어갈 수 있었습니다. 목적지였던 두 곳 모두, 그곳에 계신 어른들이 아이들을 크게 환영해주시고, 간식과 음료도 내주시며 칭찬도 많이 해주셨습니다. 난관이 많았던 여정이어서 그런지 아이들 얼굴에 퍼지는 뿌듯함과 기쁨도 그 어느 때보다 크게 느껴졌습니다. 끝까지 포기하지 않고 직면한 난관을 지혜와 마음을 모아 서로 의지하면서 스스로 해낸 아이들, 그 과정을 다 보고서도 믿기지 않았습니다. 포기할 수도 있고, 꾀를 부릴 수도 있었을 텐데, 처음부터 마지막까지 주어진 미션을 제대로 해보겠다는 자발적 의지를 내는 아이들에게서 자존심 같은 것까지 느낄 수 있었던 시간이었습니다. 그런 힘이 어디서 나오는 것일까요?

그다음 주에는 더 멀리 가기로 했습니다. 학교에서 출발해 구민운동장을 둘러 평소에는 자주 가지 못했던 화명생태공원까지 갔습니다. 이번에는 만 단위까지 예상하며 아이들이 출발하기 전부터 역할을 꼼꼼히 나눕니다. 역할을 잘 나누었지만, 모든 아이가 자기 역할에 계속해서 집중하기가 어려운 모양입니다. 뒤에서 묵묵히 아이들을 따라가면서 보니, 아이들 분위기가 심상찮을 때도 있습니다. 뭔가 서로에게 불만이 생겼는지 삐친 표정을 한 아이도 있고, 화가 나서 얼굴이 붉어진 아이도 보입니다. 그래서 걷다가 멈춰서는 경우가 여러 번 있었지만, 담임은 두고 보면서 가능한 한 최소한으로만 개입합니다.

자기들끼리 조율이 끝나 다시 걷기 시작하면, 또 언제 그랬냐는 듯이 힘을 모아 함께 하네요. 마침내 구민운동장을 지나 화명생태공원에 도착했습니다. 이번에도 긴 여정인 만큼 어려움도 많았지만, 아이들 스스로 해결하고 끝까지 왔습니다. 오면서 센 걸음수를 잊지 않도록 기록해 놓고, 드넓게 펼쳐진 공원에서 여느 때처럼 신나고 즐겁게 어울려 놀고 돌아왔습니다.

진 선생님도 걸으면서 마음속으로 걸음 수를 세신 모양입니다. 선생님이 나에게 살짝 알려주는 걸음 수와 아이들이 센 걸음 수에 차이가 많이 납니다. 진 선생님 것이 훨씬 많습니다. 당연히 보폭이 작은 아이들의 걸음 수가 더 많아야 하는 것 아닐까요? 오는 중에 자기들끼리는 엄격하게 한다고 했지만 어쩔 수 없이 오차가 생겼나 봅니다. 그래도 진 선생님은 그 오차에 대해서는 언급하지 않습니다. 아이들이 한 노력과 성취감이 숫자의 정확도를 기하는 것보다 훨씬 의미 있는 것이기 때문이겠지요.

그날 오후에는 지금까지 걸었던 길과 장소를 모

두 넓은 지도를 본격적으로 그렸습니다. 마을기록관에서 얻어온 지도도 참고해서 아주 넓은 범위의 우리 마을 지도가 그려졌습니다. 이 프로젝트를 시작할 때, 교실 평면도를 그리고 보폭으로 거리를 측정했던 경험이 마을지도 그리기에 큰 도움이 된 것 같습니다. 아이마다 자기 걸음으로 측정한 거리가 기록된, 세상에 하나밖에 없는 지도입니다.

2주간의 마을 만나기 프로젝트의 가시적인 결과물은 사실, 이 지도밖에 없지요. 아이들이 각자 그린 지도를 자세히 들여다보면 아이들이 어디를 걸었

는지 확인할 수 있고, 조금 더 관심을 주면 그 길에서 아이들이 보고 만난 것에 대해서도 그려볼 수 있습니다. 그 과정에서 아이들에게 일어난 배움, 그 것이 어떤 것이었을지를 짐작하는 것 도 가능하겠지요. 그 길에 함께 하다 보니, 아이들이 그린 마을지도를 보면 어디쯤에서 어떤 일이 일어났고, 어떤 이야기가 오고 갔는지 생생히 기억이 납니다. 아이들은 더욱 그러하겠지요. 이번 마을 프로젝트 수업에 제목을 붙인다면 무엇이라고 할 수 있을까요? 여러 가지를 떠올려보지만 만족스럽지 않습니다. 왜냐하면 이 프로젝트에는 여러 가지 분야가 복합적으로 작용하고 있고, 프로젝트를 통해 찾을 수 있는 의미도 다양하기 때문입니다. 마을

을 탐색하고 거리를 측정해서 지도로 만드는 활동에는 숫자나 길이, 거리, 크기 등에 대한 수학적 이론, 지도를 그리거나 읽는데 필요한 방위, 축척, 비율과 같은 개념, 그리고 마을의 역사나 지리적 환경에 대한 활동과 배움이 종합적으로 작용하고 있습니다. 그것들은 각기 따로가 아니라 마치 화학작용처럼 섞이면서 아이들의 배움을 풍요롭게 만듭니다.

이러한 지식적 차원만이 아닙니다. 저에게 더 의미 있어 보였던 것은, 아이들이 방문하는 곳에서 받는 마을 어른들의 환대였습니다. 이러한 환대와 칭찬은 부모나 담임선생님이 하는 것과는 차원이 좀 다르다는 것을 아이들의 반응을 통해서 느낄 수 있었습니다.

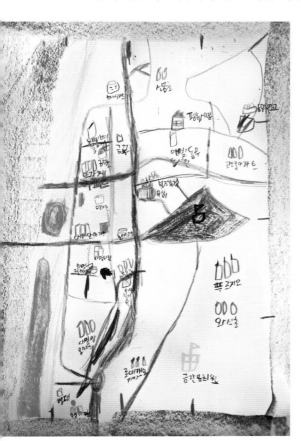

자기가 하고 있는 일에 대한 신뢰와 자신감을 키우고, 나아가 세상과 사람에 대한 긍정적이고 너그러운 마음을 키우는 튼튼한 씨앗이 될 것이 분명합니다. 그뿐만 아니라, 아이들이 뜻과 정을 나누며 함께 살아가야 할 세상의 범위를 가족 너머로 한발 확장 시킬 수 있는 경험이 되기도 했을 것입니다. 발걸음으로 거리를 측정하는 방법은 엄격한 수학적 측면에서 본다면 허술해 보일지 모르겠지만, 그보다 훨씬 중요하고 의미있는 배움을 일구는

길이었다고 생각됩니다. 아이들이 한발 한발 자신의 걸음에 집중하도록 했을 뿐만 아니라, 그 과정에서 만나는 갖가지 어려움을 이겨낼 방법을 서로 힘을 모아 찾아낼 수 있도록 하는 아주 멋진 계기를 제공했던 것 같습니다. 결과적으로 얻게 된 아이들의 도전 의식과 성취감은 더 말할 필요도 없겠지요.

교사에게는, 직면하는 상황에 대한 아이들의 학년별 다양한 반응을 구체적이고 실질적으로 관찰할 수 있게 해주었던 프로젝트였습니다. 발달단계에 대한 이해는 호기심과 관심의 대상, 호기심과 관심을 실현하는 방법, 그리고 성취 수준에 대한 자기 기대치 등이 각 아이의 발달에 따라 다를 수 있다는 것을 이해하는 것이기도 합니다. 여기에 아이의 개별적 특성에 대한 이해까지 더해진 시선으로 아이를 대한다는 것은, 한 마디로 아이를 그 모습 그대로 이해하고 받아들인다는 말과 같은 것이겠지요. 그러한 시선으로 볼 때, 아이는 교사가 설정한 목표를 기준으로 이끌어가야 할 대상이 아닌 것이지요. 앞에서도 말한 바와 같이, 아이가 스스로 배움을 일구어 나가는 데에

도움을 주려는 교사가 바라보아야 할 곳은 그 무엇보다도 '아이 자체'라는 말을 다시금 환기하게 합니다.

교과서도 시험도 없지만, 교사는 아이들과 만나기 위해서 수업을 계획해야 합니다. 가르쳐야 할 것이 정해져 있지 않은 교육이라면, 교사는 무엇으로 아이들과 만나야 할까요? 참빛학교의 중심교과는 '삶교과'라고 했습니다. 직면한 삶을 통해 아이들 스스로 각자의 배움을 일으키고 얻도록 돕는 교과라고 했지요. 그렇다면 '무엇으로 아이들에게 삶을 직면하게 할 것인가?' 가 교사의 중요한 질문이라고 할 수 있습니다.

어떤 것과 직면했을 때 아이들이 자유롭고 즐겁게 자신의 배움을 일구어 나갈 수 있을까요? 참빛학교 교사라면 언제나 돌아보고 고민하면서 연구해 온 질문입니다. 그렇게 해서 큰 범위에서 합의된 것이 대략, '놀이', '자연과 삶의 흐름', 그리고 '발달에 대한 이해'입니다. 이 세 가지를 기본 바탕으로 삼아서 삶교과를 구성합니다.

'놀이'란 말 그대로 놀이이기도 하고, 놀이처럼 하는 수업을 의미하기도 하지요. '놀이처럼'이라는 것은 앞에서도 말한 것처럼, 아이가 자발적이고 자율적으로 자신의 관심에 따라 즐겁게 하는 배움이라고 할 수 있습니다.

'자연'은 아이뿐만 아니라, 인간이라면 누구나 직면하는 삶이지요. 그것을 의식하든 하지않든, 우리는 여전히 대자연의 섭리와 흐름 안에서 생명과 삶을 영위합니다. 그러한 자연의 흐름을 삶의 리듬으로 회복하려는 것은 부자연스러운 것을 자연스럽게 돌려놓는 일입니다. 계절과 절기의 변화하는 리듬에 따라 삶의 리듬을 이루어가는 것이 건강하고 안정적인 삶이겠지요. 그 안에서 즐거운 배움도 일어납니다.

마지막으로, '발달단계'에 대한 이해입니다. 아이들의 발달단계는 교사에게는 아이가 무기력에 빠지지 않고 호기심을 가지고 세상을 대할 수 있도록 도울 수 있는 중요한 지침이 될 수 있습니다. 아이의 입장에서는, 발달단계에 따라 발현되는 육체적 심리적 변화는 말 그대로 스스로 직면하는 자기자신이기도 합니다. 이러한 관심과 욕구가 긍정적으로 인정되고 순조롭게 실현되는 과정을 통해 아이는 자기를 이해하는 힘을 얻게 되기도 하겠지요.

한 달 동안 진 선생님의 수업에 함께 하면서, 아이들의 배움의 욕구를 일으키는 이 세 가지 뼈대가 어떻게 실질적으로 수업을 구성하고 있고, 또 어떻게 아이들이 배움을 실현하는 데에 작용하고 있는지 배울 수 있었습니다. 이후 이어지는 일 년간의 모든 수업이 이러한 내용과 구성 안에서 진행되겠지요.

초등에서는 매달 마지막 주에 전일제 절기 수업을 합니다. 한달의 주제 수업을 마무리하는 활동으로 하루 전체를 보냅니다. 3월 전일제 절기수업은

'3월의 봄'과 함께 했습니다. 오전은 금정산에 올라 진달래꽃잎을 따고 쑥을 캤습니다. 오후에는 진달래꽃잎으로 화전을 만들고, 쑥으로는 쑥털털이를 만들었지요. 반죽한 찹쌀가루를 아이들이 동글납작하게 빚고 그 위에 분홍빛 진달래꽃잎을 얹어 조심스럽게 굽습니다. 쑥은 밀가루를 묻혔다가 한번 털어내고 솥에 담아 찝니다. 학교가 진달래의 예쁜 분홍빛과 쑥향으로 가득합니다. 그 순간, 매일 초등아이들의 소식을 기록해서 올리는 학교 카페에 한 어머니께서 달아주신 댓글이 떠올랐습니다. "세상에~ 이런 작지만 아름답고 신나고 충만한 시작이 있네요." 3월 초, 겨우 두 아이와 시작하는 개학 때문에 실망하고 근심했던 저를 돌아보게 해준 고마운 댓글이었습니다. 그렇습니다. 3월은, 작지만 실로 아름답고 신나고 충만한 시작이 분명했습니다.

4월·관계

꽃샘추위도 물러나고 이제 완연한 봄 속에 있습니다. 아이들도 새 학년 학
교생활에 잘 적응해갑니다. 4월은 절기상 '청명'과 '곡우'를 지납니다. 만물
의 생기가 왕성해지고, 곡식이 잘 자라도록 봄비가 내리는 시절이라지요. 그
래서 이즈음이면 본격적인 농사철이 시작된다고 합니다. 그러한 기운을 담
아 우리도 4월은 '생명의 탄생'과 관련된 활동을 하면서 보냈습니다. 4월에
는, 친구와 마을과 자연, 즉 나를 둘러싼 삶과 더 구체적으로 만나며 관계를
맺어갑니다.

텃밭 이야기

 매주 월요일 오전에는 옥상 텃밭 활동을 합니다. 3월에 구포시장에서 구입한 상추, 깻잎, 옥수수 씨앗을 심고 씨감자도 심었습니다. 때가 되면 그 작은 씨앗이 상추도 되고 옥수수도 되겠지요. 그런 신비로운 일에 비하면 씨앗을 심는 일은 때만 잘 맞추면 그렇게 어려운 일은 아닌 것 같습니다. 호미로 얇고 긴 골을 만들어 씨앗을 골고루 뿌리고 흙을 살살 덮어준 후, 물을 주면 되지요.

파종을 한 후, 옥상에 올라가면 아이들이 밭에 머리를 박고 싹이 트는지 한참을 살피곤 합니다. 일주일 정도 지나자, 드디어 아주 작고 여리지만 파릇파릇한 싹이 돋아납니다. 여러 해 보아왔지만, 생명이 움트는 이런 장면은 볼 때마다 감동적이고 신기합니다. 초등 1학년 때부터 해마다 농사 경험을 해온 아이들도 처음인 것처럼 반기고 좋아합니다. 부지런히 물도 주고, 잡초도 뽑고, 너무 밀집하지 않도록 솎아도 주면서 싹이 트고 자라는 과정을 잘 지켜봅니다. 옥상 텃밭에 다녀오면 매번 농사일기도 씁니다. 주로 관찰한 것을 그림으로 남깁니다. 표지에 <텃밭 이야기>라고 적힌 아이들의 농사 공책을 한 번씩 아이들 몰래 펼쳐봅니다. 굵은 색연필로 거칠게 그린 그림일기지만, 작고 여린 연두빛 새싹이 점점 자라면서 떡잎도 커지고 색도 짙어지는 과정이 오롯하게 느껴집니다.

'청명'이 시작되는 4월 5일 식목일에는 화분에 꽃을 심어 교실에도 들였습니다. 학교 옆 쌈지 공원에 흐드러지게 피어있는 꽃마리와 제비꽃을 뿌리째 한 무더기 캐어다가 화분에 옮겨 심었습니다. 아이마다 하나씩 자기 화분을 만들어 아침마다 물을 주면서 보살핍니다.

텃밭 농사도 꽃 화분 키우기도 긴 시간 동안 돌보고 가꾸면서 기다리는 일
이지요. 기다린다기보다는 자연의 순리대로 싹을 틔워 성장하고, 열매 맺고
다시 스러지는, 그런 삶으로서의 생명과 관계 맺으며 함께 살아가고 있다고
하는 것이 더 맞을 것 같습니다. 그렇게 자연의 리듬과 내 삶의 리듬이 닮아
갑니다. 자연을 돌보는 것이 곧 내 삶을 가꾸는 일이 되는 것이지요. 그렇게
되기 위해서는 농사든 식목이든 그것이 일회성 '해보기 체험'이 아니라, 진
정 내가 직면하는 삶이 되어야 하지 않겠나 싶습니다. 순환하는 자연의 흐
름을 긴 호흡으로 함께 하는 삶, 우리 아이들은 이미 그런 호흡에 제법 익숙
한 듯합니다. 옥상에 올라가 텃밭을 돌보는 일을 당연하고 자연스럽게 여기
며 농사일에 근심을 두지 않습니다. 골고루 물을 주고 잡초를 뽑으며 돌보
는 손길도 편안하고 익숙합니다. 비록 작은 텃밭이지만, 더 어릴 때부터 지
속적으로 하고있는 농사 경험이 알게 모르게 아이들에게 흙과 자연에 대한
신뢰를 쌓게 했기 때문이 아닐까 싶습니다.

　'곡우'를 지나며 상추가 무럭무럭 자라는 것이 눈에 보
입니다. 더 자라서 먹을 수 있게 되면 부모님들에게
주문을 받아 판매할 계획도 세웠습니다. 농사로
돈을 벌 생각에 아이들이 더 신이 났습니다.

세상의 탄생
창조신화

텃밭 농사는 누구에게나 배움을 주는 활동이지만, 특히 초등 3학년을 지나는 아이들의 성장에 많은 도움을 주는 활동인 듯합니다. 초등 3학년은 발달 단계상 중요한 전환지점이라고 합니다. 그전까지는 모든 것을 의심 없이 받아들이는 반면, 이 시기부터는 세상에 대한 의심이 싹트기 시작하고, 어른에 대한 무조건적인 신뢰에 조금씩 균열이 생기면서 자신의 삶을 스스로 꾸려가야 할 것 같은 불안이 생겨나기 시작하는 것이지요. 그래서 이 시기 아이에게는 그러한 불안을 줄여줄 수 있는, 의식주와 관련한 교과과정이 도움이 된다고 합니다.[●] 농사도 그런 의미에서 이 시기 아이들에게 좋은 교과가 아닌가 싶습니다. 농사지은 것으로 직접 음식을 만들어 먹거나 팔아서 돈을 벌어보는 경험이 아이들에게 자기 효용감을 높이면서 삶에 대한 자신감도 키워 주겠지요.

그런 차원에서 진 선생님은 3학년 즈음의 아이들에게 이스라엘 창조신화를 들려줍니다. 신화 이야기는 발달단계별로 아이들이 겪는 심리적 혼란을 줄이고 안정감을 갖도록 하는 데에 좋은 소재가 되기 때문이라고 합니다. 이스라엘 창조신화는 신에게 무조건적으로 의지하며 종속되어있던 인간이 진정한 인간으로 탄생하는 이야기라고 할 수 있지요.

그런 점에서 3학년 즈음의 아이들에게 공감을 얻을 수 있는 소재가 될 수 있는 것 같습니다. 선악과를 따먹고 에덴동산에서 쫓겨나 세상으로 나온

●《형식과 자유사이》, 베티 스탤리, 과천자유학교출판국, 234~236p 참조.

아담과 이브, 그들은 이제 자신들의 힘과 능력으로 살아가야 합니다. 스스로 농사를 짓거나 사냥을 해서 먹거리를 마련해야 하고, 추위를 피하기 위해서 스스로 옷과 집도 지어야 하지요. 이처럼 신과 분리되는 과정을 이 시기 아이가 겪는 심리적 상황에 대입하면, 열 살 즈음의 아이에게 창조신화 이야기가 어떤 공감과 도움을 줄 수 있을지 짐작할 수 있습니다.

우리는 세상이 탄생하는 창조의 순간과 더 실감 나게 만나기 위해서 태초로 돌아가 보기로 합니다. "세상이 창조되기 전에는 어떤 상태였을까?" 진 선생님의 질문에 아이들은 곧바로 "깜깜했을 것 같아요."라고 말합니다. 우리는 오직 어둠만이 있었을 거라고 상상하면서 태초의 어둠을 경험해보기로 합니다. 어둠을 경험할 수 있는 가장 간편한 방법은 눈을 감는 것이지요. 진 선생님의 지시에 따라 아이들이 눈을 감습니다. 아이들은 눈을 감고도 이리저리 움직이고 장난을 치다가 기둥에 부딪혀 넘어지기도 합니다. 진 선생님은 아이들이 눈만 제대로 감고 있다면 별다른 제재 없이 아이들을 잘 지켜보면서 시간을 보냅니다. 시간이 흐를수록 아이들이 점점 고요해집니다. 아이들의 움직임도 줄어듭니다.

한참을 그렇게 보낸 후, 눈을 뜨게 하고 진 선생님이 아이들에게 묻습니다. "어둠 속에 있으니 어떤 느낌이 들었어?" 아이들은 갑갑함, 두려움, 불안, 압박감과 같은 부정적인 단어들을 쏟아냅니다. 진 선생님이 또 묻습니다. "세상이 온통 깜깜하고 소리도 없고 심심하고 조용해. 그럴 때 너희들이 신이라면 어떻게 했을 것 같아?" 아이들이 이구동성으로 말합니다. "빛을 만들겠어요." 그렇지요. "빛이 있으라!" 신이 세상을 창조하기 위해 제일 먼저 한 것이 바로 그것이지요.

그다음 날부터 본격적으로 창조신화와 만났습니다. 진 선생님은 매일 칠판에 6일 동안의 창조과정을 순서대로 그림으로 그립니다. 창조의 첫째 날, 칠판은 온통 어둠으로 칠해집니다. 신의 말씀에 따라 어둠 한 편에서 빛이 나타납니다. 빛이 있는 쪽은 낮이 되고 어둠이 남은 쪽은 밤이 됩니다. 두 번째 날에는 땅과 하늘이 나뉘고, 세 번째 날에는 땅과 바다가 나뉘면서 땅위에 풀과 나무와 꽃들이 생겨납니다. 네 번째 날에는 해와 달과 별이, 다섯번째 날에는 새와 물고기가 생겨납니다. 여섯 번째 날에 드디어 동물과 인간이 등장합니다.

진 선생님이 매일 이어서 그린 칠판 그림이 아름다운 세상의 모습으로 완성되었습니다. 아이들도 매일 담임의 이야기를 듣고 칠판그림을 보면서 각자의 공책에 6일간의 창조과정을 그림으로 그립니다. 그리고 그림 한쪽에 각장면에 해당하는 창세기 구절을 적어 넣습니다. 마지막 일곱 번째 날 그림에는 아름다운 무지개를 그리고 그 옆에 이렇게 적습니다. "일곱 번째 날, 신은 일을 마치고 지으신 세상을 보니 좋았더라. 축복을 내리고 편히 쉬셨다. 이렇게 하여 세상이 시작되었다."

습식수채화와
찰흙 만들기

신의 세상 창조는 안식일까지 포함해서 7일이 걸렸지만, 우리의 작업은 더 많은 날이 필요했습니다. 왜냐하면 신의 창조과정을 공책에 정리하는 것에 그치지 않고, 그 과정을 좀 더 감성적이고 입체적으로 경험할 수 있는 다른 활동들도 병행했기 때문입니다.

먼저, 빛이 생겨나 어둠과 갈라지는 첫 번째 날과 땅 위에 풀과 나무와 꽃들이 생겨난 세 번째 날을 습식수채화로 그려보았습니다. 진 선생님은 습식수채화를 준비하는 데에 시간과 정성을 많이 들입니다. 주제에 따라 어떤 색을 사용할지 계획을 세우고 사전에 먼저 연습하면서 아이들이 편안하게 따라올 수 있도록 색을 칠할 순서도 정합니다. 아이들 수 만큼의 물감통에 그날 사용할 물감들을 녹여 담아두고 종이를 적실 큰 사각 통에 물도 담아 준비합니다. 직접 그림을 그리기까지 아이들도 준비할 것이 많습니다. 책상을 정돈하고 화판, 물감, 물통, 붓, 스펀지 등 필요한 도구를 받아 책상에 잘 배치합니다.

모든 사전 준비가 끝나면, 교사가 먼저 시범을 보이고 종이를 한 장씩 물에 적셔서 각 아이 앞에 놓여있는 화판에 얹어줍니다. 아이들은 젖은 종이의 물기를 스펀지로 닦아주면서 종이가 화판에 굴곡없이 잘 펴지도록 문질러줍니다. 드디어 붓을 들 시간이 왔습니다. 교사가 시범으로 보여준 순서와 방법을 떠올리며 색을 칠합니다.

습식수채화는 밑그림을 그리지 않네요. 초등에서는 물감도 여섯 가지만 주로 사용합니다. 그것도 삼원색, 즉 빨강, 노랑, 파랑계열을 각 두 가지 정도만 사용하도록 합니다. 세 가지 색이 섞이면서 다른 색들이 만들어지도록 하는 것이지요. 빛과 어둠이 나뉘는 창조의 첫 번째 날은, 화면 전체를 파랑색으로 칠해 어둠을 표현합니다. 파랑색 물감을 붓끝에 묻혀 아래로부터 위로 칠해갑니다. 종이가 먹고 있는 물 때문에 위로 올라갈수록 파랑색이 옅어져 가장 윗부분은 거의 종이의 흰색이 그대로 비칩니다. 그다음에는 노랑색을 붓에 묻혀서 위로부터 아래로 칠해갑니다. 강렬한 빛이 어둠 위로 내려앉습니다. 중간 부분은 자연스럽게 색이 섞여 초록빛을 띱니다. 마치 신이 세상을 창조하듯 아이들이 무척 진중하고 침착한 가운데 빛과 어둠을 표현합니다. 땅 위에 식물들이 생겨난 세 번째 날은 민들레 그리기로 표현해보았습니다. 이번에는 사용하는 색이 하나 더 늘었습니다. 빨강 색입니다. 파랑, 노랑, 빨강이 섞이면서 하늘과 땅과 잎과 민들레가 생겨납니다.

신기하게도 습식수채화를 할 때면 아이들이 평소보다 훨씬 차분하고 얌전해집니다. 물에 젖은 종이에 붓을 대면 색이 부드럽게 퍼지면서 다른 색과 자연스럽게 섞입니다. 일단 종이에 물감이 닿아 퍼지기 시작하면 나의 의지를 벗어납니다. 그저 물감이 섞이고 퍼져나가는 순리에 마음을 맡길 수밖에 없지요. 그래도 결과는 내 의도나 능력보다 훨씬 아름답습니다. 아이들은 잘된 것은 자기 공이고 마음에 안 드는 부분은 물에 젖은 종이 탓이려니 합니다. 습식수채화에서는 교사가 일부러 강조하지 않아도 아이들이 결과보다 그 과정에 집중하면서 즐기고 있음이 확연하게 느껴집니다. 이런 것이 바로 습식수채화 활동의 정수이고 묘미가 아닐까 싶습니다.

삶교과 수업과 연계해서 매주 수요일 2교시에 습식수채화를 진행했습니다. 진 선생님은 습식수채화가 아이들에게 색을 체험하고 발견하는 경험을 제공한다고 말합니다. 이런 경험을 통해서 색의 아름다움을 느끼고 각각의 색상이 품고 있는 내적인 언어를 통해 상상력을 키웁니다. 그러한 과정에

놀라움과 즐거움을 만끽하게 되는 것이지요.

하늘과 땅이 나뉘는 창조의 두 번째 날은 재미있는 놀이로 경험해보았습니다. 옥상 텃밭에 물을 주러 올라간 김에 해본 활동입니다. 다섯 개의 빈 페트병에 아이들이 흙을 담고 물을 채워 마구 흔들어 줍니다. 흙과 물이 섞여 혼돈상태가 됩니다. 병을 교실로 가지고 와서 가만히 세워둡니다. 시간이 갈수록 땅과 하늘이 뚜렷하게 나뉘는 것이 눈에 보입니다. 이삼일 후에는 아래쪽의 흙이 완전히 가라앉아 땅이 되고, 불순물이 거의 없는 위쪽의 맑은 물은 하늘처럼 보입니다.

새와 물고기가 생겨난 창조의 다섯 번째 날을 맞아 우리는 찰흙으로 새도 만들어 보았습니다. 아이들은 찰흙작업을 아주 좋아합니다. 담임이 가져온 찰흙 덩어리를 보고 아이들이 마구 달려듭니다. 진 선생님은 아이들을 자리에 다시 앉히고 책상마다 A4 종이를 한 장씩 깔게 합니다. 습식수채화를 할 때처럼 차분한 분위기 속에서 교사가 찰흙을 한 덩이씩 잘라 그 종이 위에 나누어 얹어줍니다.

이번에도 교사가 먼저 시범을 보입니다. 곧바로 새를 만드는 것이 아니라, 둥근 구를 만듭니다. 아이들도 따라 합니다. 손으로 살살 만져주면서 최대한 둥글고 매끈한 형태가 되도록 정성을 들입니다. 구가 예쁘게 만들어지고 나면, 엄지와 검지를 구의 3분의 1지점에 둥글게 감아 슬며시 누릅니다. 윗부분은 머리, 나머지 부분은 몸통이 되는 것이지요. 이제 손가락으로 머리와 몸통을 다듬고 부리와 꼬리를 빚어냅니다. 마치 둥근 구 안에 모든 것이 이미 다 들어있었던 듯 합니다. 그저 손가락에 힘을 얼마나 주어야 할지 그 강약을 감각적으로 조절하다 보면 자연스럽게 새 형태가 생겨납니다. 그저 그렇게만 하면 된다고 생각하니 마음도 편안합니다.

담임의 작업을 따라 했는데도 새의 모습이 각기 그것을 만든 아이의 모습

과 닮았습니다. 참 신기합니다. 이후에도 담임과 함께하는 찰흙활동은 언제나 둥근 구에서 시작해서 형상을 빚어내는 과정으로 진행됩니다. 찰흙을 둥글게 만들기 위해서 책상에 대고 굴리거나 두드리지 않습니다. 양손으로 찰흙을 쥐고 돌려가며 손가락으로 살살 눌려주면서 최대한 매끈한 구가 될 때까지 반복합니다. 손가락 끝의 감각에 집중합니다. '지금 여기'에 마음을 모아옵니다.

개학 초에는 휑했던 교실이, 식목일에 들인 봄꽃 화분부터 진 선생님의 창조신화 칠판그림, 그리고 아이들의 습식수채화와 찰흙작품으로 풍요롭고 아름다워졌습니다. 무엇보다 아이들이 창조의 일곱 날 이야기를 그림과 글로 정리한 공책은 마치 한 권의 예쁜 동화책 같습니다.

줄 없는 **공책**과 지울 수 없는 **색연필**

참빛학교 아이들이 사용하는 공책은 줄이 없는, 백색 무지 공책입니다. 학년말이 되면 교사와 중고등 아이들이 힘을 모아 다음 해에 쓸 공책을 직접 만듭니다. 대량의 백색 전지를 구입해서 인쇄업체를 통해 우리가 원하는 크기로 잘라옵니다. 그다음부터는 모든 과정이 수작업입니다. 열 장씩 세고 표지 종이를 얹어 일일이 제본용 스테이플러로 찍어야 하지요. 서너 가지 크기의 공책을 총 1,000권 이상 만듭니다. 쉽지 않은 일이지만 빼먹을 수 없는 일입니다. 올해 초등의 경우, 한 아이당 열권에 가까운 공책을 사용했습니다. 참빛학교가 추구하고 있는 교육을 적절히 담아낼 수 있는 공책을 구하기도 쉽지 않고 비용도 만만찮습니다. 우리가 쓸 공책을 자체적으로 만들어 쓰는 것도 의미 있는 일이겠지요.

창조신화를 배우면서 아이들이 사용한 공책을 보면 왜 줄이 없는 공책을 쓰려고 하는지 짐작할 수 있습니다. 참빛학교에서는 가능하면 초등 전 과정에서 문자나 논리가 아니라, 이미지와 감성과 상상력을 통해 배우도록 북돋웁니다. 신화를 공부할 때에도 아이들은 책이 아니라 교사의 이야기를 들으면서 배웁니다. 이야기를 들으며 상상하지요. 그리고 상상한 이미지를 그림으로 그리고 꼭 필요한 내용은 글로도 덧붙입니다. 이렇게 하는 데에 줄이 있는 공책은 불편할 뿐만 아니라, 상상력을 제한하기도 합니다. 이런 식으로 공책을 정리하는 것은, 교사가 가르친 내용을 기계적으로 기록하는 것이 아니라, 아이가 자기 결대로 이해하고 또 온전히 자신의 배움으로 공책을 정리하도록 하는 데에 도움이 된다고 합니다. 중고등이 되어서도 마찬가지입니다. 자신의 배움을 자기 식대로 자유롭게 정리하는 데에는 분명 줄 없이 열려있는 공책이 더 큰 자유로움을 허락하지 않을까 싶습니다.

창조신화와 만나는 동안은 아이들이 이런 식의 공책정리에 대해서도 배우는 시간이었습니다. 그러한 배움에 교사의 칠판 그림이 중요한 역할을 하는 것 같습니다. 듣고 상상한 장면을 바로 그림으로 표현하는 데에는 어려움이 따릅니다. 특히 초등 3학년 이상이 되면, 자기가 한 것에 대한 자기평가가 시작됩니다. 잘하고 싶은 마음에 쉽게 시도하지 못하기도 합니다. 그럴때에 교사가 먼저 그려서 보여주는 칠판그림은 아이들에게 근심 없이 시작할 수 있는 실마리가 되어주는 것 같습니다. 학년에 따라 교사의 그림을 활용하는 정도나 방법도 달라지지요. 그대로 수용하기도 하고 응용해서 변화를 주기도 하며 교사의 그림에 비판적이기도 합니다. 이번 창조신화 수업시간에는 공책에 적는 글의 내용도 교사가 먼저 칠판에 적고 아이들이 따라 쓰도록 했습니다. 이것도 그림으로 표현할 때와 같은 원리입니다. 어려움과 마주하게 하기보다는 도전하고 시도하려는 마음을 먹을 수 있도록 도우려는 것이겠지요.

또한, 그림을 그리거나 글씨를 쓸 때 흑연 연필이 아니라 굵은 색연필을 사용합니다. 색연필은 지우개로 지울 수가 없지요. 종종 뭔가가 잘못되었는데 지울 수가 없다고 호소하는 아이들이 있습니다. 저는 지우개로 지울 수 있는 연필을 사용하면 그런 어려움이 없을 텐데 왜 꼭 색연필을 쓰게 하는지 궁금했습니다. 살다 보면 실패라고 느낄만한 일이 수시로 생겨나고, 그 실패를 지우개로 지우듯이 지워버리고 싶은 순간들이 많이 생기지요. 그런 순간에 좌절하거나 포기하는 것이 아니라, 그 실패를 다른 방향으로 승화시켜나 갈 수 있도록 하는 힘이 필요합니다. 진 선생님은 지울 수 없는 색연필을 사용하는 것이 그런 마음을 키우는 데에 도움을 줄 수 있다고 합니다. 잘못 그리거나 잘못 썼다고 생각될 때, 그것을 폐기하는 것이 아니라 그 상태를 그대로 받아들이고 그 위에서 다시 시작할 수 있는 용기와 자유로움, 그런 것을 키우는 데에 도움이 된다는 말이겠지요.

물에 흠뻑 젖은 종이에 그림을 그리는, 습식수채화도 그런 맥락에 있는 것이 아닐까 싶습니다. 내 의지대로 된 것은 아니지만 결과를 아름답고 만족스럽게 받아들일 수 있는 경험을 주지요. 이런 경험은 성패에 대한 판단에서 자유로울 수있는 마음과 자기가 하고 있는 것에 집중하면서 그 과정에서 일어나는 모든 것을 자신의 삶으로 받아들일 수 있도록 하는 마음의 힘을 키워줄 수 있을 것 같습니다.

심이 굵은 육각형 색연필을 쓰는 이유도 아이들이 그림을 그리고 글을 쓰고 있는 모습을 보면 금방 알게 됩니다. 굵은 심은 얇은 심에 비해 손아귀 힘이 훨씬 많이 필요하지요. 굵은 육각형 색연필은 아이들이 연필을 야무지게 쥐는 데에 도움이 됩니다. 그래서 굵은 색연필 사용은 연필을 잡는 손과 팔의 힘을 키웁니다. 야무지게 쥐고 집중해서 또박또박 써야하기 때문에 글씨 쓰는 좋은 습관도 키워주겠지요. 쉬는 시간에 왁자지껄 요란하게 놀던 아이들이 수업이 시작되어 글을 쓰기 시작하면 방금 전 떠들썩하던 교실이 점차로 조용해지고 어느 순간 고요가 찾아옵니다. 아이들이 자기가 하고 있는 작업 속으로 쏙 빠져든 것이지요. 줄 없는 공책과 심 굵은 색연필에 이런 깊은 의미가 숨어 있음을 알게 됩니다.

한 달을 돌아보니, 갈수록 뚜렷해지는 것이 있습니다. 모든 수업이 거의 예술적으로 이루어진다는 점입니다. 진 선생님은 매일 칠판에 그림을 그리고,

아이들의 공책도 그림으로 가득합니다. 신화를 배우면서도 그 내용을 매주 습식수채화와 찰흙으로 표현해보았지요. 내용도 내용이지만, 습식수채화를 통해서 아이들은 색의 아름다움과 풍요로움을 느끼고 정성스런 붓질에 호흡을 담으면서 감성과 감각을 섬세하게 키웁니다. 찰흙작업도 마찬가지입니다. 부드러운 흙 고유의 촉감을 손으로 마음껏 느끼면서 형태를 빚어가는 즐거움이 아이들의 심성을 아름답고 너그럽게 만들어주지 않을까 싶습니다. 진 선생님과 아이들은 거의 매일 화가가 되고 설치미술가가 됩니다. 칠판과 공책에 매일 그림을 그리고, 산책길에서 가져온 자연물들을 계절탁자 위에 아름답게 배치하고 즐기는, 예술가들이지요.

생일잔치

4월에는 올해 첫 생일잔치가 열렸습니다. 참빛학교에서는 아이들의 생일을 아주 중요하게 여기며 기념합니다. 학교에 입학해서 맞는 첫 생일에는 부모님도 참석해서 아이가 태어나 자라 온 이야기를 들려줍니다. 태몽 이야기부터 탄생의 경이로운 순간, 그리고 학교에 입학하기 전에 있었던 특별한 에피소드나 기쁨과 행복을 주었던 일들을 사진이나 영상을 보면서 함께 나눕니다. 이러한 생일잔치는 생일을 맞는 아이가 자신을 귀하고 존엄하게 느끼면서 자신의 삶을 소중하게 가꾸어갈 수 있도록 서로가 축복하는 자리입니다.

올해 4월에 생일을 맞은 4학년 아이는 입학 후 이미 세 번의 생일을 보냈습니다. 네 번째 생일을 맞으면서도 자신의 생일잔치를 기대 속에서 기다립니다. 한 아이의 생일이 다가오면, 일주일 전부터 선물을 넣을 바구니를 학교에 비치합니다. 일주일 동안 다른 아이들은 생일을 맞는 아이를 위해 작은 선물을 준비하고 정성껏 축하편지를 써서 바구니에 넣습니다. 모든 아이의 선물이 담기면 교사는 선물바구니를 황금색 보자기로 싸서 보관합니다. 생일자는 그 안에 어떤 선물과 어떤 내용의 편지가 들어있을지 내내 궁금해하면서 기다리겠지요.

생일잔치를 하는 날은 점심시간이 끝나면 바로 교실 청소를 하고 잔치준비를 합니다. 책상을 붙여 크고 긴 테이블을 만들고 화려하고 예쁜 천으로 덮습니다. 그 위에 구슬을 담은 유리그릇을 배치합니다. 유리그릇에는 꽃잎과 작은 양초도 띄웁니다. 양초에 불을 켜면 구슬과 유리그릇이 더욱 빛을 발하며 반짝거리지요. 아이들이 이런 준비를 하고있는 동안 교사는 케이크를 비롯한 먹거리를 챙깁니다. 교실 잔치상 준비가 끝나면 생일을 맞은 아이는 황금색 왕관을 쓰고 망토를 걸칩니다. 의관을 정제하고 잠시 담임선생님과의 독대시간을 갖습니다. 이 시간에 무엇을 하는지 궁금해서 물었습니다. 생일에 관해서 담임선생님이 해주고 싶은 이야기를 들려준다고 합니다. 보통은 "너는 세상에 왜 온 것 같니?"라는 질문으로 시작해서, 아이가 이 세상에 정말 잘 태어났고, 또 앞으로도 신나게 살아야겠다는 마음이 드는, 그런 이야기를 나눈다고 합니다. 교사와 대화하고 있는 아이의 모습이 그 어느 때 보다 진지하고 의젓합니다.

다른 아이들은 교실 잔치상에 둘러앉아 생일자가 교실에 등장하기를 기다립니다. 드디어 왕관을 쓰고 촛불을 든 주인공이 교실에 등장합니다. 담임선생님은 아이 뒤를 따르며 축복합니다. 아이들이 함성과 노래로 반깁니다. 케이크 세레모니가 끝나면 이제 음식을 나눠 먹는 시간입니다. 음식을 먹는

동안에 진 선생님이 오늘의 주인공과 관련한 퀴즈를 냅니다. 예를 들면, "오늘 생일자가 평소 가장 좋아하는 음식은 무엇일까?"와 같은 소소한 질문입니다. 답을 가장 많이 맞힌 아이 둘이 그날의 선물 천사가 됩니다. 두 아이가 교무실로 가서 황금보자기에 싸인 선물바구니를 소중하게 들고 옵니다. 생일잔치의 클라이맥스라고 할 수 있지요. 생일을 맞은 아이는 선물바구니를 풀고 그 안에 든 선물과 편지를 하나씩 펼쳐봅니다. 다른 아이들도 생일자 주변을 둘러싸고 설레는 표정으로 선물 구경을 합니다. 이 순간이 되면, 아무리 평소 감정 표현을 잘 안 하던 아이라도 끊임없이 함박웃음을 지으며 기쁜 마음을 표현합니다. 그날의 주인공도 마찬가지였습니다. 이 아이가 그렇게 거리낌 없이 한껏 웃으며 좋아하는 모습을 처음으로 본 것 같습니다.

그만큼 아이들이 자신의 생일잔치를 마음껏 즐기고 좋아한다는 뜻이겠지요. 두 아이의 생일이 같은 달에 들었던 적이 있었습니다. 진 선생님이 두 아이의 생일잔치를 같은 날 열면 어떻겠냐고 물었더니, 두 아이 모두 각기 따로 하기를 원합니다. 또 다른 아이는 가을들살이 기간 중에 생일이 들어, 들살이를 하는 곳에서 생일잔치를 할지, 날짜가 좀 지나더라도 학교에 돌아가서 할지를 물었더니 꼭 학교에 가서 하고 싶다고 합니다. 관심이 집중되고 시종일관 주인공이어야 하는 생일잔치를 부담보다는 즐거움과 기쁨으로 맞을 수 있는 아이들이 부럽기도 합니다. 그 시간 만큼은 이 세상에 태어난 것을 진심으로 기뻐하고 감사하는 마음으로 보내고 있기 때문이겠지요. 진 선생님도 생일잔치를 하는 날은 평소보다 훨씬 더 많이 웃으면서 아이가 자신에게 찾아와 준 것에 대해 감사하는 마음을 숨기지 않으십니다. 아이들의 생일은 아이도 교사도 모두 더 특별히 기쁘고 감사한 날인 것 같습니다.

봄 들살이

참빛학교에서는 한 학기에 한 번씩, 일 년에 두 번 들살이를 떠납니다. 들살이는 집과 학교를 떠나 외지에서 배움을 얻는 기간입니다. 중고등 아이들은 보통, 매 학기 2주 정도의 들살이를 보냅니다. 1학기에는 두 발로 걷는 순례를, 2학기에는 농촌에 정주하며 시골생활을 경험합니다. 초등과정의 들살이는 중고등과는 조금 다른 의미를 갖습니다. 학교가 세워진 초기에는 초등은 들살이가 아니라, 중간방학을 했었다고 합니다. 3월과 4월, 개학하고 두 달 동안 열심히 배움에 집중했으니, 일주일 정도 집에서 쉬면서 새로운 배움을 준비하게 하려는 의도였습니다. 채웠으니 비우는 시간이 필요한 것이지요. 비워야 또 새로운 것으로 채울 수 있겠지요. 이 또한 리듬인 것 같습니다.

그런데 여건상 아이들이 학기 중간에 일주일을 집에서 보내는 일이 여의치 않았나 봅니다. 게다가 집에서 보내는 동안에는 티브이나 스마트폰과 같은 미디어에 노출되는 시간도 많아지지요. 원래의 의도대로 진행하기 어렵다고 판단되자, 중간방학 대신에 들살이를 떠나기로 한 것입니다. 그래서 초등 아이들의 들살이는 온전히 쉼의 시간이 되도록 운영합니다. 가족을 떠나 3박 4일을 보내는 것 자체만으로도 큰 도전이기 때문에, 들살이에 가서는 자연과 더불어 하루종일 즐겁게 놀면서 쉬는 데에 의미를 둡니다.

올해 봄 들살이는 사랑어린학교에서 보냈습니다. 사랑어린학교는 전남 순천에 있는 초중등 대안학교입니다. 그전에 가던 곳보다 훨씬 멀고 기간도 하루 늘어 4박 5일입니다. 작년까지는 우리끼리 보내는 들살이였다면, 이번에는 사랑어린학교 친구들과 관계 맺으며 어울려 보내는 시간이 많았습니다.

아이들은 들살이의 모든 과정에 웃으며 참여하고 그곳 아이들과 즐겁게 어울리기도 했지만, 그 과정이 생각처럼 쉽지는 않았던 것 같습니다. 낯선 곳에서 낯선 사람들과 어울리면서 함께 하는 일이 누구에게든 만만한 일은 아니겠지요. 그곳 친구들과 어른들의 환대와 관심에 쑥스러워하기도 하고 때로는 긴장하기도 하면서 그 시간을 견디기도 했을 것 같습니다. 때로는 사랑어린학교 아이들의 관심과 배려에 좀더 적극적으로 반응해주었으면 싶을 때도 있었고, 마지막 날 작별인사를 나눌 때 좀 더 큰 소리로 씩씩하게 인사를 해주면 좋겠다 싶어 안타깝기도 했습니다.

그렇지만 눈에 보이는 것이 다가 아니겠지요. 아이들에게는 이런 헤어짐도 익숙하지는 않았을 것 같습니다. 말로 표현하기 어려웠을 아이들의 마음을 헤아려봅니다. 가족을 떠나 이렇게 먼 곳까지 와서 나흘 밤이나 보낸 경험이 없고, 더구나 이처럼 많은 사람과 만나 관계를 맺고 함께 생활하면서 보낸 들살이도 처음인 아이들입니다. 아이들은 최선을 다해서 어려움과도 즐거움과도 직면하고 있었던 것이겠지요. 자기 모양대로 자기 결대로 그곳에서의 배움을 마음에 담았겠지요. 그것이 바로 아이들의 '참빛'이 아닐까 싶습니다.

사랑어린학교 아이들은, 서로 돕고 나누는 것을 실천하며 살고자 하는 마을공동체 안에서 여러 어른의 사랑과 보살핌 속에서 자랍니다. 또한 사랑어린학교는 마을공동체가 그러한 실천을 실현하는 중심적인 장이기도 한 것 같습니다. 폐교를 빌려 자리 잡은 사랑어린학교는 터도 무척 넓습니다. 울 안에 관옥나무도서관도 있고, '순천판'이라는 이름의 문화공간도 있습니다. 운동장도 널찍하지요. 운동장에서는 아이들이 뛰놀 뿐만 아니라, 네 마리의 개와 여러 마리의 고양이, 그리고 수많은 닭도 살고 있습니다. 학교 교사 주변에는 각종 아름다운 꽃들이 만발하고 나무들이 우거졌습니다. 울타리 너머에는 논과 밭이 있어 마을공동체가 함께 가꾸고 함께 거둔다고 합니다. 구성원들은 하루종일 분주히 몸을 움직이고, 이른 아침부터 저녁까지 여기저기서 배움을 위한 모임이 열립니다. 일하고 배우고 함께 어울립니다.

우리는 비록 짧은 5일을 그곳에서 보냈지만, 그곳의 삶의 리듬과 기운에 힘입으며, 자연 속에서 건강하고 풍요로운 들살이를 보냈습니다. 해가 뜨면 일어나 밥을 먹고, 넓은 운동장에 나가 뛰어놀았으며, 한창 무르익은 봄을 만끽하면서 새로운 친구들과 어울리다가 해가 져서 어둠이 찾아오면 잠자리에 들었지요.

학교에 돌아온 후로도 아이들은 문득문득 사랑어린학교에서 만난 친구들 이야기를 합니다. 운동장에서 낯선 아이들을 순하게 맞아준 네 마리의 강아지 이야기는 더 많이 합니다. 아이들이 그곳에서 만난 사람들의 사랑어린 마음과 정성을 오랫동안 기억하기를 바라봅니다.

5월·가꿈

들살이를 다녀 온 후, 다섯 아이가 확실히 더 알콩달콩합니다. 수업 중 과제를 할 때도 모두 다 함께 끝내고 싶어 어디까지 진행되었는지 서로 확인을 하면서 속도를 맞추기도 합니다. 쉬는 시간에 강당이 조용하다 싶어 내다보면 수다방 복층에 옹기종기 모여 앉아 자기들끼리 뭔가를 이야기하며 깔깔 웃고 재미가 쏟아집니다. 순천 들살이가 아이들을 더 서로 믿고 의지하도록 했나 봅니다. 관계가 훨씬 돈독해지고 서로에 대한 이해의 폭도 넓어진 것 같습니다.

5월은 절기상 입하와 소만을 지납니다. 여름 절기가 시작되는 것이지요. 어느덧 봄기운은 사라지고 산과 들이 신록으로 물들기 시작합니다. 씨 뿌려놓은 밭이 성장하는 작물들로 점점 채워지는 시절이지요. 학교 옥상 텃밭도 점점 초록빛으로 채워지고 있습니다. 상추는 이제 먹을 수 있을 만큼 자랐습니다. 각 가정에서 주문을 받아 상추수확을 합니다. 주문을 확인하면 하교 직전에 옥상에 올라가 상추를 뜯어옵니다. 생장력이 얼마나 좋은지 뜯어낸 다음 날 올라가면 또 자라있습니다. 교실 칠판 한쪽 구석에 매일 상추를 판매한 돈을 누적해서 기록합니다. 금액이 점점 올라가는 것을 보면서 옥상 텃밭으로 올라가는 아이들의 발걸음도 신이 납니다. 아이들이 서로 만나 관계를 잘 가꾸어가듯이 이제부터는 텃밭 작물들도 더 잘 가꾸어가야겠지요.

북유럽신화

① 북유럽신화●와 만나는 의미

4월 후반부터 시작해 5월에는 북유럽신화와 만납니다. 이스라엘 창조신화가 세상살이에 관한 관심과 호기심을 북돋운다면, 북유럽신화는 세상에 대한 도전과 모험에 관한 이야기지요. 그래서 진 선생님은 한창 모험심과 도전의식으로 가득한 4학년 아이들의 발달에 북유럽신화가 좋은 소재가 될 수 있다고 합니다.

북유럽신화는 이스라엘 신화에 비해 훨씬 등장인물도 많고 관계도 복잡하며, 전개되는 이야기도 다양하고 드라마틱합니다. 북유럽신화는 한 마디로, 신과 거인족이 싸우는 이야기라고 할 수 있지요. 신들의 우두머리인 오딘이 거인족의 조상 이미르를 죽이자, 이미르의 자손이 복수의 기회를 노리며 끊임없이 신의 세계를 위협하는 이야기입니다. 수많은 사건이 이어진 끝에 결국에는 신의 세계가 종말 하게 되지요.

이러한 전체 스토리의 중심에 로키가 있습니다. 로키는 거인족 출신이지만 오딘과 의형제를 맺고 신족과 같은 반열에 오릅니다. 로키는 신화에 등장하는 인물들을 꼬이거나 충동해서 본격적인 사건을 일으키는 중심인물이지요. 온전히 한쪽 편에 속하지 않는, 이중적이고 모순적인 심리와 행동을 보여주지만, 마지막에는 빛과 사랑과 지혜의 신인 발데르를 죽게 함으로써 신의 세계가 종말에 이르게 하는 장본인이기도 합니다. 변신의 귀재이며 꾀가 많고 다재다능할 뿐 아니라 의욕도 넘치고 모험심과 도전의식도 강합니다.

● 이후 언급되는 신화이야기는 《북유럽신화》(에드거 파린 돌레르, 인그리 돌레르, 이창식 옮김, 시공주니어)를 참조함.

그럼에도 로키는 매번 사고를 일으키고 그것을 벌충하려 꾀를 쓰다가 더 큰 나락으로 빠지기도 합니다. 로키는 그 악행 때문에 미움을 받기도 하지만 자기도 어쩔 수 없는 성격 때문에 일을 벌이고 고통을 받는다는 점에서는 동정심을 불러 일으키기도 합니다.

진 선생님은 '잘 생기고 우아하지만 이처럼 말썽꾸러기 악동'인 로키가 우리 반 아이들과 닮았다고 합니다. 우리 반 아이들만이 아니라, 이 시기 아이들의 특징이 아닐까 싶습니다. 모험심과 의욕이 넘치지만, 그것을 담보할 능력은 충분치 않지요. 그러한 간극 사이에서 좌충우돌하며 갖가지 사고를 일으킵니다. 거기다 장난기까지 더해져 예측하기 어려운 악동 짓을 하기도 하지요. 그럼에도 미워할 수 없는, 귀엽고 사랑스러운 존재입니다. 4학년 즈음의 아이들이 로키에 열광하고 공감할 수 있는 것도 바로 그러한 닮은 점 때문이 아닐까 싶습니다.

진 선생님이 초등 고학년 아이들의 수업에 북유럽신화를 가져오는 이유도 거기에 있는 것 같습니다. 진 선생님에 따르면, 아이들은 로키가 일으키는 말썽과 사고를 보면서 자신들이 겪는 심리적 어려움을 풀어갈 수 있는 내적 힘을 기를 수 있다고 합니다. 갖가지 능력과 특성을 가진 등장인물들에 감정을 이입하면서 스스로를 이해 할 수 있는 기회도 갖게 되겠지요. 발달상, 4학년 즈음의 아이들은 세상을 향해 적극적으로 도전하며 나아가고자 하는 성향을 보이는 것 같습니다. 이러한 도전하고자 하는 욕구가 이 시기 아이들의 배움을 자극하고 이끌어가겠지요.

② 북유럽신화의 '세계 창조과정'

북유럽신화 수업은 북유럽은 어디에 있고 어떤 나라들로 이루어졌는지에 대해서 알아보는 것으로 시작합니다. 아이들은 노르웨이, 스웨덴, 핀란드와

같은 나라 이름을 말합니다. 한 아이는 오로라를 보고 싶어서 꼭 가보고 싶은 나라들이라는 말도 덧붙입니다. 진 선생님은 바이킹을 예로 들어 북유럽 사람들의 호전성을 설명하며 북유럽 신화의 배경에 대한 이해를 높입니다. 이번에도 신화수업은 이야기로 진행됩니다. 진 선생님은 《북유럽신화》라는 제목의 책을 얹어둔 '이야기 책상' 앞에 앉아서 이야기를 시작합니다. 일단은 집중해서 듣고 난 후, 그림과 글로 정리하기로 합니다.

첫 시간은 북유럽신화의 세계 창조과정에 관한 이야기입니다. 이스라엘 창조신화와 마찬가지로, 여기서도 세상이 탄생하기 전에는 온통 어둠이었다고 보네요. 어둠 속에 차가운 얼음으로 뒤덮인 안개나라 '니플헤임'과 뜨거운 불로 가득한 불의 나라 '무스펠스헤임'만이 존재했다고 합니다. 어둡고 황량한 공간에서 이 두 나라가 빙빙 돌면서 회오리를 치고 있습니다. 차가움과 뜨거움이 만나 일으키는 바로 그 회오리 속에서 생명이 탄생합니다. 거대하고 흉측하게 생긴 괴물, '이미르'와 '아움드라'라는 암소가 태어난 것입니다. 이미르는 아움드라의 젖을 먹고 자랐고, 아움드라는 얼음벽을 핥으면 나오는 소금물을 먹고 살았다고 하지요. 세월이 흐른 후, 이미르의 겨드랑이와 다리 사이에서 이미르를 닮은 거인 후손들이 태어납니다. 얼음을 핥는 아움드라의 혀 아래에서도 생명체가 생겨납니다. 이미르의 후손들은 거인족인 요툰이 되고, 아움드라의 후손들은 에시르 신족이 됩니다.

에시르 신족의 우두머리가 바로 오딘이지요. 오딘은 멋지고 아름다운 세상을 창조한다는 명분으로 추하고 광폭한 이미르를 골짜기로 밀어 넣어 죽여버립니다. 골짜기 물이 넘쳐 이미르의 후손들도 모두 죽습니다. 단 한 쌍의 부부만이 살아남아 도망쳤습니다. 그들은 배를 타고 나가 바다에서 자손을 이루며 살았습니다. 그들은 에시르 신들을 철천지한의 원수로 여기며 살지요. 복수의 날만 기다립니다. 에시르 신들은 거인족 요툰들의 침입을 막기 위해 바닷가에 크고 긴 울타리를 세웁니다. 그 울타리 너머가 요툰들이 사는 요툰헤임이지요. 신들은 높은 산 위에 황금궁전을 지어 만든 '아스가르드'에 거주합니다.

한편, 오딘은 죽은 이미르의 피로 바다를, 몸으로는 땅을 만듭니다. 머리는 공중에 던져 하늘을 만들고 불꽃을 매달아 해와 달과 별을 만들었다고 합니다. 요정, 난쟁이, 정령, 물고기, 새, 동물들도 만듭니다. 북유럽신화에서도 인간은 가장 마지막에 탄생합니다. 신은 물푸레나무로 남자를 만들고, 느릅나무로 여자를 만들어 살아갈 땅, '미드가르드'를 선물합니다. 그들은 도구를 사용해서 생활에 필요한 것들을 생산하고, 거지로 변장한 오딘으로부터 인간으로서 지켜야 할 예절도 배웁니다. 인간은 신을 숭배하고 신은 인간을 보살핍니다.

③ 북유럽신화, 예술로 표현하기

진 선생님의 이야기를 들으며 저도 장면들을 상상해봅니다. 북유럽신화에 나오는 이름들이 생소해서 잘 외워지지 않는데, 아이들은 한번 듣고도 금방 외우는 것 같습니다. 다음 시간부터는 지금까지 이야기로 들은 '세계 탄생의 과정'을 그림과 글로 정리하는 시간을 가졌습니다. 줄 없는 공책의 왼쪽 페이지에는 그림을 그리고, 마주 보는 오른쪽 페이지에는 글을 씁니다.

그림을 그리기에 앞서, 진 선생님이 사각 크레용과 굵은 색연필 각각의 용도와 사용 방법을 설명하고 연습해보게 합니다. 그림이 완성된 다음에 아이들이 자신의 그림에 스스로 만족할 수 있도록 간단한 몇 가지 기법을 알려주는 것이지요. 색연필로 구체적인 형태를 묘사하기 전에, 사각크레용으로 배경부터 먼저 칠합니다. 형태를 먼저 그리고 나중에 배경을 칠하면 먼저 그린 형태들이 일그러질 수도 있고, 형태 사이사이의 좁은 부분을 꼼꼼히 칠하려고 애를 쓰는 일이 아이들에게 싫증을 줄 수도 있기 때문입니다. 그런데 사각 크레용 넓은 면을 힘주어 빠르게 칠하면 크레용이 지나간 흔적이 거칠게 남아 그림 속 형태들이 잘 살아나지 못하고 완성된 그림도 만족스럽지 못하기가 쉽습니다. 천천히 부드럽게 칠하도록 지도합니다.

최초의 생명체가 탄생하는, 안개나라 '니플헤임'과 불의 나라 '무스펠스헤임'의 회오리 장면부터 나무에서 인간이 탄생하는 장면까지를 각각 그림으로 그리고 글로 정리합니다. 아직, 귀로 들은 이야기를 혼자서 글로 정리하기는 어렵습니다. 그래서 당분간은 담임이 글 내용을 정리해주면 그것을 보고 씁니다. '이스라엘 창조신화'를 할 때보다 써야 할 내용이 훨씬 많습니다. 심이 굵은 색연필을 손으로 야무지게 쥐고 또박또박 글을 따라 씁니다. 하루는 이야기를 듣고, 다음 날은 들은 이야기를 그림과 글로 정리하는 작업을 반복합니다.

아이들이 그림을 그리는 동안, 진 선생님도 칠판에 그날의 장면을 그림으로 그립니다. 담임의 그림은 아이들이 편안하게 시작할 수 있도록 돕는 모티브 역할을 하는 것 같습니다. 그런 역할이라면 교사가 그림을 꼭 잘 그릴 필요는 없겠다 싶습니다. 아이들은 그것이 잘 됐든 못 됐든, 언제나 각기 자기 결대로 참고하기 때문입니다.

그런데 진 선생님이 멋지게 그리려고 시간과 노력을 많이 들일 때도 있습니다. 북유럽신화 수업을 시작한 일주일 동안 진 선생님은 저녁마다 시간을 내어 '세계 탄생의 순간'을 담은 칠판그림을 정성을 다해 그렸습니다. 아이들에게 세계 탄생의 장면을 보다 흥미롭고 인상적으로 보여주어서 이후의 이야기에 더 큰 흥미를 갖도록 하기 위한 것이 아닐까 싶습니다. 게다가 아이들의 도전 의식도 자극할 수 있을 것 같습니다. 담임의 그림을 보고 난후, 그 장면을 그리는 아이들의 모습이 여느 때와 확실히 달라 보였습니다. 평소보다 더 잘해보려는 의지로 불타는 것이지요.

진 선생님의 이 그림은 교실 앞쪽에 붙어있는 칠판의 반 정도 되는 크기로, 이동할 수 있는 칠판에 그려졌습니다. 완성된 그림은 가려두었다가 수업이 시작될 때 극적으로 공개합니다. 공개되는 순간, 아이들이 탄성을 연발합니다. 세계가 탄생한 장면이 생생하게 담겨있습니다. 거인족이 사는 요툰헤임, 인간이 사는 미드가르드, 신들이 사는 아스가르드, 그리고 낮과 밤으로 나누어진 하늘까지 다 있습니다.

이 그림의 가장 절정은 낮과 밤의 순환을 보여주는 거대한 크기의 무한대 기호 모양입니다. 오딘이 처음에 해와 달을 만들어 매달았을 때는 그 두 개가 동시에 하늘에 붙박이처럼 붙어있어서 낮과 밤 구별이 어려웠다고 합니다. 그래서 오딘은 두 개의 마차에 각각 해와 달을 매어 놓고 번갈아 하늘을 가로질러 달리게 합니다. 먼저 달을 끄는 마차가 달리고, 그 뒤로 해를 끄는 마차가 달립니다. 해를 끄는 말 옆구리에는 말이 태양에 타죽지 않도록 언제나 시원한 바람이 붑니다. 그런데 그 두 마리의 말을 두 마리의 늑대가 각각 뒤쫓고 있네요. 빛을 싫어하는 요툰 둘이 늑대로 변신해서 두 말을 뒤쫓습니다. 해와 달을 삼켜버리려는 것이지요. 말들은 늑대에게 잡아 먹히지 않으려고 있는 힘껏 달립니다. 끊임없이 반복적으로 하늘을 돌고 돕니다. 아이들이 이 재미있는 이야기 그림에 흠뻑 빠져듭니다.

이번에도 수업내용과 연관해서 습식수채화도 그리고 찰흙작업도 했습니다. 안개나라 '니플헤임'과 불의 나라 '무스펠스헤임'이 회오리를 치는 장면과 노른여신들이 사는 '이그드라실' 나무를 습식수채화로 그려보았습니다. 인간과 신의 운명을 관장하는 노른 여신들이 운명의 실을 잣는 이야기를 들은 날, 한 아이가 이그드라실을 꼭 습식수채화로 그려보고 싶다고 합니다. 진 선생님은 이미 그릴 다른 장면을 정해둔 상황이었지만 아이의 제안을 받아들입니다. 갑자기 소재가 바뀌었지요. 진 선생님은 쉬는 시간에 이그드라실을 습식수채화로 그리기 위한 계획을 다시 세우고 먼저 연습도 해봅니다. 아이의 자발적인 제안이 반가웠던 것이지요. 실제로 그려놓고 보니 참 아름다운 장면입니다. 아이들 쪽에서 먼저 제안이 나온 장면이라 그런지, 아이들의 태도도 더 진지합니다.

습식수채화 북유럽신화 이그드라실

'인간의 탄생'을 다룬 날은 찰흙으로 인간을 만들어 보았습니다. 수업 시작 전에 진 선생님이 흰색으로 된 나무 의자를 하나 들고 옵니다. 그리고는, 언젠가 미술관에서 본 적이 있다면서, 여러 가지 포즈를 한 사람들을 많이 만들어서 의자에 설치 해보자고 합니다. 신난 아이들이 다양한 포즈의 사람 모양을 만들어 의자에 올리고 매답니다. 의자가 사람모양으로 가득합니다. 정말 미술관에서 봄 직한 멋진 설치작품이 만들어졌습니다. 아이들은 자기들이 만든 작품을 보면서 아주 좋아합니다.

④ 개별 등장 인물과 만나기
간간이 이런 예술활동을 통해 리듬을 주기는 했지만, 이번 북유럽신화 수업은 이야기를 듣고 그것을 공책에 정리하는 활동에 더 집중하는 시간으로 진행되었습니다. '세계의 탄생'이야기를 다룬 이후로는 신화에 등장하는 개별적 인물과 만나는 시간을 가졌습니다. 로키, 오딘, 토르 그리고 오딘의 아

북유럽신화 세상의 탄생

들인 빛의 신 발데르, 아스가르드의 파수꾼 헤임달, 시의 신 브라기와 만납니다.

역시 아이들이 가장 관심을 보이는 인물은 로키입니다. 로키가 시프의 풍성하고 아름다운 머리카락을 몰래 잘라버려서 일어나는 이야기를 가장 재미있어했습니다. 시프는 토르의 아내이지요. 장난이 발각된 로키는 토르의 분노를 보면서 사태의 심각성을 깨닫습니다. 시프의 머리카락을 다시 만들어오겠다고 로키는 난쟁이 종족인 드베르크 나라로 갑니다. 난쟁이 종족은 주로 대장간이나 광산에서 일하는데, 특히 손으로 무언가를 만드는 일에 큰 능력을 갖고 있다고 하지요. 솜씨 좋기로 유명한 이발디 형제에게서 아름다운 머리카락뿐만 아니라, 황금빛 배와 궁니르라고 불리는 창까지 덤으로 받았지만, 그것으로 만족하고 돌아갈 로키가 아니지요. 더 솜씨가 좋다고 알려진 다른 난쟁이 형제, 브로크와 에이트리를 찾아가 자기가 받은 보물을 자랑하면서 자존심을 건드립니다. 이 두번째 난쟁이 형제는 자기들이 만든 보물이 다른 신들에게 더 인정을 받으면 로키의 머리를 자르겠다고 합니다. 그렇게해서 영원히 빛을 잃지 않는 황금멧돼지, 자기복제를 계속하는 황금반지, 그리고 세상에서 가장 세고 던지면 다시 돌아오는 망치를 만들어 로키와 함께 신들의 심판을 받습니다. 신들은 토르에게 선물한 망치가 가장 멋진 보물이라는 심판을 내립니다. 로키가 진 것이지요. 로키는 잔꾀를 부려 간신이 머리가 잘리는 일은 피했지만, 가죽끈으로 입을 꿰매는 벌을 받게되지요.

이 이야기를 들을 때 아이들은 가만히 앉아있지 못하고 엉덩이를 들썩이며 크게 반응합니다. 진 선생님 앞에 놓여있는 북유럽신화 책에 담긴 그림을 보려고 앞으로 뛰쳐나가기도 하고, 토르의 망치 이야기가 나올 때는 만화책이나 영화에서 본 경험을 들먹이기도 하며, 장면에 따라 책상을 치고 웃거나 한탄을 하기도 합니다. "로키는 도대체 왜 시프의 머리카락을 잘라가지고.." "그냥 새로 만든 머리카락만 가지고 돌아가지..." "입을 꿰매면 얼마나 아플까?" 등등... 그럼에도 아이들은 매 순간 자기 욕망대로 하고 싶은 일을 벌이는 로키를 좋아하고, 더불어 그런 일 끝에 돌아오는 아픈 결과에 대해서 안타까워하면서도 나름대로 수긍하는 모습을 보이기도 합니다.

이야기를 들은 후에는 그림과 글로 정리하는 순서가 돌아오지요. 아이들의 공책은 '이스라엘 창조신화'에 이어 또 한 권의 그림책으로 변합니다. 3월과 4월에 비하면 책상에 앉아서 집중하는 시간이 훨씬 많아집니다. 시간이 갈수록 그림 그리는 것에도, 글로 정리하는 것에도 집중하는 시간이 길어지고 또 스스럼도 별로 없습니다. 때로는 이런 소리가 들리기는 합니다. "아! 내 그림이 우리 반에서 제일 못 그린 것 같아.", "아니야, 내 그림을 보면 그런 소리 안 할걸?" 그래도 그것이 말 그대로의 의미가 아니라는 걸 아이들의 표정이나 태도를 보면 금방 알게 됩니다. 그런 말에 속상함이나 낙담이 묻어 있지 않기 때문입니다. 지금 자신이 하고있는 일에 그만큼 진지하고, 힘들지만 열심히 노력하고 있는 마음을 표현한 것이겠지요.

서로의 그림을 보면서 언제나 다른 아이가 더 잘 그린 것 같다고 엄살을 피우며 재잘거리던 아이들이 점점 조용해지는 순간이 옵니다. 아이들이 그림을 완성하고 맞은 편 페이지에 글을 쓰기 시작할 때 입니다. 글을 쓰는 동안에는 교실이 고요 속에 있습니다. 표면적으로 보면, 매일이 비슷해 보이지만, 그날그날 만나는 신에 따라 아이들은 다양한 감정과 드라마, 그리고 더 확장된 세계와 만납니다. 그래서 매일 그림을 그리고 글을 쓰는 과정의 반복에도 아이들은 지루해하지 않으면서 즐겁게 새로운 인물과 만납니다. 누구 하나 아무렇게나 해치우지 않고, 할 수 있는 한 최선으로 정성을 다하려는 아이들의 모습과 매일 만납니다.

⑤ 사건 중심으로 만나기

북유럽신화 수업이 종반을 향해 갑니다. 중심 등장인물들과 만난 후, 이제부터는 신들과 요툰들이 복합적으로 관계 맺으면서 벌어지는 다양하고 재미있는 사건들과 만납니다. '오딘의 준마, 슬레입니르', '발키리와 발할라 궁전', '프리그와 여신들', '프레이야의 황금 목걸이', '이둔의 젊음의 사과', '스키의 여신 스카데', '프레이르와 게르드의 사랑', '토르의 망치 도둑', '게이로드의 멋진 초대', '거인왕 우트가르스로키의 속임수', '토르와 룽니르의 대결' 등등. 진 선생님은 아이들의 상상력을 더 자극하고, 더 흥미로워할 이야기들을 골라 한 번에 세 개씩 들려줍니다. 아이들은 각기 가장 마음에 드는 이야기를 하나씩 골라 그림과 글로 정리합니다. 이제부터는 선생님이 정리해주는 글을 그대로 옮겨 쓰는 것이 아니라, 이야기를 듣고 스스로 정리해야 합니다. 이전보다 더 힘든 과정이 시작됩니다.

이처럼 지난한 과정이 이어지지만, 그 시간을 지루하지 않게 보내는 힘이 아이들에게는 있지요. 담임의 이야기를 들어야 하는 시간이라도, 그냥 흘러가는 법이 없습니다. 아이들은 스토리에 따라 탄성을 지르거나 한탄을 하기도 하고, 결말이 어떻게 될지 서로 예상해 보기도 하며, 모르는 단어가 나오면 질문합니다. 진 선생님도 중간중간 호기심을 자극하는 질문을 던지기도 합니다. 이러한 주고받음이 이야기 듣는 시간을 활기차게 합니다.

어느 날부터는 아이들이 특유의 장난기를 발동해서 이야기 중간중간 입을 모아 추임새를 넣습니다. "삐리리", "풍덩", "철퍼덕", "아아악!" 등등... 진 선생님이 조용히 집중해서 들으라고 주의를 주니, 아이들은 눈을 말뚱거리며 '효과음'이라고 합니다. 효과음이 점점 과해져서 다소 산만해지는 경향이 없지는 않았지만, 확실히 그 덕분에 이야기가 더 재미있고, 분위기도 훨씬 활발해지기는 했습니다. 진 선생님도 정도에 따라 주의를 주기도 하지만, 대체적으로 아이들의 장난 가득한 효과음을 수용합니다.

그림을 그리고 난 후, 글을 쓰기 시작하면 언제나 그렇듯 교실이 조용해집니다. 이제부터는 아이가 스스로 이야기를 글로 정리해야 하지요. 곧바로 지금까지 써오던 삶교과 공책에 적지 않습니다. 따로 준비한, '글쓰기 공책'에 먼저 씁니다. 글쓰기 공책에 글을 다 쓰고 나면, 담임에게 피드백을 받아 고치고 보충하기도 합니다. 그러고 나서야 삶교과 공책에 그 내용을 옮겨 씁니다. 글 쓰는 시간이 엄청 길어지고 더 강한 집중력도 요청됩니다. 수업 시간에 못다 한 아이는, 시키지 않아도 쉬는 시간이나 등교 후 남는 자투리 시간에 책상에 앉아 글을 씁니다. 담임에게 보충할 것 없이 '참 잘했어요'를 받으면 세상을 다 가진 듯 기뻐합니다.

⑥ 북유럽신화 마무리와 책거리

이제 북유럽신화의 마지막 이야기만 남았습니다. "발데르의 죽음", "로키에게 내린 벌", "신들의 종말 – 라그나뢰크"와 만납니다. 사랑, 평화, 지혜, 아름다움 등, 좋은 품성을 모두 가진 빛의 신 발데르가 시기와 질투에 불타는 로키의 간계로 인해 죽게 되지요. 발데르의 죽음은 결국 신의 세계의 종말로 이어집니다. 아이들은 발데르의 죽음을 공책에 그림과 글로 정리했을 뿐만 아니라, 습식수채화로도 그렸습니다. 아스가르드에서 내려다보이는 바다에서 발데르의 시신을 태운 배가 불타는 장면입니다. 지금까지 했던 것보다 사용하는 색도 많고, 형태도 구체적이라 과정이 복잡합니다. 진 선생님이 사전에 연습했던 순서에 따라 시범을 보이고, 아이들도 침착하게 따라갑니다. 망망 바다에서 배가 불타는 비장한 장면이 완성됩니다. 과정이 어려울수록 아이들의 자기 만족도도 커지지요. 완성된 그림을 교실 벽에 붙였는데, 짬이 날 때마다 그림 앞에 모여 그림에 대한 이야기를 나눕니다.

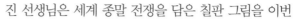

발데르의 죽음

진 선생님은 세계 종말 전쟁을 담은 칠판 그림을 이번에도 저녁마다 틈틈이 그려서 숨겨두었습니다. 칠판그림을 공개하자, 아이들은 북유럽신화 수업 초반에 보았던, 담임의 '세계의 탄생' 칠판 그림을 볼 때와 다름없는 반응을 보입니다. 아이들도 공책에 종말전쟁 장면을 그림으로 그리고 글로 정리합니다.

그다음 날은 신의 세계가 종말 한 후, 새롭게 탄생한 세계에 대한 이야기와 만났습니다. 진 선생님은 칠판에 이와 관련한 시 한 편을 적습니다. "오랜 시간이 지나고 마침내 새 날이 밝았네. 해가 낳은 딸과 달이 낳은 아들이 자랐네. 새로운 해와 달은 하늘로 떠올라 눈부시게 빛나네. 바다로부터는 새로운 땅이 천천히 솟아올랐네. 새로 생겨난 땅은 아름답고 푸르렀다네. 씨도 뿌리지 않은 들판에서는 새싹이 돋아났네. 동물들은 다시 숲속과 들판을 어슬렁거렸고, 바다에서는 물고기들이 헤엄쳐 다녔네. 신비로운 숲, 호드미미르에서 남자 한 명과 여자 한 명이 걸어나왔네. 최후의 날에 살아남은 존재는 그들 뿐이었다네. 그들의 후손들이 새로운 땅의 인류가 될 것이라네." 새롭게 떠오른 '해'를 그리고, 그 옆에 위의 시를 적는 것으로 북유럽신화를 마무리합니다. 아이들은 그동안 각자의 공책에 정리한 북유럽신화 이야기를 처음부터 끝까지 다시 읽어봅니다. 공책을 보면서 아이들이 나누는 이야기가 사뭇 진지하고 길었습니다. 그 목소리에 한없는 보람과 뿌듯함이 묻어져 나옵니다.

지난 3월과 4월은 놀이수업, 마을측정 그리고 산과 들로 봄을 맞으러 다니면서 활동적으로 보냈습니다. 먼 곳까지 들살이도 다녀왔지요. 5월에는 교실 책상에 앉아 마음과 정신을 모아 집중하는 시간이 많았습니다. 6월부터는 다시 몸으로 활동하는 시간이 많아진다고 합니다. 한동안 기운을 밖으로 발산했다가, 또 한동안은 내면으로 집중하고, 다시 외면으로 발산하는, 그런 흐름을 발견합니다. 한 학기, 한 해 리듬의 흐름이 그렇게 흘러갈 것 같습니다.

북유럽신화와 만난 한 달 보름의 시간 동안, 1교시 삶교과 수업에서 리듬활동을 제외한 나머지 시간 대부분을 자리에 앉아서 하는 정적인 활동을 반복하면서 보냈지요. 때로는 쉬는 시간이나 2교시까지도 이어졌습니다. 하나의 주제에 집중하면서 그림도 많이 그리고, 글도 많이 썼습니다. 특히, 담임의 이야기를 듣고 스스로 글로 정리하는 일이 쉽지 않았던 것 같지만, 그 과정이 아이들에게 도전하고 성취할 수 있는 경험을 많이 주었던 것 같습니다.

진 선생님은 그동안 수고 많았다며, 북유럽신화를 마무리하는 기념으로 책거리를 하자고 합니다. 책거리라고 하지만 대단한 것은 없습니다. 며칠 전, 한 아이가 집에서 만든 딸기 콤포트를 아이들과 나눠 먹으려고 학교에 가지고 왔었습니다. 딸기 콤포트를 듬뿍 넣은 우유를 한잔 씩 놓고, 그동안의 소감을 나눕니다. "그림을 그릴 때는 좋았는데, 글을 쓸 때는 너무 힘들었어요. 발데르를 그릴 때 시간이 오래 걸려서 많이 힘들었어요.", "그림을 그리고 글을 쓸 때는 시간이 정말 오래 걸렸는데, 오늘 다시 읽어보니까, 읽는 시간은 짧아요. 그렇게 힘들었는데…", "처음에는 힘든지 잘 몰랐는데, 시간이 갈수록 써야 할 글이 길어지고, 또 내가 스스로 정리해야 해서 많이 힘들었어요. 그래도 다 하고 나니까 기분이 아주 좋고 마음이 뿌듯해요.", "긴 글을 써야 하는 날이 많아서 힘들었어요. 수업 시간에 다 못해서 쉬는 시간까지 해야하는 날도 있었어요. 그래도 그동안 쓴 공책을 다시 보니까 마음이 아주아주 매우매우 뿌듯해요.” 대체적으로, 과정은 많이 힘들었지만, 끝내고 보니 뿌듯하다는 이야기로 모아집니다. 길고 힘든 과정을 잘 마친 아이들, 그 마음이 자랑스러움과 기쁨으로 가득 차는 시간이었습니다.

총 27회에 걸쳐 북유럽신화 수업을 진행하는 동안, 그 과정에서 진 선생님이 마음을 많이 썼던 것은, 아이들 반응에 따라 수업의 진행에 균형을 잡는 것이었다고 합니다. 힘듦 때문에 아이가 글쓰기를 싫어하게 되면 안 되기 때문에, 아이들의 반응에 따라 수업 활동의 강도를 적절히 조절하는 것이 필요하다고 합니다. 너무 쉬워서 시시해도 안 되지만, 너무 어렵고 힘들어서 포기하고 싶어지도록 만들어서도 안 되는 것이지요. 그렇게 하기 위해서도 꼭 필요한 것이, 아이에 대한 세심한 관찰이고, 아이의 반응에 대한 교사의 적절한 대처가 아니겠나 싶습니다.

진 선생님은 이처럼 인내를 가지고 집중해야 하는 수업을 이렇게까지 길게 진행할 수 있을지 예상하지 못했다고 합니다. 만약 이 과정에서 지치고 그래서 무기력해지거나 포기하고 싶은 마음을 보이는 아이가 있다면, 언제든 방법을 달리할 준비를 하고 있었다고 합니다. 그런데 아이들이 그 과정을 큰 거부감이나 지루함 없이 하루하루 해내는 모습을 보면서 교사도 힘을 얻어 끝까지 올 수 있었다는 것이지요. 그렇다면, 그것은 결국 아이들의 힘이고, 아이들이 온전히 이룬 성취라고 할 수 있겠지요. 아이들의 뿌듯함으로 상기된 얼굴이 그것을 증명하는 듯합니다.

삶을 가꾸는 글쓰기

① 글쓰기 수업

5월 초 어느 날 2교시에, 진 선생님이 아이들에게 갑자기 비석치기를 하면서 놀라고 합니다. 아이들은 쉬는 시간도 아닌데 비석치기를 하라고 하니, 놀라기도 하고 좋기도한 마음을 숨기지 않으면서 후다닥 강당으로 나갑니다. '비석치기'는 참빛 아이들에게 둘째가라면 서러워할 만큼 익숙하고 좋아하는 놀이입니다. 또 하고 또 해도 재미있어합니다. 신나게 한 판을 끝내니 진 선생님이 아이들을 교실로 부릅니다. "비석치기 재미있었지? 그럼 지금부터 그 재미있었던 이야기를 글로 한번 적어보자." 5월부터 2교시는 글쓰기 수업으로 진행된다고 합니다. 삶교과 신화수업 초반에 했듯이, 담임이 정리한 것을 보고 옮기는 것이 아니라, 온전히 자기 스스로 자신의 글을 씁니다.

사실, 글쓰기는 아침마다 리듬활동으로 하는, 뉴스타임에서 처음 비롯했습니다. 매일 반복되는 뉴스타임에 아이들 발표가 시들할 때가 가끔 있습니다. 그럴 때는 진 선생님이 숙제를 냅니다. 예를 들면, "오늘 저녁에 집에 가서 부모님 어깨를 주물러 드려라." 다음 날 아침 뉴스타임에는 숙제에 관한 이야기를 나눕니다. 어떤 시간에 어떤 말로 어깨 주무르기를 시작했는지, 부모님 반응은 어땠는지, 내 마음은 어땠는지 등등. 할 이야기가 많아지지요. 또 한번은, 'CCTV'작전이 숙제로 나갔습니다. 저녁 시간에 아무도 모르게 가족을 자세히 관찰하여 그 내용을 글로 적어오는 숙제입니다. 다음 날 아침, 아이들은 관찰해서 적은 글을 뉴스타임에 발표합니다. 뉴스타임은 자칫, 저녁 먹고 놀다가 잤다는 식으로 규칙적인 매일의 일상이 지루하게 반복될 수 있지요. 그런데 이런 경험을 통해 반복되는 일상 속에도 재미있는 이야기 소재가 많이 숨어 있다는 것을 발견하게 합니다.

진 선생님은 아이들이 써온 가족 관찰 글을 시작으로 아이들의 '글쓰기 공책'을 만들었습니다. 아침에 하는 리듬활동으로서의 '뉴스타임'이 집에서 하는 숙제로 이어지고, 또 그것은 일기나 글쓰기로 확장되기도 하고, 또 나중에는 아침의 뉴스타임이 더 풍성해지는 것으로 돌아오기도 합니다. 나아가서는, 아이들이 자신의 일상적 삶을 풍요롭고 아름답게 여길 수 있는 계기가 되기도 하겠지요. 이처럼 틀에 매이지 않고, 아이들의 반응이나 상황에 따라 자연스럽게 유영하듯 움직이고 변화하며, 리듬활동으로 하던 것이 글쓰기 수업으로 확장되는, 그 자유롭고 통합적인 흐름을 교실에서 만나게 됩니다. 그런 가운데 글쓰기를 위한 글쓰기가 아니라, 삶을 가꾸는 글쓰기가 일어나지 않겠나 싶습니다.

글쓰기 검사

생생하고 솔직한 글쓰기를 할 수 있는 가장 좋은 방법은 아이가 직접 경험해서 친근한 소재로 시작하는 것이라고 합니다. 그래서 진 선생님은 아이들이 자주 즐기는 비석치기 놀이를 글감으로 가져온 것이지요. 아이들이 갑작스레 글을 써야한다고하니 당황하고 어떻게 해야할지 잘 몰라합니다. 그래서 글을 쓰기 전에, 먼저 비석치기의 각 단계를 순서대로 아이들이 돌아가며 말로 설명하는 시간을 가집니다. 직전에 경험했던 몸의 움직임을 구체적인 말로 표현하는 것이지요. 쉬울 것 같지만, 열일곱 단계나 되는 비석치기 과정을 말로 설명하는 것이 쉽지 않습니다. 다함께 좀 더 적합한 단어와 표현을 찾아봅니다. 진 선생님이 그 과정을 칠판에 적으면서 말이 글이 되는 과정을 보여줍니다. 이제 아이들도 글쓰기 공책에 직접 자기가 했던 몸의 경험을 글로 표현하면서 정리합니다. 다음 날 아침에 학교에 가니, 아이들이 어제 못다 쓴, '비석치기' 글을 쓰고 있습니다. 시키지도 않았고 다 못했다고 혼내는 사람도 없는데, 이러고 싶은 마음은 어디서 나오는 걸까요? 수동적이었던 저의 어린 시절을 회상해보니, 이 아이들의 모습이 신기하고 대견합니다.

중고등이 2주간의 들살이에서 돌아오기까지 초등은 외부급식을 받지 않고 자체적으로 요리를 해서 먹기로 했습니다. 주로 진 선생님이 요리를 하셨지만, 때로는 아이들이 참여해서 함께 만들기도 했습니다. 아이들이 점심에 꼭 만들어 먹고 싶다고 추천한 음식 중에 삼각김밥이 있었습니다. 그래서 아이들이 직접 만들었습니다. 아이들이 직접 자기가 먹을 음식을 만든 경

글쓰기 검사

험도 살아있는 좋은 글감이 되겠지요. 1교시에 요리를 하고 2교시에 그 요리 경험을 글로 적습니다. 점심준비를 하고있는 담임에게 검사를 받거나 의견을 물으려고 아이들이 주방으로 풀방구리 쥐 드나들 듯 오고 갑니다. 보충하거나 수정할 내용을 전달받기도 하고, 잘했다고 칭찬을 받기도 합니다. 때로는 자기가 쓴 글을 얼른 선생님에게 보이고 싶어 다섯 아이가 주방 입구에 줄을 지어 기다리기도 합니다.

비석치기 글쓰기를 한 후로, 아이들이 비석치기 놀이를 더 즐기기 시작합니다. 진 선생님이 내친김에 중등반과 비석치기 대결을 해보면 어떻겠냐고 제안합니다. 아이들은 "형아랑 누나들이 초등에 있을때는 잘했지만, 중등으로 올라간 후로는 별로 안 해봐서 실력이 많이 줄었을 거야. 우리가 이길 수 있어."라며 흔쾌히 받아들입니다. 두 반 담임선생님이 의논을 해서 드디어 대결 날짜가 잡혔습니다. 아이들은 자신 만만하다면서도 매일 연습에 매진하며 땀을 뻘뻘 흘립니다. 아이들이 아무래도 비석치기 대결을 준비할 시간이 부족하다고 하자, 진 선생님이 수업 시간을 내주기까지 했지요. 물론, 그 시간에 이어, 아이들은 '비석치기 대결 준비'라는 제목으로 글을 썼습니다. 본격적으로 글을 쓰기 전에 지금까지 글을 써본 경험을 돌아보는 시간을 가졌습니다. "글을 쓰기 전에 전체적인 스토리를 먼저 짜서 쓰면 글을 더 쉽게 잘 쓸 수 있을 것 같아요.", "했던 일을 잘 기억하면 글 쓰는 게 더 쉽고 도움이 될 것 같아요." 등등. 아이들이 나름대로 발견한 방법을 말합니다. 진 선생님은 거기에 더해, 관찰이나 경험 글을 어렵지 않게 쓸수 있는 방법으로 세 가지를 주문합니다. 첫째는 시간 순서대로 적어보는 것이고, 두 번째는 자세하게 적으려고 노력하는 것이며, 세 번째는 감정을 포함해서 솔직하게 쓰는 것입니다. 아이들이 자신이 발견한 방법과 담임이 알려준 방법을 유념하며 '비석치기 대결'을 준비하면서 보냈던 시간을 글로 정리하기 시작

비석치기대결

합니다. 아이들이 글을 쓰기 시작하면 교실이 고요해진다고 했었지요. 고요함 속에서 사각사각 아이들의 연필 소리를 들을 수 있을 정도입니다.

중등과의 비석치기 대결은 초등의 참패로 끝이 났습니다. 선배들의 비석치기 실력이 줄지 않고 그대로였던 것이지요. 게다가 중등이 된 후로 키까지 훌쩍 자라 초등은 상대가 되지 못했습니다. 그 경험도 글로 써보면 좋았겠지만, 아이들이 너무 슬퍼하는 바람에 그 치욕의 경험을 다시 환기하자고 제안하지는 못했습니다. 대신, 비석치기는 매년 5월, 마을에서 여는 단오잔치로 이어졌습니다. 단오잔치날 참빛학교 초등은 비석치기와 짚풀공예 부스로 참여하기로 합니다. 마을의 다른 친구들이 우리 부스에 와서 비석치기를 체험하는 것이지요. 아이들은 열일곱 개의 단계에서 다섯 단계만 골라 다섯 아이가 한 단계씩 맡습니다. 그리고 "비석치기 놀이마당 참가서"를 만들었습니다. 놀이 참가자가 단계를 통과할 때마다 각 단계를 맡은 아이가

'확인' 도장을 찍어주기로 합니다. 5월 전일제 절기 수업으로 진행된 단오잔치, 아이들이 계획대로 비석치기를 진행하면서 비석치기에 대한 즐거움과 자긍심을 되찾지 않았을까 싶습니다.

한 번씩 아이들의 글쓰기 공책을 펼쳐봅니다. 초기에는 연필을 쥐는 손아귀 힘이 적어 글씨가 흐리고 모양도 제 멋대로입니다. 띄어쓰기도 줄 맞추기도 마냥 자유롭기만 했었는데, 한 달여 만에 아이들의 글씨가 많이 변하는 것을 볼 수 있습니다. 글씨 모양도 조금씩 균형을 잡아갑니다. 맞춤법이 맞지 않는 경우가 종종 눈에 뜨이지만, 진 선생님은 크게 개의치 않는 것 같습니다. 맞춤법을 자꾸 지적하고 고치게 하다 보면, 정작 자기가 쓰고 싶은 이야기에 집중하지 못하게 되고, 글쓰기 자체를 부담스럽게 만들 수 있기 때문이라고 합니다. 글을 쓰는 것이 목적이 아니라, 자신의 삶을 돌보고 가꾸는 글쓰기, 그런 것이 어떤 것일지에 대해서 배울 수 있는 시간이었습니다.

② 흔하지만 흔하지 않은 풍경

저는 주로 교실 뒤쪽에 앉아서 수업을 참관합니다. 그러다 보니 늘 아이들 뒷모습을 보게 됩니다. 요즘 교실의 흔한 풍경은 아이들이 책상 쪽으로 머리를 숙인 채, 뭔가에 열중해 있는 풍경입니다. 앞에서 아이들의 얼굴을 보는 것만큼 아이들의 뒷모습에도 많은 표정이 있다는 것을 알게 됩니다. 아이의 어깨와 팔의 자세는 그 아이가 얼마나 현재에 집중하고 있는지, 그것에 대한 의지의 정도도 느끼게 해줍니다. 5월은 삶교과 '북유럽신화'수업과 더불어 아이들이 책상에 앉아서 활동하는 시간이 많았지요. 길고 반복적인 이 시간에 "아이들은 어떤 마음으로 임하고 있는 것일까?" 아이들의 뒷모습을 보면서 그런 생각이 자주 들었습니다. 확실히 눈에 보이는 것은, 아이들이 점점 그 시간에 익숙해지면서 자기가 하는 일에 대한 집중력도 더 커

진다는 점입니다. 시험도 성적표도 없는데, 누구 하나 허투루 하지 않고, 자신의 작업에 최선을 다하면서 그 결과에 대부분 만족합니다. 어떤 마음이 저렇게 할 수 있게 할까요?

그래서 어느 날은 진 선생님에게 물었습니다. "요즘, 아이들이 보여주는 저 모습이 저 시기 아이들에게 가능한 모습인가요?" 진 선생님도 요즘, 아이들의 모습을 보면서 놀라고 있다고 합니다. 그처럼 활달하고 노는 것을 좋아하는 아이들이 이처럼 정적인 시간에 길게 집중할 수 있다는 사실이 신비롭다고까지 합니다. "아이들이 그럴수 있는 힘은 어디서 비롯하는 걸까요?" 라고 또 물었지만, 진 선생님은 그에 대해서는 뭐라고 꼭 집어서 설명하고 싶지 않은 것 같았습니다. 이런저런 것들 때문이라고 규정해서 말하면, 그것이 교사에게 하나의 정답처럼 여겨질지 모른다는 우려 때문이지 싶습니다. 아이마다 상황마다 매번 달라질 수 있는데, 교사가 먼저 답을 가지고 바라보면 아이들을 있는 그대로 볼 수 없다는 것이겠지요. 조용히 글쓰기에 집중할 수 있는 아이가 좋고 뛰어난 아이라고 규정하는 것도 편견이겠지요. 진 선생님이 그동안 수도 없이 강조한 이야기인데 저는 또 그런 질문을 했습니다. 그러고 보니, 저의 질문이 결국, "어떻게 하면 아이들을 그렇게 집중하도록 만들 수 있을까요?"라고 묻는 것과 다르지 않았네요. 교사가 아이를 교사가 목표한 대로 만들 수 있다는 생각, 그런 유혹에 언제든지 빠질 수 있음을 또 한 번 알아차리게 됩니다.

그럼에도 관찰자로서의 제 눈에 보이는 것들이 있습니다. 우선은 교사와 아이들 사이에 매 순간 맺어지고 있는 신뢰 관계가 그러한 것을 가능하게 하는 중요한 바탕이 되는 것 같습니다. 두 번째는 수업활동의 리듬이 적절하게 운영되고 있기 때문이기도 한 것 같습니다. 동적인 활동과 정적인 활동이 리듬 속에서 상호 시너지를 줄 수 있도록 배치된 것이지요. 모였다가 풀리고, 심화되었다가 확산되고, 고요했다가 발산하는... 에너지가 리드미컬하게 순환하는 과정에 아이들이 잘 올라타 있는 것이 아닐까 싶습니다. 마지막은 초등 3,4,5학년 아이들의 발달과 관계됩니다. 초등 고학년 아이들은, 그래도 학교에 와서 뭔가 열심히 노력했다는 뿌듯함과 성취감을 느끼고 싶어 한다는 것이지요. 스스로 생각해도 의미있는 일에 열심히 노력해서 얻게 되는 성취감, 그것을 통해 아이들은 자기 효용감과 자기만족을 얻는 즐거움을 맛보게 되는 것이겠지요. 아이들의 행복이 그저 마냥 노는 것만으로 채워지는 것이 아니라는 것도 새삼 깨닫게 됩니다.

리듬활동
ㄱ 창조적 반복

삶교과 주제는 월마다 달라지지만, 리듬활동은 변함없이 같은 시간에 같은 순서로 진행됩니다. 반복 속에서 교사나 아이들의 의지에 따라 약간씩 변주되기는 합니다. '날짜와 날씨말하기'에는 달 모양이 추가되어, 전날 밤 달 모양이 어땠는지도 칠판에 기록합니다. 처음에는 자꾸 잊어버려서 달 모양을 못 보았다고 합니다. 그러다 어느 날인가에는, 아파트 안에서 달을 보는 것이 너무 어렵다고 불평을 합니다. 밖에 나가도 높은 아파트에 가려서 보이지 않는다고 하네요. 며칠 후에야 한 아이가 밤에 '반달'을 보았다고 합니다. 매일 관찰하다 보면 달 모양이 어떻게 변화하는지 알게 되겠지요. 훗날 학년이 더 올라가면 달 모양이 왜 매일 변하는지, 그 원리에 대해서도 질문하게 될 것 같습니다.

'뉴스타임'도 처음에는 담임이 한 명씩 불러내서 발표하게 했지만, 이제는 지원자가 스스로 나와서 발표합니다. 지원자가 없을 때면, 진 선생님이 숙제를 낸다고 했었지요. 어느 날에는 담임이 아이마다 다른 숙제를 주었습니다. 태권도장에 다니는 한 아이에게는 태권도 사범님을 관찰해서 기록하는 숙제를 줍니다. 다음날 그 아이는 사범님이 '물'과 '사람'이라는 단어가 들어간 속담을 말했는데, 그게 무엇이었는지 기억이 나지 않는다고 합니다. 그래서 우리는 그 두 단어가 들어간 속담을 찾아내기로 합니다. 아이들로부터 여러 가지 속담이 나왔습니다. 정답은 "열 길 물속은 알아도 한 길 사람 속은 모른다"였습니다. 답을 찾는 과정이 참 재미있었습니다. 모르던 속담을 배운 김에 진 선생님은 '수학의 단위와 측정'으로 이어갑니다. "이 속담에서

'길'은 무엇을 말하는 걸까?" 한 길은 '한 사람의 키' 정도의 길이를 말하지 요. 대략 180cm라고 합니다. "그러면 열 길은 얼마나 되는 걸까?" 진 선생님 이 질문하고 아이들은 답을 찾습니다.

마주하는 상황에 따라 배움이 자유롭게 흐르고 경계 없이 어울립니다. 그 러한 일들이 리듬활동 전역에서 일어납니다. 예를 들어 '날짜와 날씨 말하 기'에는 수학적, 과학적 요소가 구별 없이 함께 합니다. 아이들의 갈수록 섬 세하고 기발하게 표현되는 날씨에 대한 설명은 언어적 요소라고 할까요? 분절적으로 구분하는 것은 별로 의미가 없겠지요. 또 아이들의 리코더연주 를 단순히 음악적 활동이라고 한정할 수 없는 것도 마찬가지입니다. 아이들 은 리코더연주를 하면서 몸의 많은 부분을 섬세하게 작동시킵니다. 손가락 을 비롯한 수많은 소 근육들도 발달시키겠지요. 우리의 삶이 통합적인 것처 럼, 배움도 그렇게 일어나는 것이 자연스럽지 않을까 싶습니다.

뉴스타임이 끝나면, 계절 노래를 부르며 몸을 푸는 순서입니다. 계절이 바 뀔 때마다 그 계절에 어울리는 노래를 부르며 박자에 맞추어 교실과 강당 을 돕니다. 노래를 부르며 걷다가 담임이 신호를 주면 '숫자세기'로 넘어갑니 다. 틀리지 않고 연속해서 숫자를 잘 세면, 학년말에 그 숫자만큼의 문화상 품권을 선물로 주기로 했습니다. "하나, 둘, 셋, 넷, 다섯…." '일흔'이라고 해야 하는데 '칠십'이라고 하면 '예순아홉'까지만 인정을 받습니다. 매일 센 숫자 를 누적해서 칠판 한쪽에 기록합니다. 숫자를 더하는 과정에서 두 자리, 세 자리 수의 덧셈도 자연스럽게 익힙니다. 날이 갈수록 아이들이 틀리지 않고 숫자를 세는 시간이 길어지자, 진 선생님이 다양한 방법을 씁니다. 아이들 이 숫자를 세는 중간에 다른 숫자를 불러서 헷갈리게 하거나, 숫자를 세는 아이들에게 공을 던져서 받게 하는 식입니다. 그래도 여간해서는 틀리지 않 자, 숫자세기를 3.6.9놀이처럼 하기도 하고, 나중에는 영어로 세기도 합니다.

대체로 방해공작이기는 하지만, 아이들이 좀 더 흥미를 가지고 도전할 수
있도록 하려는 교사의 노력이라고 보아야겠지요.

숫자세기를 마치고 교실로 들어오면, 곧바로 구구단 외우기를 합니다. 두 명
씩 짝을 지어 손바닥을 마주치면서 2단부터 외우기 시작합니다. 단이 바뀔
때마다 옆으로 옮겨 짝을 바꿉니다. 9단까지는 금방 외우고 5월은 14단을
지나고 있네요. 15단까지 갈 예정입니다. 구구단외우기는 리듬활동 중에 아
이들이 가장 신나는 시간이고, 아이들의 의지로 창의적인 변주가 많이 일어
나는 활동이기도 합니다. 때로는 감동적인 일도 일어납니다.

아이가 다섯 명이라 두 명씩 짝을 지으면 한 명은 혼자서 해야 하지요. 평소
자기표현이 적은 한 아이가 짝없이 혼자 외워야 하는 순간이 되었습니다.
허공에 손바닥을 치면서 구구단을 외우던 그 아이가 슬쩍 머리를 돌려 담
임을 쳐다보더니 다시 혼자 허공으로 손바닥을 칩니다. 그러다 외우던 단이

끝나 자리를 옮깁니다. 다음번 또 혼자가 된 순서에 그 아이는 또 담임을 슬쩍 넘겨다 봅니다. 그 모습을 보면서 나는 마음속으로 "망설이지 말고 선생님께 손바닥을 내밀어, 어서.."라고 소리쳤습니다. 잠시 후, 믿기 어려운 일이 일어납니다. 그 아이가 용기를 내어 선생님쪽으로 다가가 손바닥을 내밉니다. 진 선생님은 잠시 주춤했지만, 곧바로 웃으며 손바닥을 받아 줍니다. "야호! 잘했어!!" 내가 그 순간에 그처럼 기뻤던 이유가 있습니다. 사실, 그 전날 그 아이는 어떤 이유인지는 모르겠지만, 진 선생님께 호되게 꾸중을 들었습니다. 눈물을 흘리기도 했지요. 그랬던 아이가 다음 날 아침, 진 선생님과 손바닥을 마주치며 구구단을 외울 마음을 낸 것입니다. 여러 번 망설이는 모습, 마침내 용기를 내서 담임에게 성큼 다가가는 모습, 환하게 웃는 모습을 보면서 혼자 감동에 빠졌지요. 그 이후로 짝없이 혼자 외우는 순서가 되면 담임에게 손바닥을 내미는 아이들이 종종 생겼습니다.

구구단 외우기가 끝나면, 이제는 개별적으로 구구셈을 제대로 알고 있는지 확인하는 시간입니다. 아이들이 줄을 서서 기다리면 담임이 한 명씩 구구셈 문제를 냅니다. 답을 맞히면 자리로 돌아가고 틀리면 줄 맨 뒤로 가야 합니다. 답을 맞히면 신이나서 춤을 추며 자리로 돌아오지요. 그런데 때로는 답을 맞힌 아이가 담임 몰래 줄 뒤로 가서 담임 앞에 다시 나타나기도 합니다. 장난을 치는 것이지요. 그러면 진 선생님은 웃으며 자리로 돌려보냅니다. 아이들과 담임의 사이가 깊어지고 아이들이 교사를 편안한 마음으로 대하고 있음을 느낍니다.

또 어느 날은 숫자세기가 몇 초 만에 끝나는 일이 있었습니다. 아이들이 일부러 빨리 틀려버린 것입니다. 왜 그랬을까요? 칠판에 전날까지 숫자세기의 누적수가 8,880으로 기록되어 있습니다. 아이들이 모든 숫자를 8로 만들겠다고 일부러 여덟까지만 세고 틀려버린 것이지요. 매일 아침 숫자세기를 해서 용돈 금액을 불리고 있지요. 아이들은 평소 그 숫자를 불리기 위해서 갖은 애를 다 씁니다. 담임에게 오늘은 큰 소리로 잘 세웠으니 두 배로 올려달라고 조르기도 하고, 들살이를 갈 때 휴게소에서 그 돈으로 간식을 사먹자고 아무리 꾀어도 절대 넘어오지 않던 아이들입니다. 그런 아이들이 8880을 8888로 만들기 위해서 일부러 틀린다네요. 아이들은 하루종일 그 8888을 보면서 의기양양 즐거워합니다. 왜 그러고 싶은 것일까요? 일종의 '무의미의 의미', '비효용의 효용' 같은 것이지요. 예술을 설명할 때 주로 쓰는 표현입니다. 놀이와 예술이 주로 그런 것들을 추구하고 또 그런 것에서 의미를 찾지요. 효율과 효용의 가치만을 쫓는 세상에서 예술과 놀이는 그 반대의 가치에도 의미를 두는 대표적인 활동입니다. 아이들의 장난스러운 이 일탈이 이처럼 재미있고 흥미로운 이유가 거기에 있는 것 같습니다. 아이들은 손해 보는 줄 잘 알면서도 그저 재미있어서 그렇게 했겠지요. 참 자유로운 영혼이 아닌가 싶습니다.

구구단은 수학의 영역이지만, 리듬활동으로 하는 구구단 암송은 오히려 예술에 가깝습니다. 신나고 즐겁게 춤추듯 노래하듯 하니까요. 그 반면에 예술의 영역이라고 할 수 있는 리코더연주를 할 때는 아이들이 무척 진지합니다. 자리에서 일어나 호흡을 가다듬고 조심스럽게 연주합니다. 아이들은 악보가 아니라, 담임의 손가락 움직임을 보고 따라 하면서 배웁니다. 체계나 이론으로 배우지 않고, 감각과 모방으로 배우는 것이지요. 처음에는 서툴지만 얼마 지나지 않아 곡을 연주하게 됩니다. 그러던 어느 날은 두 아이가 담임과 반대 방향을 보면서 연주하네요. 이제 담임의 손가락을 보지 않고도 연주할 수 있다는 것을 몸으로 보여주는 것이지요. 그 정도가 되면 이제 아이들이 돌아가며 앞에 나와서 교사의 역할을 대신합니다. 연주를 이끄는 것이지요. 다른 아이들은 앞에 나온 아이의 손가락을 보면서 연주합니다. 다

섯 아이 모두가 돌아가며 앞에 나와 연주를 이끌 수 있게 되면, 새로운 곡을 시작합니다.

리듬활동 덕분에 저는 아침마다 아이들이 한목소리로 내는 소리를 들으며 하루를 시작합니다. 계절노래 소리, 숫자 세는 소리, 구구단 외우는 소리, 절기노래 소리, 아침을 여는 기도 암송하는 소리. 그중에서 으뜸은 리코더연주 소리입니다. 계절이 깊어감에 따라 아이들이 능숙하게 연주할 수 있는 곡도 늘어납니다. 새 곡을 시작하면 처음에는 음정도 박자도 맞지 않아 불협화음이 나지만, 한주만 지나도 제법 음정이 맞아갑니다. 비록 하루에 한 번 연주하지만, 매일 반복하는 과정을 통해서 자연스럽게 배우고 익힙니다.

이처럼 새로운 것을 배우고 반복적으로 익히다가 어느 순간 '잘하게' 되는 경험은 아이들의 성장에 참 중요한 과정이 아닐까 싶습니다. 뭔가를 꾸준하게 한 끝에 '잘하게'되는 자기 자신을 발견하는 경험은 아이들에게 도전에 대한 '자신감'과 '자기효용감'을 키우는 데에 큰 힘이 되겠지요.

사실, 반복은 부정적인 것으로 여겨지곤 합니다. 반복은 지루함이나 기계적인 과정으로 여겨지기 쉽기 때문입니다. 그렇지만 반복을 어떻게 바라보고 또 그 안에서 무엇을 보는가에 따라 달라질 수 있는 것이 아닌가 싶습니다. 매일 아침 진행하는 리듬활동에서 반복은 아이들에게 안정감을 주고, 빨리 어느 수준에 이르러야 한다는 목적지향적인 부담에서 벗어나 그 시간을 자기 식대로 자기 형편대로 즐길 수 있도록 합니다. 그럼에도 어느 때가 되면 모두가 곡을 익히고 하나가 된 듯 연주하는 순간이 찾아오고, 구구셈 15단도 거뜬히 외우는 순간이 찾아 옵니다. 그럴때면 아이들의 얼굴이 뿌듯함과 성취감으로 물들지요.

'잘하게' 되는 것은 그러한 생생한 과정의 반복을 통해 자연스럽게 생겨나는 결과입니다. '잘하게' 되는 것이 목표가 되어서는 즐겁고 행복한 배움이 일어나기 어렵겠지요. 그것이 목표가 되면 '반복'은 지겨운 과정이 되어버리기 쉽습니다. 너무 소박한 일에 과한 의미를 부여한다고 말할지도 모르겠지만, 아이들을 이처럼 신나게 하는 반복, 그 반복의 과정에서 섬세한 차이를 느낄 때마다 감동받습니다. 아침마다 반복되는 리듬활동에 그처럼 시시각각 창의적으로 새로운 기운을 불어넣는 아이들, 그런 아이들이 참으로 신비롭습니다. 어떤 때에는 리듬활동만으로도 그날의 배움이 충분하다고 느껴져서 나머지 시간은 하루종일 놀아도 괜찮지 않겠나 싶기까지 합니다. 하루도 빠짐없이 하는 리듬활동이 어떻게 아이들의 삶을 창조적으로 가꾸는지 배우고 깨닫는 시간을 보냈습니다.

6월 · 어울림

짙은 녹음이 신록을 밀어내며 무성한 수풀을 이루기 시작합니다. 여름이 점점 깊어갑니다. 6월에는 절기상 망종과 하지가 들었습니다. '망종'은 밀, 보리, 벼와 같은 까끌까끌한 수염이 있는 곡물을 거두고 심기에 좋은 때여서 지어진 이름이라고 하지요. '하지'는 한 해 중 낮의 길이가 가장 길고 여름 더위가 찾아오는 시기입니다. 농촌에서는 가을 추수에 버금가는 농번기를 보냅니다. 가을에 심은 밀이나 보리를 베어내고 벼 심기도 해야 합니다. 해가 길어 광합성을 하는 식물들의 생장이 더 할 수 없이 활발해지지요. 봄에 씨뿌린 밭의 잡초들도 쑥쑥 자라고 그만큼 벌레들도 많이 꼬입니다. 잡초도 뽑고 해충도 퇴치하고 여름작물 수확도 때맞춰 해야 합니다. 다행히 낮이 길어 일할 수 있는 시간도 깁니다. 서로 돕고 더불어 일하며 어울리는 시간도 길어지는 것이겠지요.

우리 아이들도 6월을 그렇게 보냅니다. 옥상 텃밭에 올라가 하루가 다르게 자라는 작물들을 보살핍니다. 풀도 뽑고 물도 더 듬뿍 줍니다. 전해에 심은 '해바라기가 올해는 씨를 뿌리지 않았는데도 그 자리에 다시 싹을 틔워 무럭무럭 자랍니다. 아이들은 옥상에 올라갈 때마다 옥수수와 키재기를 합니다. 옥수수가 점점 자라 아이들 키를 넘어섭니다. 봄에 심은 감자 줄기가 자꾸 바닥으로 늘어져 끈으로 묶어주기도 하고 흙을 보충해주기도 하면서 돌보다가 하지 즈음 캤습니다. 기온이 자꾸 오르며 더위가 심해지자 산책 시간은 대천천 물놀이 시간으로 변합니다. 아이들은 한 주에 두 번 하는 물놀이를 목을 빼며 기다리고, 가서는 한없이 신나게 물놀이를 즐깁니다. 그 어느 때보다 더, 6월은 절기의 흐름에 어울리는 활동을 하면서 보냅니다. 망종을 맞아 우리는 밀을 수확하고 오전 시간을 온통 밀과 함께하는 시간으로 보냅니다.

〈밀과 함께〉
프로젝트

① 밀밭 답사

6월 초 삶교과 시간에 진 선생님이 6월의 계획을 알려줍니다. 이번 달 삶교과는 '밀과 함께'합니다. 절기 '망종'에 관한 이야기를 나누는 중에 아이들도 지금이 밀을 수확하기에 적절한 때라는 것을 알게 됩니다. 진 선생님이 알려 주시는 계획에 따르면, 먼저 우리는 밀밭에 가서 밀을 베고, 학교에 가져와 탈곡합니다. 절구로 찧어 밀가루를 만들고 그 밀가루로 음식도 만들어 먹습니다. 그 모든 것을 우리가 직접 해야 합니다. 말만 들어서는 어떤 과정이 우리를 기다리고 있을지 실감이 나지 않습니다. "밀밭이 어디에 있고, 탈곡은 어떻게 하며, 또 밀가루는 어떻게 만들 수 있을까?" 아이들이 호기심과 기대를 담은 눈으로 질문을 쏟아냅니다.

그다음 날 진 선생님이 밀밭 답사를 가자고 합니다. 예전에는 학교 텃밭에 밀을 직접 심어 키우기도 했다는데, 이번에는 우리가 키우지는 못했습니다. 아이들은 밀밭이라고 하니 어디 먼 시골로 가는 줄로만 알았겠지요. 그런데 의외로 가까운 곳에 밀밭이 있습니다. 낙동강변에 조성된 화명생태공원 요트 계류장 근처입니다. 북구청에서 심은 밀밭입니다. 구청에서 밀밭체험 행사를 계획하면서 밀을 심었다고 합니다. 화명생태공원 습지를 찾아오는 철새들에게 먹이를 제공하려는 뜻으로 주변에 곡물을 심는다는 이야기도 들었던 것 같습니다.

출발하기 전에 진 선생님이 미리 조금 구해놓은 밀을 관찰합니다. 늘 하얀 밀가루만 보았지, 실제로 밀을 본 아이들이 드뭅니다. 밀이 어떻게 생겼는지 잘 살펴봅니다. 크게는 뿌리, 줄기, 잎, 이삭으로 나뉩니다. 이삭은 밀의 알맹이들이 모여있는 부분이지요. 이삭에는 또한 빳빳한 수염도 달려있습니다. 우리에게 비교적 익숙한 벼와는 확실히 다릅니다. 보리와는 또 어떻게 다른지 궁금해지네요.

학교 차를 타고 밀밭으로 갑니다. 예상했던 것보다 훨씬 넓게 밀밭이 펼쳐집니다. 북구청에서 관리하는 밀밭은 밀알을 얻기보다는 관상이나 체험용에 가까워서 그런지, 밀밭에 다른 식물들도 많이 섞여 있습니다. 밀을 닮았지만 알맹이가 없는 쭉정이도 많이 있네요. 밀밭 안으로 진입하기 위해서 진 선생님이 풀을 베어 길을 내줍니다. 사전에 북구청 담당과에 전화해서 허락을 받아두었으니 문제없습니다. 드디어 아이들이 밀밭으로 들어가 밀을 골라냅니다. 이날은 답사차 간 것이라, 각자 조금씩만 베어왔습니다. 베어 온 밀로 예쁜 밀 다발을 만들어 하나씩 나누어 가졌습니다. 밀을 모아 다발을 만드니 꽃다발 처럼 예쁘네요. 진 선생님은 아이들이 하교한 후에 밀줄기를 가지고 여치 집을 만듭니다. 오랜만이라 그런지, 하나 만드는 시간이 제법 걸립니다. 앞으로 아이들도 만들게 됩니다. 아이들이 잘 따라 할 수 있

도록 교사가 먼저, 만드는 방법과 순서를 잘 익혀둡니다. 앞으로 '밀'이라는 하나의 소재가 다양한 활동으로 이어지고 펼쳐질 모양입니다.

② 밀 베기

화명생태공원 밀밭에 다시 와보니 답사 때보다 더 광활해 보입니다. 막상 아이들의 저 작은 손으로 밀을 베어야 한다고 생각하니 더 넓어 보인 것 같습니다. 내 마음과 다르게 아이들은 아직 현실감이 없습니다. 아침부터 낙동강변 드넓은 공원으로 나오니 마냥 들뜨고 기분이 좋아 보입니다. 근처 그늘에 자리를 깔아 준비해온 간식과 물을 내려놓고, 담임으로부터 각종 도구를 나눠 받습니다. 낫은 아직 어린아이들에게는 위험해서 진 선생님만 사용하기로 합니다. 종이용 가위와 전지용 가위를 나눠받은 아이들 눈이 계속 커다란 낫으로 향합니다. 그래도 어쩔 수 없지요.

이제 지난번에 와서 만들어 놓은 길을 찾아 밀밭으로 들어갑니다. 진 선생님이 다시 한번 밀 자르는 방법을 시범으로 보입니다. 여치 집을 만들어야 하기 때문에 이삭만 자르면 안 됩니다. 가능한 한 길게 줄기까지 잘라야 합니다. "자, 이제 시작해보자." 모자도 쓰고 장갑도 끼고 팔에 토시도 야무지게 차고 작업을 시작합니다. 아이들은 밀을 빨리 잘라보고 싶어, 진 선생님의 지시가 떨어지기가 무섭게 밀밭 여기저기로 흩어져 작업을 시작합니다. 쭉정이가 많이 섞여 있어 밀을 골라 자르기가 쉽지 않습니다. 그러자 아이들은 손에 닿는 대로 베지않고 이리저리 돌아다니며 제대로 알이 찬 밀이 모여있는 곳을 찾습니다. "얘들아, 여기로 와봐! 여기는 전체가 좋은 밀만 있어." 다른 아이들도 우르르 몰려가 밀을 벱니다. 알이 잘 여물고 줄기도 길고 튼튼한 것으로 골라 잘라야하다보니 속도가 마음처럼 나지 않습니다. 줄기를 길게 자르려면 허리도 계속 굽혔다 펴야 합니다. 그래도 재잘재잘 몰려다니며 밀 베기를 합니다. 한 시간이 훌쩍 지나자 아이들의 떠드는 소리가 점점 잦아듭니다. 아이들도 이제 힘이 드는 모양입니다. 베어서 모아놓은 밀이 제법 수북합니다. 진 선생님이 아이들을 불러 모읍니다. "얘들아! 이제 참 먹으면서 좀 쉬었다 하자." 담임이 부르는 소리에 아이들은 기다렸다는 듯이 쏜살같이 밭을 벗어나 그늘로 들어가 앉네요.

준비해 간 빵과 시원한 물을 마시고 쉬었지만, 다시 작업하러 가는 아이들의 발걸음과 표정이 처음 같지 않습니다. 밀 베기가 재미있기만 한 일이 아니라는 것을 알게 되었기 때문이겠지요. 자기들이 사용하고 있는 도구가 빈약해서 더 힘들고 속도도 나지 않는다고 생각했는지, 아니면 일이 힘들고 지겨워지자 흥밋거리를 찾으려고 그랬는지, 갑자기 아이들이 담임이 사용하는 낫을 자기들도 써보게 해달라고 조릅니다. 그래서 아이들이 돌아가며 진 선생님이 보는 앞에서만 낫질을 해보기로 합니다. 담임에게 쓰는 법도 배웁니다. 낫으로 밀을 베는 아이

들 표정이 조심스러움과 기대가 섞인 긴장감으로 반짝입니다. 아이들은 낫으로 해도 힘들다는 것을 금방 알아챕니다. 그래도 어른처럼 낫을 써보았다는 만족감에 기분은 좋아진 듯합니다.

충분한 양의 밀이 모였습니다. 북구청에는 전체 밀밭의 십분의 일 정도를 베겠다고 했는데, 백 분의 일도 안 될 듯합니다. 그만큼 넓은 밭이었던 것이지요. 대여섯 개의 마대자루에 가득 담아 학교로 돌아왔습니다.

③ 탈곡하기

진 선생님이 '밀'을 수업 소재로 가져온 이유 중 하나는 '밀'이 다른 곡물에 비해 탈곡이 쉽기 때문이라고 합니다. 탈곡은 이삭에서 낟알을 떨어내는 것부터 겉겨를 벗겨내는 것까지를 의미하지요. 밀은 특별한 전문적인 도구가 없어도 낟알이 잘 떨어져 나오고 겉겨도 쉽게 벗겨지는 편이라고 합니다.

본격적으로 탈곡을 하기 전에 먼저 밀줄기와 이삭을 분리합니다. 줄기를 버리지 않고 손공예 시간에 활용하기로 했기 때문에 줄기도 조심스럽게 다루어야 합니다. 이삭을 잘라내고 줄기에 붙은 잎도 손질해서 정리합니다. 양이 많아서 오전 시간만으로는 부족할 수도 있습니다. "오전에 다 못하면 오후까지 해서라도 오늘 마무리하자." 진 선생님의 말씀에 아이들 손이 빨라집니다. 그날은 오후에 대천천에 물놀이를 가는 날이었지요. 엄청난 동기부여입니다. 오전이 다 가기 전에 작업이 끝났습니다. 줄기와 이삭을 분리하는 과정에 떨어져나온 밀알을 주워 모으는 것까지 완수합니다.

탈곡하는 날, 강당 바닥에 광목천을 여러 개 붙여 깔고 그 위에 분리한 이삭을 부었더니 산더미입니다. 마치 예전 농촌의 타작마당 같습니다. 동력탈곡기가 개발되면서 탈곡이 쉬워졌지만, 그전에는 타작으로 탈곡을 했지요. 두들겨서 곡식알을 떨어내는 방법입니다. 우리는 탈곡기가 없으니, 예전 사람들처럼 손으로 탈곡을 해야 합니다. 이 많은 것을 손으로 다 해낼 수 있을까요?

처음에는 두 손으로 이삭을 문질러서 떨어냅니다. 꺼칠꺼칠해서 갈수록 손바닥이 아픕니다. 어떤 아이는 시종일관 손가락으로 알을 하나하나 떼어내기도 하지만, 그렇게 해서는 시간이 너무 오래 걸립니다. 한 아이가 축구공을 가지고 와서 이삭을 내리치자, 또 다른 아이는 야구방망이로 두들깁니다. 밀가루 만들 때 쓰려고 준비해 둔 절구에 넣고 두드리기도 합니다. 두드리는 게 힘들어지자 한 아이가 주방에서 철망으로 된 바구니를 가져옵니다. 이삭을 한 움큼 넣고 철망 바구니에 대고 문지릅니다. "와! 손도 덜 아프고 알도 엄청 잘 떨어진다." 한 아이가 소리칩니다. 다른 아이들도 주방으로 가서 철망 바구니를 하나씩 들고 옵니다. 진 선생님은 아이들을 돕겠다고 지난봄에 아이들이 타고 놀던 목마를 가져옵니다. 그러더니 목마를 타고 이삭 더미 위에 올라가 이리저리 걷기 시작합니다. 아이들이 따라 하겠거니 했는데, 아이들은 밀알이 떨어지기만 하는 것이 아니라, 그 자리에서 밀가루가 될지도 모른다고 질색을 하면서 담임을 말립니다.

그런데 밀알을 떨어내는 작업은 떨어진 알곡을 쭉정이나 검부러기 속에서 골라내는 작업에 비하면 별일이 아니었습니다. 작은 알곡들이 떨어지고 남은 부속물들과 벗겨진 겉겨들이 수북합니다. 그 안에서 작은 밀알들을 골라내야 합니다. 끈질긴 인내가 필요합니다. 이번에도 처음에는 손으로 하나하나 골라냈지만, 마찬가지로 너무 더딥니다. 답답한 아이들이 또 도구를 찾습니다. 쟁반, 깊이가 얕은 종이박스, 플라스틱 채반 같은 것을 하나씩 들고 계속 흔듭니다. 키질을 하는 것이지요. 녹록하지가 않습니다. 진짜 키였다면 알곡은 안쪽으로 쭉정이와 겉겨 부스러기는 바깥쪽으로 움직여 갈라지겠지요. 아이들이 가진 도구로는 효과가 적습니다. 그나마 크기가 아주 큰 것들은 바깥으로 나가는데, 나머지 부스러기들은 여전히 알곡과 섞여 있습니다.

잘되지 않으니 아이들은 더 열심히 더 세게 흔듭니다. 부스러

기쁨만 아니라 알곡까지 튀어 올라 바닥 여기저기로 흩어집니다. 버려야 할 것들과 다시 섞여버리는 것이지요. 그래도 아이들은 신나게 흔듭니다. 깔아놓은 광목천 안에서만 작업하기로 했는데, 강당 전체가 난리통입니다. 뭔가 뒤죽박죽으로 진행되면서 일에 진척이 없는 것 같아 보고 있는 제 마음은 뒤숭숭한데, 진 선생님은 이럴 줄 다 알고 있었다는 듯이 아무렇지 않게 지켜보면서 아이들의 요청에 따라 도움을 줄 뿐입니다. 그렇게 해서, 일단은 작은 부스러기와 겉겨가 섞인 상태로 1차 작업을 마무리합니다.

밀밭에서 베어올 때는 엄청나 보였는데, 탈곡을 하고보니 생각보다 양이 적습니다. 두 되 반 정도의 양입니다. 불순물을 제거하는 2차 작업은 진 선생님이 해보이겠다고 합니다. 그리고는 쟁반으로 키질을 하면서 불순물이 바람에 날아가도록 입으로 붑니다. 아이들은 코로나 시절에 침이 섞이면 안 된다고 또 질색을 하며 말립니다. 그러자 진 선생님이 선풍기를 들고 옵니다. 선풍기 앞에서 밀알들을 위에서 아래로 길게 흘러내리도록 붓습니다. 그렇게 계속 반복합니다. 선풍기 바람에 가벼운 불순물들이 제법 날아갑니다. 아이들은 바람세기가 약하다느니, 선풍기 방향이 안 맞다느니 간섭을 해가며 담임이 하는 양을 지켜봅니다.

이것으로 끝이 아닙니다. 다음 날도 밀알의 순도를 높이는 작업이 이어집니다. 탈곡이 끝난 밀알을 물에 세척 해서 말려야 합니다. 밀알을 물에 담그니 아직도 남아있는 겉겨들과 덜 여물어서 껍질이 벗겨지지 않은 알곡들이 물 위로 떠오릅니다. 체를 가지고 떠오른 것들을 반복해서 걷어냅니다. 이제 깨끗이 씻은 밀알을 교실로 옮겨 넓게 펴서 말립니다. 볕이 좋은 옥상에서 말리면 좋겠지만, 지켜보지 않으면 새들이 날아와 다 먹어버릴 것 같아 주말 동안 햇볕 잘 드는 교실에서 말리기로 합니다. 아이들이 깨끗하게 씻은 밀알을 바구니에 담아 들고 교실로 오는 모습이 미소 짓게 합니다. 별로 무겁지도 않은데 바구니 하나에 두 명씩 붙어서 혹시라도 쏟을까 조심조심 걷습니다. 교실 뒤편 책상에 큰 종이를 깔고 그 위에 펼쳐 말립니다. 이것으로 이른바 탈곡작업이 끝이 났습니다. 그런데 아이들은 그러고도 한참 동안 밀알 곁을 떠나지 못합니다. 펼쳐 놓은 알곡을 손으로 어루만지며 뒤집어주고 간간이 보이는 겉겨나 티끌을 골라냅니다. 짬이 날 때마다 가서 들여다보고 잘 마르는지 만져도 보고 합니다.

밀을 키우는 것은 자연이지만, 탈곡해서 실질적인 곡식을 얻는 것은 거의 백 프로 사람의 노동에 달린 일이요. 한 알이라도 버려지지 않도록 인내를 가지고 끝까지 정성을 다해야 합니다. 인지상정일까요? 우리 아이들도 탈곡작업을 하는 동안 한 알이라도 더 골라내기 위해서 갖은 노력을 다하고, 교실이나 강당을 지나다 바닥에서 알곡을 한 개라도 발견하면 그냥 지나치지 못하고 보는 족족 주워 담습니다. 그 긴 과정 끝에 얻은 깨끗한 밀알을 애지중지하는 아이들의 모습은 말 그대로 '정성스러움'과 '자랑스러움'이었습니다.

④ 절구방아찧기

주말 동안 밀알이 잘 말랐습니다. 이제부터는 절구방아를 찧어 밀알을 밀가루로 만들어야 합니다. 아이들은 절구와 공이를 하나씩 받아 자리를 잡고 방아찧기를 시작합니다. 밀알을 하나하나 골라내는 일에 비하면 훨씬 신나는 일이지요. 아이들은 그까짓 것, 쿵쿵 두드리기만 하면 되겠지 싶었던 모양입니다. 그런데 아무리 두드려도 밀알이 잘 빻아지지 않습니다. 그래서 좀 세게 찧으면 밀알이 밖으로 마구 튀어나옵니다. 여러 번 반복해서 시도해보던 아이들이, 바로 이것이 관건이라는 것을 금방 알아챕니다. 곱게 빻기에 앞서, 밀알이 밖으로 튀어나오지 않게 하는 것이 급선무입니다. 튀어나오지 않게 하려고 너무 살살 두드리면 밀알이 찧어지지 않습니다. 이렇게 저렇게 시도해보지만 쉽게 문제가 해결되지 않습니다.

"절구에 밀알을 한꺼번에 너무 많이 넣은 것 같아." 5학년 아이가 이렇게 말하더니 절반 이상 덜어냅니다. 절구를 찧으면서 조금씩 추가합니다. 그러던 어느 순간 소리칩니다. "야! 된다. 진짜 밀가루다." 절구 바닥에 하얀색 가루가 조금씩 생겨나기 시작하네요. 다른 아이들도 따라 합니다. 어느 정도 양의 밀가루가 만들어지면 체로 걸러내고 다시 빻기를 반복합니다. 한 시간이 넘도록 절구질이 계속됩니다. 힘들고 손이 얼얼하다고 하면서도 멈추지를 않네요. 힘들지 않냐고 물으면, 팔은 아프지만 방아찧는 것이 왠지 모르게 재미있어서 자꾸 계속하고 싶어진다고 말합니다.

나흘 동안 밀알을 빻아 밀가루로 만드는 작업이 계속되었습니다. 무언가를 두드려서 빻는 일은 어떤 아이라도 해보고 싶어 할 신나는 일이지요. 게다가 그것이 단순한 놀이가 아니라, 실제로 먹을거리를 생산하는 일이니 얼마나 의욕이 넘치는 일이었을까 싶습니다. 그런데 생각처럼 되지 않음을 첫날부터 실감합니다. 갖가지 어려움에 직면합니다. 열심히 빻아 체에 걸러보니 그 양도 너무 적습니다. 그럴수록 더 빨리 더 많은 밀가루를 만들어내고 싶은 욕구가 커집니다. 그래서 더 힘을 주고 더 빠르게 공이질을 하다가 절구가 넘어져 힘들게 빻은 가루를 바닥에 쏟아버리는 일도 속출합니다. 중간중간 아이들이 힘들어서 바닥에 드러눕기도 하고, 공이를 부여잡고 절구에 머리를 기대어 한참을 보내기도 합니다. 힘듦이 온몸으로 표현됩니다.

날이 갈수록 밀가루 하루 생산량이 오히려 줄어듭니다. 사흘째 되는 날 진 선생님이 아이들을 모아놓고 엄하게 묻습니다. "오늘은 어제나 그제보다 양이 훨씬 적은데, 그 이유가 뭘까?" 작업하면서 말을 너무 많이 해서, 너무 함부로 두드리는 바람에 밖으로 튀어 나가버린 게 많아서, 튀어 나간 밀알을 다시 주워 담지 않아서, 조심스럽게 하지 않아 절구통을 엎어버려서 등등. 아이들의 대답이 솔직합니다. 아이들이 집중하지 않고 부주의할 때마다 나무랄 수도 있었을 텐데, 진 선생님은 두고 보다가 아이들이 직접 그 이유를 말하게 한 것이지요.

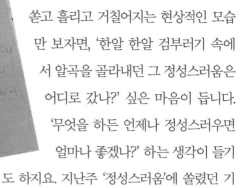

쏟고 흘리고 거칠어지는 현상적인 모습만 보자면, '한알 한알 검부러기 속에서 알곡을 골라내던 그 정성스러움은 어디로 갔나?' 싶은 마음이 듭니다. '무엇을 하든 언제나 정성스러우면 얼마나 좋겠나?' 하는 생각이 들기도 하지요. 지난주 '정성스러움'에 쏠렸던 기운이 이번에는 그와는 다른 관심으로 향했기 때문이 아닌가 싶습니다. 활동 내용이 달라지면 쏟는 에너지도 달라지는 것이 당연한 일이겠지요. 밀알을 골라내는 작업이 차분히 모으는 기운이었다면 밀알을 빻는 작업은 밖으로 발산하는 기운임에 분명합니다. 밀은 쌀보다 훨씬 단단해서 보통의 방앗간에서는 갈아주지도 않는다고 합니다. 잘못하면 기계가 고장 난다고 합니다. 그처럼 단단한 밀알을 플라스틱 작은 절구로 빻으려니 여간 힘든 게 아니었겠지요. 이번 주에 아이들은 그러한 어려움을 어떻게 하면 잘 해결하고 극복해서 더 많은 밀가루를 만들어 낼 수 있을지에 온 마음과 에너지가 쏠려 있었던 듯합니다.

'밀과 함께'프로젝트를 진행하면서도 아이들은 개개 활동별로 공책에 그림과 글로 정리하는 시간을 가졌습니다. '절구방아찧기'에 관해 아이들이 적은 글을 읽으며, 아이들이 직면한 어려움을 이겨내기 위해 어떠한 노력과 시도를 했는지 구체적으로 알게 됩니다. 책상보다는 더 단단한 바닥에서 작업하는 것이 좋지만 바닥에 오래 앉아있으면 다리가 저려서 오래 하기가 어렵다는 것을, 절구에 종이를 덮어서 찧어보니 밀알이 튀어 나가지 않아서 좋지만 종이가 금방 찢어져서 불편하다는 것을, 절구 옆면에 난 홈을 이용해서 밀알을 짓이기는 것도 좋은 방법이라는 것을, 답답한 마음에 세고 빠르게 찧기보다는 천천히 적당한 힘으로 오랫동안 찧는 것이 더 좋다는 것 등등을 알게 되었다고 합니다. 마음처럼 되지 않는, 이 까다롭고 힘든 일을 계속하기 위해서 아이들이 얼마나 마음 다잡기를 반복했을지도 짐작하게 됩니다. 실제로 경험하지 않으면 알 수 없는 것들을 많이도 배운 것 같습니다.

아이들은 이러한 배움의 과정에 혼자가 아니었습니다. 작업하는 내내 자기가 해보니 좋았던 방법을 서로 나누고, 또 더 좋은 방법을 다함께 찾아내서 시도해보기를 반복합니다. 이 활동이 실제로 진지한 노동일 수 있었던 것도, 동시에 즐거운 놀이일 수 있었던 것도 모두 다섯 아이가 이 과정을 어울려 함께 나누었기 때문이 아닌가 싶습니다. 예로부터도 곡식을 수확해서 먹거리로 갈무리하는 일은 온 마을이 함께 어울려 해야 하는 공동체적 작업이었다고 하지요. 우리 아이들도 노동뿐 아니라, 거기서 비롯하는 배움과 마음까지도 함께 나누는 그런 시간을 보냈으리라 생각합니다.

⑤ 밀 음식 만들어 먹기

아이들이 빻은 밀가루로 음식을 만들어 먹기로 했습니다. 한 주 내내 힘들게 작업했지만, 실상 아이들이 빻은 밀가루는 아주 소량입니다. 점심식사 전에 맛보기 정도로만 만들어 먹기로 합니다. 나머지 밀알은 방앗간의 힘을 빌리기로 했습니다. 음식을 만들기에 앞서, 우리는 구포시장 방앗간에 가서 나머지 밀알을 곱게 빻아왔습니다. 아이들이 밀알이 가루가 되는 과정을 직접 눈으로 보고 싶어 좁은 가게 안으로 들어갔지만 곡물분쇄기보다 키가 작아서 볼 수가 없네요. 진 선생님이 아이들을 한 명씩 들어 올려 눈높이를 맞춰줍니다. 우리는 그렇게 힘들게 빻았는데, 기계에 넣으니 순식간입니다. 좀 허탈하기는 하지만, 만져보니 기계가 빻은 밀가루가 훨씬 부드럽기는 합니다. 방앗간에서 빻은 밀가루는 잘 보관해두었다가 7월 부모님 저녁 초대행사에서 쓰기로 했습니다.

밀가루로 만들 음식을 의논하는 시간에 아이들이 가장 먼저 제안한 메뉴는 수제비입니다. 평소 점심 급식 시간에도 수제비가 나오면 아주 좋아합니다. 옥상 텃밭 감자도 하지를 지나며 수확할 때가 되었지요. 아이들이 직접 키운 감자까지 넣어 감자 수제비를 만들기로 했습니다. 깻잎과 부추를 넣은 전도 만들기로 합니다. 깻잎은 옥상 텃밭에서 키우고 있고, 부추는 상급반 선배들 텃밭에서 조금 얻어오기로 합니다.

음식 만들기를 하기 전날에 우리는 옥상에 올라가 감자를 캤습니다. 감자 키우기는 좀 쉽지 않았습니다. 감자는 흙 안에서 자라지요. 그런데 나무로 만든 박스형 텃밭이라 흙이 얕아서 감자가 잘 자라기 어려웠나 봅니다. 줄기가 자꾸 바닥으로 쓰러지고 잎도 누렇게 변한 것이 많습니다. 기둥을 세우고 끈으로 줄기를 묶어 세워주기도 하면서 열심히 돌 본 덕에 생각보다 많은 양의 감자를 수확할 수 있었습니다. 흙 속에 숨어있는 감자를 캐내는 재미가 무척 쏠쏠한가 봅니다. 아이들은 감자가 주렁주렁 달려 나올 때마다 탄성을 질러대며 환호합니다.

아이들은 평소에도 요리하는 것을 좋아합니다. 직접 빻은 밀가루로 반죽을 만들어 숙성시키는 동안, 감자를 씻고 깎아서 썰어둡니다. 감자 칼을 처음 써보는 아이들이 대부분이네요. 감자가 크지 않아서 아이들 손에 쏙 잡힙니다. 손 다치지 않게 조심해서 천천히 껍질을 벗겨냅니다. 감자 썰 차례가 되자, 평소 활달하고 무엇에든 거침이 없던 아이가 도마 앞에서 머뭇거립니다. "아! 너무 긴장돼서 못 썰겠네." 감자 써는 것이 그렇게 긴장할 일인지... 아이들의 진지함에 웃음이 났지만 아이들 앞에서는 참아야 하지요. 돌아가며 아이들이 감자를 썰고, 깻잎과 부추도 썰어서 밀가루물과 섞어둡니다. 멸치로 수제비 국물을 내는 동안, 깻잎부추전을 굽습니다. 손으로 빚은 밀가루 입자가 굵어서 모양이 예쁘지는 않지만, 보기만 해도 구수하고 바삭한 맛이 상상됩니다. 수제비 국물이 완성되어, 반죽해둔 밀가루로 다 함께 수제비를 뜹니다. 수제비도 입자가 굵어서 얇게 떠지지 않네요. 그래도 최대한 얇게 해보려고 애를 씁니다. 우리밀이라 그런지 익어서 떠오르는 수제비 반죽이 갈색을 띱니다. 한 아이가 수제비가 아니라 어묵 같다고 하면서 웃습니다. 날도 더운데 불 앞에 서서 수제비를 뜨다 보니 땀을 뻘뻘 흘립니다. 그러면서도 깔깔댑니다.

드디어 완성된 음식을 맛볼 시간입니다. 곧 점심도 먹어야 해서 조금씩만 맛보기로 했는데, 양이 적지 않습니다. 아이들은 자기들이 만든 음식이 '정말로' '너무너무' 맛있다고 감탄을 하면서 순식간에 먹어 치웁니다. 제 입에는 수제비도 깻잎부추전도 반죽이 두껍고 식감도 거칩니다.

정말 그렇게 맛있는 건지 약간 의심이 들었지만, 아이들 표정은 거짓 없이 그러합니다. 자기들이 직접 수확하고 요리해서 만든 음식이라 더 맛있게 느껴졌을 거라고 짐작해봅니다. 며칠 전에 아이들이 밀알을 볶아서 밀차도 만들어 두었습니다. 끓여서 냉장고에 넣어둔 구수한 밀차를 시원하게 마시면서 '밀음식 만들어 먹기'를 마무리했습니다.

망종과 하지를 지나며 '밀과 함께'한 수업은 자연의 흐름 안에서 아이들이 삶의 배움을 자연스럽게 일으키도록 하는 과정이었습니다. 그뿐만 아니라, '밀과 함께'한 시간은, '스스로의 힘으로 삶을 살아보고자 하는', 초등 고학년 아이들의 욕구를 실현해보는 시간이기도 했습니다. 발달론에 따르면, 이 시기 아이들이 그러한 욕구를 풀어가는 데에는 스스로의 힘으로 의식주를 만드는 법을 배우는 것이 중요하다고 했지요. '밀과 함께'하는 동안, 우리 아이들이 경험한 것들이 바로 그런 것이겠지요. 땅을 일궈 거둬들인 것을 스스로의 힘으로 가공하고 재생산해서 음식으로 만들어 나눠 먹었습니다. 그러한 과정을 통해 도전하고 실패하고 성취하면서 마음의 힘도 키우고 자신만의 배움도 일궈가겠지요.

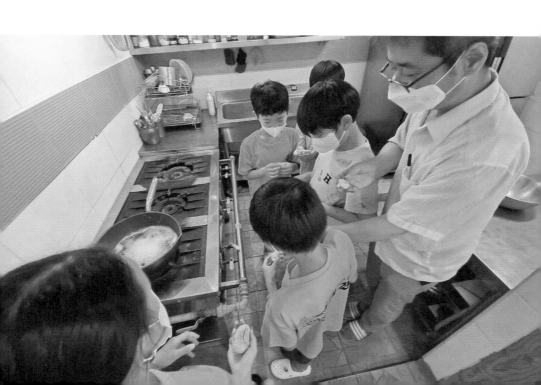

조산원 교사

슬기로운 교사가 가르칠 때 학생들은 그가 있는 줄을 잘 모른다. 다음가는 교사는 학생들에게 사랑받는 교사다. 그 다음가는 교사는 학생들이 무서워하는 교사다. 가장 덜된 교사는 학생들이 미워하는 교사다. 교사가 학생들을 믿지 않으면 학생들도 그를 믿지 않는다. 배움의 싹이 틀 때 그것을 거들어 주는 교사는 학생들로 하여금 그들이 진작부터 알던 바를 스스로 찾아낼 수 있도록 돕는다. 교사가 일을 다 마쳤을 때 학생들은 말한다. "대단하다! 우리가 해냈어." 《배움의 도》중, 17.조산원 교사)

책상에 앉아서 하는 정적인 수업에 비해, 아이들이 직접 몸으로 체험하고 활동하는 수업에서는 교사가 챙겨야 할 것도 더 많고 마음을 써야 할 일도 더 많이 생깁니다. 사전에 준비해야 할 것도 많고 사후에 뒷 손질을 해야 할 일도 많아지지요.

이번 '밀과 함께'한 프로젝트에서도 마찬가지입니다. 진 선생님은 밀밭을 찾으려고 학기 초부터 계속 알아보고 직접 답사도 다녔습니다. 화명생태공원 밀밭을 알아내고도 북구청 담당자와 여러 번 소통한 끝에야 허가를 받았지요. 구포시장을 훑으며 밀을 빻아주는 방앗간을 찾아다녔습니다. 아이들이 하기 전에 담임이 먼저 탈곡도 절구방아찧기도 밀줄기여치집도 해보고 만들어 보면서 아이들의 도움 요청에 응할 준비를 해둡니다. 보이지 않는 뒷작업과 관련해서 재미있는 에피소드가 있네요. 아이들이 빻은 밀가루 양이 너무 적어서 수제비와 깻잎부추전을 만들기에 턱없이 부족했습니다. 그래서 진 선생님은 유기농 우리밀 한 봉지를 사서 숨겨뒀다가 수제비 반죽을 하기 전에 몰래 아이들이 빻은 밀가루와 섞었지요. 약간 속임수에 가깝지만, 그 덕분에 아이들이 '정말로' '너무너무' 맛있다고 자화자찬하며 기뻐할 수 있었던 것이겠지요.

그런데 실제 수업의 과정에서는 교사의 역할이 많이 드러나지 않습니다. '밀과 함께'한 프로젝트 과정을 길고 자세하게 묘사한 위의 글에도 담임인 진 선생님은 별로 등장하지 않지요. 글만 보면, 아이들이 저 지난한 작업을 힘들여 하고있는 동안 담임은 무얼 하고 있는지 궁금할 정도입니다. 프로젝트를 시작할 때 기본적인 계획을 설명하고, 그 계획에 따른 활동을 때에 맞춰 아이들에게 알려주며, 아이들이 요청할 때 필요한 도움을 주는 것이 다라고 할 수 있습니다. 멀리 이동할 때 자동차 운전을 하고, 아이들이 요리할 때 가스 불도 켜주셨네요. 대부분은 아이들이 하는 작업을 똑같이 하면서 묵묵히 아이들을 지켜보면서 보냅니다.

교사가 수업 이면에서 하는 수많은 작업은 기본적인 수업구조와 바탕을 탄탄하게 해서 아이들이 안정감 속에서 배움을 일으키도록 돕습니다. 한편, 실제 수업 현장에서 교사의 외적 역할이 최소화되는 것은 아이가 수업의 중심에 서도록 하기 위한 것이겠지요. 아이들이 마음껏 자신을 발산하면서 자신의 관심에 따라 배움의 욕구를 자유롭게 펼치도록 돕기 위함이라고 하겠습니다. 그렇게 하도록 하기 위해서 교사는 자신의 뜻으로 아이들의 활동과 생각을 제한하지 않아야 겠지요. 아이들이 시도하는 바를 그대로 바라봐 주고, 때로 프로젝트가 산으로 가는 일이 생기더라도 아이들 스스로 돌아와 중심을 잡을 때까지 기다려주는 마음이 필요할 것 같습니다.

사실, 그러한 마음을 유지하는 것은 많은 교사나 부모가 가장 어려워하는 일이기도 합니다. 특히 "아동기의 절정에 이르러 자아의식이 본격적으로 발달하기 시작하는 초등 고학년 아이들은 심리적으로 혼란 속에 있기 쉽고, 그로 인해 교사에 대한 그동안의 신뢰가 도전으로 변하고, 냉소적이거나 날카로운 비판적 태도도 강화된다"●고 합니다. 이때의 수업은 "아이들의 이 강력한 에너지가 긍정적인 에너지로 변화 되도록"●●도울 수 있어야 한다고 합니다. 그런 도움의 가장 기본은 아이의 문제를 지적해서 고치려는 것이 아니라, 아이를 있는 그대로 인정하고 이해하는 것이라고 진 선생님은 늘 말합니다. 아이를 잘 이해하기 위해서는 교사 자신의 기준이나 틀을 항상 돌아보고 의심하면서 더 큰 품과 열린 마음으로 아이들을 만나는 것이 필요하다는 생각을 다시금 하게 됩니다.

언젠가 아이들끼리 '무서운 선생님'에 관한 이야기를 하는 것을 듣고, 진 선생님이 좀 낯간지러운 질문을 한 적이 있습니다. "얘들아, 나는 무서운 샘이가, 재미있는 샘이가?" 아이들은 "진샘은 무서우면서 재미있는 샘이에요." 합니다. 하루하루가 언제나 평화롭게 흘러갈 수는 없겠지요. 아이들 사이에 다툼이 생기기도 하고 담임에게 꾸중을 들어야 할 일도 종종 생깁니다. 사안에 따라서는 진 선생님이 아주 호되게 혼을 낼 때도 있지요. 하지만 대부분의 시간은 허용적이고 자유롭습니다.

아이들은 언제나 담임에게 스스럼없이 하고 싶은 이야기를 하고, 담임의 의견이나 생각에 반론을 제기하기도 하며, 자기들이 하고 싶은 활동을 자유롭게 제안하기도 합니다. 그런 가운데 예상하지 못한 더 재미있는 일들이 새롭게 생겨나기도 하고, 진 선생님과의 끈질긴 대화를 통해서 하나의 이야기가 심도를 갖게 되기도 합니다. 아이들이 부담이나 압박감, 혹은 지루함 없이 활기차게 자신을 표현하고 실현할 수 있는 데에는, 교사가 늘 깨어있으면서 끊임없이 적절한 균형을 찾아가고 있기 때문이 아닌가 싶습니다. 엄하지

● 《교사를 위한 인간학》, 김훈태, 교육공동체벗, 134~135p참조.
●● 《교사를 위한 인간학》, 김훈태, 교육공동체벗, 137p참조.

만 아이를 주눅 들거나 수동적으로 만들지 않는 교사, 재미있지만 아이들로 부터 권위를 존중받는 교사로 존재하는 것이 쉬운 일은 아닐 듯 합니다.

글 서두에 인용해 놓은 "조산원 교사"는 참빛학교 교사가 된 첫해 연수에서 진 선생님이 신입 교사들과 나누기 위해 소개한 글입니다. 조산원은 아이가 세상에 나올 때 조력하는 존재입니다. 탄생을 만드는 자가 아니라 옆에서 돕는 자라는 것이지요. 조산원이라는 이미지가 교사에게 겹쳐질 때, 그려 지는 모습이 선명하게 보입니다. 아이들이 배우게 하면서도 교사가 있는 줄 모르게 하는 교사가 슬기로운 교사이며 으뜸이라는 것이지요. 존재하지만 존재하지 않는 것처럼 존재하려면 어떻게 해야 할까요? 그에 대한 힌트도 이 글 안에 있습니다. 배움의 싹이 틀 때 그것을 돕는 교사는, 교사가 아는 바, 혹은 교사가 가르치고 싶은 바를 배우게 하는 것이 아니라, 아이가 자신 의 내면의 힘으로 스스로 배우게 돕는 교사라고 이해합니다.

교사가 수업 이면에서 하는 많은 작업은 기본적인 수업구조와 바탕을 탄탄 하게 해서 아이들이 안정감 속에서 배움을 일으키도록 하는 비가시적인 힘 이라고 했었지요. 또한, 실제 수업 현장에서 교사가 자신을 비우면서 수업을 열어놓는 일은 아이들이 활동의 중심이 되어 스스로 자신의 관심과 호기심 을 실현해가도록 하는, 또 하나의 비가시적인 힘이라고 할 수 있지요.

한 달 동안 '밀과 함께'한 프로젝트 수업은, 이 두 비가시적인 힘이 조화를 이루는 가운데 아이들이 "대단하다! 우리가 해냈어"라고 기쁘게 말할 수 있음을 실감하고 배우는 시간이었습니다.

7월·중간 매듭짓기

7월은 방학을 맞는 달입니다. 아이들은 학교생활도 즐겁게 보내지만, 방학
도 손꼽아 기다립니다. 때로 아이들이 방학을 기다리는 마음을 크게 표현
하면, 진 선생님은 장난처럼 서운한 표정을 짓습니다. "방학하면 학교에 못
오는데, 너희들은 정말 그렇게 좋아?" 아이들은 그저 웃기만 합니다. 방학
이라는 것이 꼭 학교에 안 오기 때문에 좋은 것만은 아니지요. 방학은 학교
생활에 있어서 중요하고 큰 리듬이지요. 아이들에게 방학은 휴식이기도 하
지만, 또 하나의 새로운 세상이 펼쳐지는 시간이기도 한 것 같습니다. 아이
들은 방학 동안 무엇을 하고 놀지 떠올리는 것만으로도 즐거워 보입니다.
방학 끝 무렵이 되면 빨리 학교에 다시 가고 싶은 마음이 들기도 하는 것 같
습니다.

남은 두 주 동안 6월에 계획했던, 부모님을 초대해서 저녁 식사를 대접하는
행사도 치르고 마무리 잔치 준비도 하면서 한 학기 마무리를 바쁘지만 알
차게 보냈습니다.

참빛 초등 일일 맛집

부모님 저녁 식사 초대행사

① 행사 준비

7월의 첫 주는 '부모님 저녁 식사 초대'행사를 준비하면서 보냅니다. 먼저 행사 계획을 세우는 기획 회의로 시작합니다. 일주일 뒤로 날짜가 정해졌습니다. 이어서 행사 제목을 정하기로 합니다. 큰 제목은 '부모님 저녁 식사 초대'이지만, 내용과 의미를 담을 수 있는 소제목도 정해보기로 합니다. 진 선생님은 '밀밭'이라는, 좀 예스러운 복고풍의 이름을 제안합니다. 당일 준비할 음식의 주재료가 6월에 아이들이 준비해둔 '밀'이기 때문이지요. 아이들은 별로 좋아하지 않네요. 여러 가지 이름이 추천되었고, 세 번이나 거수투표를 해서 '맛집'으로 정해집니다. 처음에는 표가 갈라지던 아이들, 마지막에는 모두가 이 이름에 손을 드네요. 진 선생님은 조금 실망스럽겠지만, 아이들은 자기들이 이겼다고 의기양양 좋아합니다. 그렇게 해서 이번 행사 정식 제목은 "참빛 초등 일일 맛집"으로 결정되었습니다. 메뉴도 정하고 당일 행사장을 어떻게 꾸밀지도 계획합니다.

다음날부터는 '일일 맛집' 초대장과 차림표를 만듭니다. 먼저, 초대장과 차림표를 만들기 위해 습식수채화를 그립니다. 초대장 용으로는 형태 없이 삼원색으로만 칠합니다. 젖은 종이는 노랑, 파랑, 빨강 색이 섞이면서 아름다운 무지개색으로 물듭니다. 차림표 용으로는 밀밭 풍경을 그립니다. 진 선생님이 이번에도 전날 저녁에 먼저 그려보았습니다. 멋지게 그려진 밀밭 풍경을 보여줍니다. "와~ 예쁘다." 아이들은 담임이 한 것이라면 무엇이든 항상 격한 반응을 보입니다. 그것이 긍정적일 때도 비판적일 때도 있지만, 이번에는 진심 어린 감탄입니다. 아이들도 담임의 시범에 따라 다섯 장의 멋진 밀밭을 완성합니다.

초대장을 먼저 만듭니다. 습식수채화로 그린 종이를 반으로 잘라 각기 두 장의 초대장을 만듭니다. 하나는 부모님, 다른 하나는 부모님 외에 초대하고 싶은 분에게 드립니다. 그림이 있는 면의 중앙에 '초대장'이라고 크게 적습니다. 그 아래에는 초대하는 분의 이름을 적습니다. 하나에는 부모님 성함이, 다른 하나에는 주로 우리 학교 다른 선생님들의 성함을 쓰네요. 부모님 이름을 쓰던 한 아이가 갑자기 "근데, 할아버지랑 할머니 이름 생각이 안 난다. 너희들은 다 알아?" 합니다. 아는 아이도 있고 모르는 아이도 있네요. 자기들끼리 집에 가서 내일까지 알아 오자는 둥, 그런데 두 분의 할아버지, 두 분의 할머니 이름을 다 외울 수 있을지 모르겠다는 둥 이야기꽃을 피웁

니다. 표지를 완성한 뒤, 뒷면에 초대일시를 쓰고 각자의 내용으로 초대의 말을 씁니다. 완성한 초대장은 그날 바로 초대받을 분들에게 전해집니다. 다음 날 아침 뉴스타임 시간에 아이들이 '초대장'을 부모님께 드린 이야기를 합니다. 고맙고 수고했다며 꼭 참석하겠다는 답을 주신 부모님도 있고, 마침 그날 아주 중요한 일이 있어서 참석하지 못한다는 아빠도 있네요. 또 어떤 아이는 깜빡 잊고 가방 안에 초대장을 그대로 두었다고 합니다.

이제 밀밭을 그린 그림 위에 차림표를 씁니다. 당일 음식은 모두 아이들이 키운 재료를 사용합니다. 아이들이 베어와서 탈곡하고 방앗간에서 빻아온 밀가루로 수제비를 만듭니다. 옥상 텃밭에서 키운 감자로 감자전도 만들고, 알이 작은 감자로는 고속도로 휴게소에서 파는 것처럼 '알감자 버터구이'를 합니다. 지난번처럼 텃밭에서 깻잎과 부추를 따서 전도 만듭니다. 볶아둔 밀알을 끓이고 식혀서 시원한 밀차도 준비하기로 합니다. 옥상에서 키 경쟁을 하고있는 해바라기와 옥수수도 빼놓지 않습니다. 해바라기는 벌써 가장 큰 꽃을 따서 씨앗을 수확해 두었고, 옥수수는 잘 익었는지 삶아서 이미 맛을 보았습니다. 수제비와 깻잎 부추전은 6월에 만들어 보았지요. 그래도 준비할 것이 참 많다 싶은데, 아이들은 부모님 초대행사를 걱정이나 근심 없이 마냥 천진하고 즐겁게 기다리는 것 같습니다. 참, 아이다운 모습이지요.

부모님을 초대하는 날에는 음식뿐만 아니라, 한 학기 동안 아이들이 활동하면서 남긴 작품과 공책도 전시합니다. 그래서 이번에는 그동안 열심히 기록하고 정리한 '삶교과' 공책을 분해해서 주제에 따라 책으로 다시 엮는 작업을 합니다. 총 네 권의 책으로 재탄생합니다. 1권은 '놀이와 만남', 2권은 '창조신화', 3권은 '북유럽신화', 4권은 '밀과 함께'입니다. 공책을 분해하면서 아이들이 각자 자신의 공책을 다시 훑어보고 무척 흐뭇해합니다. 그동안 배운 과정이 주마등처럼 지나가나 봅니다. 이것저것 당시에 있었던 일들도 회상하면서 이야기를 나눕니다. 네 권의 책 표지에 제목을 쓰고 대표적인 이미지를 골라 그림으로도 그립니다. 스테이플러로 찍고 제본 테이프로 마감해서 완성합니다.

② 밀 줄기로 전등 만들기

'일일 맛집' 행사장을 밀 줄기로 전등을 만들어 밝히기로 했습니다. 6월에 이미 밀 줄기로 여치 집을 두 번이나 만들어 본 경험이 있습니다. 처음에는 진 선생님에게 만드는 방법을 배우면서 만들었고 두 번째는 배운 대로 아이들이 스스로 만드는 시간이었습니다. 먼저 밀 줄기를 깔끔히 손질해서 다듬어 줍니다. 밀 줄기로 작은 사각형 모양을 만들고 거기서부터 시작해서 네 모서리를 꺾어가며 계속 엮어 올라갑니다. 밖으로 꺾어 넣으면 점점 넓어집니다. 중반부터는 안쪽으로 꺾어 넣습니다. 점점 좁아지겠지요. 그렇게 해서 회오리 모양의 입체물이 만들어집니다. 그런데 말처럼 쉽지 않습니다. 이어서 엮어주는 과정에 밀 줄기가 자꾸 끊어지고, 밀 줄기가 아이들 팔보다 길어서 다루기가 힘듭니다. 차츰 방법에 익숙해지고 재료의 특성도 알게 되자 두 번째 여치 집을 만들 때는 한결 능숙해졌습니다.

여치 집 만들기로 기본적인 방법을 익힌 아이들이 이번에는 크기가 훨씬 큰 전등 만들기에 도전합니다. 6월에 충분히 연습한 덕에 능숙해져서 그런지 대부분 아이가 큰 어려움 없이 금방 완성합니다.

크기가 더 큰데도 여치 집보다 마무리가 훨씬 야무지고 모양도 우아합니다. 스위치와 플러그가 달린 전선에 소켓을 연결하고 전구를 끼워 전등갓에 고정합니다. 주방의 어두운 한쪽 구석에서 완성된 전등을 매달고 스위치를 켭니다. 주변이 환하게 밝아옵니다. 불을 켠 밀 줄기 전등이 참 예쁩니다. 아이들은 어느 때보다도 길고 큰 탄성을 지르며 한참 동안 그 곁을 떠날 줄을 모릅니다. 아이들이 만든 전등이 부모님과 저녁을 나누는 시간과 공간을 예쁘고 따뜻하게 밝혀 주었습니다.

③ '참빛 초등 일일 맛집' 당일

행사 당일 아침, 아이들이 평소보다 좀 긴장한 표정이기는 하지만, 기대감도 그에 못지않아 보입니다. 오늘은 저녁까지 온종일을 학교에서 보냅니다. 할 일이 많습니다. 저녁이 되면 부모님과 초대한 손님들이 오시겠지요. 아이들은 '그럼, 이제 무엇부터 시작하면 될까요?' 하는 표정으로 담임을 쳐다보지만, 오늘도 어김없이 리듬 활동으로 하루를 시작합니다. 신기하게도 리듬 활

동은 어떤 경우이든 아이들을 지금 여기에 집중하게 만들고, 안정감을 되찾게 합니다. 긴장은 가라앉고 서둘러야 한다는 조급함도 진정됩니다.

평상시 모습으로 옥상 텃밭에 올라가 물을 주고 깻잎과 옥수수를 땁니다. 옥상에서 만난 상급반 선배들이 오늘 초등 아이들의 행사에 관심을 보이고, 상급반 담임 선생님도 저녁에 보자며 아이들을 격려합니다. 으쓱해진 아이들이 수확한 것들을 가지고 내려와 손질해서 깨끗이 씻어 둡니다. 잠시 쉬었다가 음식 재료 준비를 합니다. 한쪽에서는 양파를 까고 감자도 깎습니다. 6월에 우리끼리 수제비를 만들 때는 서툴렀던 감자 칼도 이제 좀 더 익숙합니다. 이어서 수제비 반죽을 만듭니다. 수제비 반죽도 해보았지요. 물을 조금씩 넣어가며 섞다가 손으로 반죽을 뭉칩니다. 열심히 반죽을 치대서 적당히 찰기가 생기면 비닐에 싸서 냉장고에 넣어둡니다. 가스 불에서는 옥수수가 익고 수제비 다시 물이 끓습니다. 두 모둠으로 나뉘어 한쪽은 수제비에 넣을 감자를 썰고, 다른 쪽은 깻잎부추전에 넣을 깻잎과 부추와 양파를 썹니다. 익히기만 하면 되도록 모든 재료 준비를 마치자 점심시간이 되었네요.

점심을 먹고 오후에는 강당을 행사장으로 꾸밉니다. 먼저 강당을 깨끗하게 청소하고 손님들이 식사할 테이블과 의자를 배치합니다. 테이블에는 예쁜 천을 덮어 장식합니다. 강당 한쪽에는 그동안 만든 뜨개질 작품과 찰흙 작품을 전시하고, 다른 쪽에는 삶교과 공책을 분해해서 주제별로 따로 모아 만든 책을 전시합니다. 그리고 곳곳에 밀 줄기 전등도 설치합니다. 강당 전체의 조도를 낮추었더니 밀 줄기 전등이 더 빛을 발하며 분위기를 멋지게 만듭니다.

행사장 준비를 끝내고 이제 본격적으로 오전에 준비한 재료로 음식을 만듭니다. 이번에는 역할을 세분합니다. 5학년 아이는 알감자 버터구이를 합니

다. 약한 불에 천천히 인내심을 가지고 익혀야 합니다. 4학년 아이는 감자전을, 3학년 두 아이는 깻잎부추전을 부칩니다. 또 한 명의 4학년 아이는 이 세 가지 작업을 돌아가며 돕습니다. 여기저기서 요청이 끊이지 않아 이 마지막 아이가 가장 바빠 보입니다. 이날은 집에서 홈스쿨링을 하는 한 남매가 우리 학교를 견학하러 와서 이 모든 과정을 도와주었습니다. 그래도 우리끼리 먹을 때보다 많은 양을 요리합니다. 진 선생님은 아이들을 잘 살피면서 중간중간 쉬게도 하고 진척이 더딘 쪽을 돕기도 하고 뒷정리도 합니다.

수제비만 제외하고 모든 음식이 다 준비되어 갈 즈음 부모님들이 도착합니다. 초대받은 선생님들도 속속 오십니다. 6층에 남아있던 몇몇 중고등 아이들도 내려왔네요. 식탁에는 구운 감자, 삶은 옥수수, 해바라기 씨 그리고 시원한 밀차를 미리 내놓았습니다. 손님들이 도착하는 시간에 맞춰 드디어 수제비 뜨기를 시작합니다. 국물이 끓고 있는 두 개의 큰 솥 앞에서 아이들이 수제비를 떠서 넣습니다. 아이들이 열기로 땀을 많이 흘리면서도 끝까지 최선을 다합니다. 손님들이 음식을 기다린다고 생각하니 불평도 꾀도 부릴 여유가 없는가 봅니다. 수제비까지 완성되고 아이들이 음식을 들고 강당으로 나가자 모든 초대 손님들이 우레와 같은 박수를 칩니다. 아이들은 쑥스러움을 감추지 못하면서도 얼굴이 아침처럼 환하게 밝아지네요.

코로나 19로 인해 2년이 넘도록 부모님들이 함께 모일 기회가 거의 없었습니다. 아직 완전히 자유로워진 것이 아니라, 더 많은 분을 초대하지 못해 모두가 아쉬워 합니다. 다섯 아이의 부모님과 학교 선생님들만 모시고 조촐하지만 즐겁고 화기애애한 시간을 보냅니다. 부모님들은 아이들이 생산하고 직접 요리한 갖가지 음식을 아주 맛있게 드시고, 칭찬도 아끼지 않습니다. 전시된 아이들의 작품과 공책도 꼼꼼히 살펴보면서 아이들과 대화도 많이 나눕니다. 예상대로 부모님들의 관심과 눈길이 아이들이 만든 밀 줄기 전등으로 쏠립니다. 아이들이 직접 만든 것이라는 것을 믿기 어려워 하는 것 같습니다. 한 학기 동안의 학교생활과 배움의 내용을 아이와 부모와 교사가 한 자리에서 함께 나누는 시간이 아주 귀하고 감사하게 느껴집니다.

감사의 의미를 담아 준비한 이번 행사는 짧게는 6월 한 달 동안 '밀과 함께'했던 수업을 마무리하는 시간이고, 길게는 한 학기 전체를 돌아보면서 그동안의 배움과 성취를 기뻐하며 자축하는 시간이기도 합니다. 아이들이 정성 들여 키우고 수확한 재료로 만든 음식을 나눌 수 있어서 의미가 훨씬 큰 것 같습니다. 온종일 고단할 텐데 한 번의 다툼이나 불평도 없이 즐겁게 일하는 아이들의 모습이 참 대견합니다. 무엇보다, 초대한 부모님을 기쁘게 하려는 아이들의 마음이 곳곳에서 느껴집니다. 6층에서 내려온 중고등 아이들에게 초등 아이들이 만들고 있는 음식을 연거푸 집어주었더니, 한 아이가 제 귀에 대고 말합니다. "선생님, 그렇게 자꾸 주면 나중에 부모님 드릴 게 모자라요." "잔치 음식은 나눠 먹는 거야. 그럴려고 이렇게 많이 만들잖아."라고 대답하긴 했지만, 아이들이 부모님

을 대접하는 이 행사에 얼마나 진심인지 느낄 수 있어서 기쁘기도 했습니다. 여전히 장난기 가득하지만, 아이들의 얼굴 너머에서 자기 몫을 다하려는 노력과 의젓함이 배어납니다. 훌쩍 성장한 듯합니다.

6월 '밀과 함께' 프로젝트로부터 시작된 '부모님 저녁 식사 초대행사', 그 모든 과정이 순조롭게 잘 진행되었습니다. 제안하고 계획하고 실행한 전 과정이 마치 물 흐르듯 자연스럽게 흘러 마침내 큰 바다에 이른 것 같은 느낌이 듭니다. 담임과 다른 친구들에 대한 신뢰가 그런 것을 가능하게 하지 않았나 싶습니다. 아이들도 함께해서 가능했고, 또 즐거웠다는 것을 알겠지요. 만나서 관계 맺고 관계를 가꾸면서 어울리고, 그러면서 함께 성장합니다.

행사를 마친 다음 날은 아이들과 진 선생님이 청소 대결을 합니다. 어제 큰 손님을 치루었으니 주방도 강당도 대청소가 필요합니다. 아이들은 강당과 교실을, 진 선생님은 주방을 맡아 청소합니다. 다 하고 난 후, 누가 더 깨끗하게 했는지 검사를 해주기로 합니다. 전날 여러 명이 많은 음식을 하느라 주방 가스대와 바닥에 말라붙은 밀가루 반죽과 기름때가 가득하네요. 진 선생님이 철 수세미로 땀을 뻘뻘 흘리며 닦습니다. 아이들이 먼저 와서 청소 검사를 합니다. 평소에는 담임이 아이들 청소 검사를 하지요. 입장이 바뀌었습니다. 그런데 아이들의 청소 검사가 깐깐하기가 이를 데가 없습니다. 다섯 아이가 구석구석 돌아다니며 지적을 합니다. "너희들 이렇게까지 할거야? 너희들도 각오해라." 진 선생님도 청소 검사를 하러 갑니다. 얼마 후 아이들의 함성 소리가 들립니다. 아이들이 이겼나 봅니다. 어제 고생한 아이들에게 진 선생님이 져준 것은 아니겠지요.

대천천
물놀이

월요일과 목요일 오후는 산책 시간입니다. 학교 밖으로 나가 계절의 변화를 몸으로 만납니다. 주로 학교 뒷산과 학교 바로 옆으로 흐르는 대천천으로 갑니다. 금정산에서 발원하여 화명동을 관통하면서 낙동강으로 흘러가는 대천천은 오랜기간 1,2급수를 유지할 만큼 물이 맑아 다양한 생물들이 삽니다. 홍수로 주변 주택들이 침수되는 일이 잦아 하천 정비공사가 끊이지 않지만, 그럼에도 생활반경 안에서 4계절 자연과 가까이 만날 수 있는, 아이들의 천혜의 놀이터입니다. 봄에는 흐드러진 풀꽃들 사이를 걷다가 술래잡기도 하고, 각종 곤충을 관찰하면서 놀기도 합니다. 아카시아꽃이 필때는 꽃을 따다 아카시아꽃 튀김도 해 먹고, 물고기도 잡고 나뭇잎 배를 만들어 놀기도 합니다. 대천천에서라면 아이들은 언제나 시간 가는 줄 모릅니다.

무엇보다 아이들이 좋아하는 것은 대천천에서 물놀이를 하는 것이지요. 바지를 걷고 물에 들어가 물고기를 잡던 아이들이 5월 말부터는 물속으로 풍덩 풍덩 들어갑니다. 바깥은 덥지만 물속은 아직 차갑습니다. 물에 들어가기 전에 준비운동을 열심히 해서 체온을 올리기도 하고, 물에서 놀다가 뛰쳐나와 따뜻한 바위 위에 누워서 몸을 데우기도 합니다. 6월부터는 본격적인 물놀이가 시작됩니다. 아이들은 등교할 때 물놀이 후에 갈아입을 옷뿐만 아니라, 잠수경과 스노클, 구명조끼까지 가지고 옵니다. 동네 하천에서 이런 용품까지 필요할까 싶지만, 아이들은 허리까지밖에 안 되는 깊이의 웅덩이에서도 갖가지 방법의 수영을 즐기고 잠수도 하고 '무궁화꽃이 피었습니다'도 합니다. 구명조끼는 체온 보존용으로, 물속에서 놀다가 힘들면 구명조끼에 몸을 싣고 가만히 떠서 하늘을 보며 쉬기도 하지요.

7월은 '소서'와 '대서' 절기가 들었지요. 본격적인 무더위가 점점 기승을 부리는 시절입니다. 방학 전까지는 작은 더위를 뜻하는 '소서'를 보냅니다. 소서 맞이 참빛식구 물놀이 행사도 가졌습니다. 더위와 더불어 장마철이라 비도 자주 오지요. 덕분에 대천천에 물이 많아져 아이들 물놀이도 더 재미있어집니다. 아이들은 마냥 즐겁지만 진 선생님은 아이들과 물놀이를 가면 신경을 곤두세웁니다. 혹시라도 생길지 모르는 사고 때문이지요. 비가 많이 온 후에는 진 선생님도 바지를 걷어 올리고 물에 들어가 아이들이 넘지 말아야 할 저지선을 지키고 서있기도 합니다.

아이들의 물놀이에 대한 열망은 말리기가 어렵습니다. 물놀이를 가는 요일이면 시간이 되기도 전에 물놀이용품을 장착하고 빨리 나가자고 조릅니다. 어느 날에는, 아이들이 물놀이 준비를 단단히 해왔는데, 오전부터 비가 부

슬부슬 옵니다. 진 선생님이 비가 와서 물놀이를 못 가겠다고 해도 어차피 물에 들어가면 옷이 젖을 테니까 비가 와도 상관 없지 않느냐고 쉬는 시간 내내 담임을 쫓아다니며 설득합니다. 점심시간이 끝날 즈음 비가 잦아듭니다. 그래도 하늘은 몹시 흐립니다. 진 선생님은 계속해서 물놀이를 할만한 날씨가 아니라고 합니다. 그러자 아이들이 평소와 다르게 교실과 책상 정리를 깨끗이 해놓고 허리를 반듯하게 세우고 앉아서 담임을 기다립니다. 이렇게 착한 짓을 했으니 물놀이를 가자고 하는 무언의 시위입니다. 결국, 일단 나가서 상황을 보기로 합니다. 아이들이 비 때문에 한산한 대천천을 보면서 "야호! 오늘은 다른 사람이 아무도 없어서 전부 우리 차지다"라며 좋아합니다. 진 선생님은 "오늘 같은 날 누가 물놀이를 오겠냐? 그러니 아무도 없지."라며 어이없어합니다. 또 어느 날엔가는, 아침부터 날이 흐려 비가 올 듯하자, 한 아이가 진지하게 두 손을 모으고 기도를 합니다. "비가 오려면 지금 빨리 오고 오후에는 제발 해가 나서 물놀이 가게 해주세요." 기도 덕분인지 오후에는 거짓말처럼 해가 났습니다.

5월 말부터 방학할 때까지 거의 두 달 가까이 빼먹지 않고 매주 두 번씩 대천천에서 물놀이를 했습니다. 그런데 모든 아이가 처음부터 물놀이를 좋아한 것은 아닙니다. 한 아이는 물놀이를 가면 갈등을 많이 합니다. 마음은 물에 첨벙 들어가고도 싶지만, 옷이 물에 젖는 것이 싫고, 물도 그렇게 깨끗해 보이지 않아, 겨우 발만 담그는 정도만 하려고 합니다. 그러면서도 복잡한 심정을 온몸으로 보여줍니다. 다른 아이들이 물에서 노는 모습을 관망하면서 근처를 떠나지 못하고 물가에 섰다가 앉았다가를 반복합니다. 때로는 아예 외면하고 다른 쪽에서 물고기 잡기를 해보지만 혼자서는 별로 재미가 없나 봅니다. 그러던 아이가 6월의 어느 날에 드디어 입수를 합니다. 구명조끼를 입고 물속에 드러누워 환하게 웃고 있는 그 아이의 얼굴이 참 편안하고 행복해 보였습니다. 아이가 자기 자신을 극복하고 시도한 도전과 용기에 박수를 쳐주고 싶었습니다.

이처럼 단순히 물놀이를 하면서도 아이들은 다양한 상황에 직면하고 또 그것을 통해 많은 배움을 얻는 것 같습니다. 아이들은 자기들이 놀 만한 적당한 장소도 잘 찾아내고, 더 재미있게 놀기 위해서 필요한 도구들도 계획해서 준비합니다. 무엇보다, 아이들이 같은 장소에서 같은 물놀이를 그렇게 반복적으로 하면서도 전혀 지겨워하지 않고, 매번 새로운 놀이를 찾아 함께 즐기는 모습이 때로는 신기하게 여겨질 때도 있습니다. 지겨워하기는커녕, 그 어느 때보다 그 시간에 주체적으로 집중하면서 자신을 행복하게 만듭니다. 진 선생님이 초등과정 수업을 설계할 때, '놀이'를 으뜸으로 가져오는 이유가 무엇인지 실감할 수 있는 시간입니다.

예로부터 무더위가 심한 여름에는 계곡에서 천렵이나 멱감기를 하면서 더위를 피하는 풍습을 즐겼지요. 한여름에 체온이 올라가면 일사병이나 열사병 같은 여름 질병에 걸리기 때문에 시원한 물에서 놀면서 열을 식히는 것이 곧 건강을 돌보는 일이라고 할 수 있습니다. 요즘은 에어컨 때문에 냉방병이라는 것도 생겼다고 하지요. 우리 아이들은 무더운 여름을 에어컨 앞에 앉아서 보내기보다는 땀을 뻘뻘 흘리면서도 마음껏 뛰어놀기를 더 좋아하고, 자연 속에서 물놀이를 하면서 보내는 시간을 진심으로 즐길 줄 아는 아이들입니다. 계절의 흐름에 몸을 맡기고 또 그 안에서 즐거움을 누리는 시간, 산책이라는 교과에 진 선생님이 부여한 의미가 십분 발휘되는 대표적인 활동이 바로 대천천 물놀이가 아닌가 싶습니다.

마무리 잔치

방학 전 마지막 주는 '마무리 잔치' 준비를 합니다. 초등의 경우, 마무리 잔치는 '전시'와 '공연'으로 이루어집니다. 한 학기 동안 활동한 결과물을 이두 형식에 담아 구성원 전체와 나누고 즐기는 것이지요. 전시는 '부모님 저녁 식사 초대'행사를 하는 날 이미 준비가 완료되었고, 공연 준비만 남았습니다. 진 선생님은 평소 리듬 활동에서 하던 것을 공연처럼 보여주자고 제안합니다. 아이들은 특별히 다른 것을 준비하지 않아도 된다는 점에서는 좋지만 별로 마음에 드는 것 같지는 않습니다. 다른 건 몰라도 '구구단 외우기'는 안 했으면 좋겠다고 합니다. 특히 5학년 아이는 다른 사람들 앞에서 손바닥을 마주치며 구구단을 외우는 것이 좀 유치하게 느껴져서 부끄럽다고합니다. 다른 아이들도 구구단을 외우는 것이 크게 보여줄 만한 일은 아니라고 생각하는 것 같습니다. 진 선생님은 그럼 다른 좋은 의견을 내보라고하는데, 특별히 다른 의견도 나오지 않습니다.

1학기 동안 아이들은 구구단을 15단까지 외웠습니다. 리듬 활동 시간에 매일 2단에서 시작해서 15단까지 외우고 100단으로 마무리 했습니다. 진 선생님은 구구단을 15단까지 외우는 사람은 별로 없다면서, 분명 12단이 넘어가면 모든 관객이 감탄할 거라고 장담을 합니다. 아이들은 별로 믿지 않는 표정이지만, 담임의 제안을 대신 할 만한 다른 좋은 의견도 없는 터라 탐탁하지는 않지만, 받아들입니다. 매일 리듬 활동으로 하던 것이라 특별히 새롭게 연습할 것도 없지만, 그래도 무대에 서야 하니, 리허설처럼 몇 차례 연습합니다. 아홉 개의 리듬활동 중에서 다섯 개만 골라 작은 공연처럼 만듭니다. 아침을 여는 시를 암송하면서 시작하고 구구단 외우기와 리코더 연주,

절기노래부르기를 하고 만종의 기도로 마무리합니다.

마무리 잔치를 하는 날, 늘 하던 것인데도 모든 중고등 선배들과 선생님들 앞에 서야 하니 조금 긴장이 되는가 봅니다. 그래도 리듬활동을 재구성한 공연을 무사히 멋지게 잘 마칩니다. 구구단 외우기는 진 선생님의 예상대로 모든 관객의 환호를 받습니다. 2단부터 10단까지는 관객석에 있는 중고등 선배들도 옆 사람과 손바닥을 마주치면서 외웠는데, 11단, 12단을 넘어갈수록 관객석의 구구단 외우는 소리는 작아지고 놀람과 감탄의 소리가 커집니다. 리코더도 어느 때보다 멋지게 연주한 것 같습니다. 공연을 마치고 자리로 돌아온 아이들의 얼굴에 흥분과 안도가 교차합니다. 그 이후로는 편안한 자세로 중고등 발표를 재미있게 구경합니다.

마무리 잔치의 모든 발표가 끝나고 선물교환을 하는 시간을 갖습니다. 사전에 각자 선물을 하나씩 준비해서 제출하면 모든 선물에 번호가 매겨집니다. 당일 제비뽑기를 해서 선물을 받습니다. 해마다 하던 것인데, 올해는 그냥 선물이 아니라, '어처구니없는 선물'을 준비하기로 했다고 하네요. 개봉했을 때 크게 웃을 수 있는 선물일수록 좋은 선물이라고 합니다. 한 아이는 아기 젖병을 받았습니다.

방학식을 하기 전에 아이들이 숫자세기로 한 학기 동안 모은 15,000원을 문화상품권으로 받습니다. 아이들은 몇 번이나 봉투를 열어 확인하면서 좋아합니다. 방학 숙제는 밥 잘 먹고 잠 잘 자고 건강하게 보내기와 일주일에 한번 이상 일기 쓰기입니다. 아이들은 "그 정도야 식은 죽 먹기지!"라며 가벼운 마음으로 방학을 맞습니다.

슈타이너에 의하면, 아이는 이 땅에 태어날 때 이미 엄청나게 영적으로 성숙한 상태로 온다고 합니다. 아이는 부모를 성장시키기 위해서 부모를 찾아온 이미 귀한 존재라는 것입니다. 이 이야기는 교사 연수에서도 여러 번 나눴고, 책으로도 읽은 적이 있지만, 사실 당시에는 별로 믿어지지 않았고 이해하기도 어려웠습니다. 그런데 올해 어떤 계기를 통해 그 이야기를 다시 접할 기회가 있었습니다. 이번에 그 이야기와 다시 만나면서는 즉시 아이들의 웃는 얼굴이 떠올랐습니다.

지난 1학기 동안 함께하면서 본, 이 아이들은 미래에 대한 근심이나 걱정에 익숙하지 않습니다. 언제나 지금 여기서 기쁨과 즐거움을 찾고 누립니다. 자유롭게 말하고 꾸밈없이 있는 그대로 자신을 표현합니다. 남과 비교하지 않고 자기가 성취한 것 그 자체로 기뻐합니다. 교사의 제안에 사심 없이 응하고 자기가 할 수 있는 만큼 열심히 합니다. 그리고 또 그것에 만족하고 기뻐합니다. 모든 것에 호기심과 관심이 많고 굳어진 선입견도 없어 배움에 열려있습니다. 한마디로 자유롭습니다. 어른들은 잘하지 못하는 것이지요. 혹시, 슈타이너가 말하는 아이의 모습, 영적으로 성숙한 아이의 모습이 이런 것이 아닐까 하는 생각이 듭니다. 아이들이 아무 근심 없이 그 순간을 즐기면서 마음껏 웃는 얼굴이 부럽습니다. 그 마음을 배우고 싶습니다. 귀한 존재들입니다.

9월 · 성장

여름 방학을 마치고 모든 아이가 건강한 모습으로 등교했습니다. 보통은 수업을 시작하는 아홉 시까지 강당에서 놀기 바쁘지요. 그런데 이번 개학 날에는 아홉 시가 되기 한참 전부터 모든 아이가 자기 자리에 앉아 담임을 기다립니다. 첫 이틀은 그렇게 주로 교실에 앉아 대화를 나누면서 보내더니, 사흘째부터는 강당에 나가 1학기 때처럼 신나게 공놀이를 하면서 놉니다. 어찌나 열심인지 땀을 뻘뻘 흘립니다. "아! 힘들다. 이제 물 좀 먹고 쉬었다 하자." 평소 열정적으로 몸을 움직이며 노는 것을 특별히 더 좋아하는 아이의 목소리입니다. 무한 에너자이저인 그 아이의 달뜬 목소리를 들으니, 그제야 아이들이 다시 학교생활로 완전히 돌아왔구나 싶었습니다. 아무리 서로 익숙하고 활달한 아이들도 나름대로는 적응 시간이 필요하다는 것도 알게 됩니다.

아이들이 학교 일과에 자연스럽게 적응해갈 수 있었던 데에는 아침 리듬 활동의 힘이 컸던 것 같습니다. 개학 첫날의 리듬 활동은 한 시간이 넘도록 진행되었습니다. 1학기에 하던 순서를 따라가면서도 그 과정에 방학 돌아보기, 다시 만난 기쁨 나누기, 새 학기 흐름 맛보기 등이 자연스럽게 녹아들어 시간 가는 줄 몰랐네요. 방학을 보낸 이야기로 개학 첫날 뉴스타임도 풍성했지만, 그 이후로도 아이들은 뉴스타임에 재미있는 이야기를 많이 들려주었습니다.

어느 날인가에는 놀라운 뉴스가 있었습니다. 한 아이가 등굣길에 고라니를 만난 이야기입니다. 학교로 올라오는 길 왼편은 산입니다. 아파트가 있기는 하지만 길이 산과 멀지 않습니다. 학교로 오는 길에 강아지가 심하게 짖어서 무슨 일인지 살펴보니, 산 쪽에서 고라니 한 마리가 내려오고 있었다고 합니다. 깜짝 놀라고 무섭기도 해서 그 자리에 가만히 서 있었더니, 고라니가 자기 앞을 유유히 지나가더라는 이야기입니다. 아이가 놀라긴 했겠지만 다치지 않아 다행이다 싶었습니다. 언젠가, 현재 학교가 있는 곳의 예전 모습을 사진을 통해 본 적이 있습니다. 원래는 이곳도 끝자락이기는 하지만 산이었지요. 산을 깎아 아파트와 건물을 짓고 길도 낸 모양입니다. 고라니 입장에서는, 자기들의 서식지가 점점 줄어들고 그전에는 자유롭게 다니던 길도 사라져 버린 것이지요. 고라니에게는 우리가 침입자입니다. 인간이 자연 생태계를 얼마나 침범하면서 살고 있는지 실감할 수 있는 이야기였습니다.

그럼에도 자연은 어김없이 자기 할 일을 합니다. 9월은 절기상으로 '백로'와 '추분'이 지나지요. 아직 낮에는 늦더위가 가시지 않았지만, 밤에는 기온이 내려가 아침이면 풀잎에 이슬이 맺힙니다. 그러다 낮과 밤의 길이가 같아지는 '추분'이 오고, 그 이후로는 밤이 점점 길어지지요. 자연스레 전체적인 기온이 내려가면서 가을이 시작됩니다. 온갖 곡식과 과실이 익어가는 계절이기도 하지요. 우리 아이들도 한해의 배움이 점점 무르익으며 성숙해가는 시절이기도 합니다. 추분이 시작되는 날은 담임보다 아이들이 먼저 알고 알려주었습니다. 어떻게 알았냐고 하니, 달력 날짜 아래에 조그맣게 적혀있는 것을 보았다고 하네요. 절기를 배운 후로, 아이들이 달력을 볼 때면 절기도 확인하는가 봅니다.

9월은 이러한 자연의 변화와 자연의 생태에 더 몸과 마음을 실어보기로 합니다. 개학 후 첫 주는 이후 본격적으로 진행할 2학기 교과 활동을 준비하면서 보냈습니다. 옥상 텃밭을 갈아엎고 새 작물을 심을 준비를 합니다. 이번에도 구포시장 종묘상에 가서 가을 텃밭 농사를 위해 씨앗을 삽니다. 종묘상 주인아저씨의 조언을 듣고 오랫동안 의논한 끝에 배추, 무, 부추 그리고 상추 씨앗을 골랐습니다. 씨앗구입은 앞으로 하게 될 농사 활동과 그 수확물에 대해서 구체적으로 상상할 수 있게 합니다. 1학기 농사 경험이 그러한 상상을 더 현실감 있게 해주겠지요. 여름 내내 물놀이를 했던 대천천에서 이번에는 생태관찰을 합니다. 관찰 결과를 기록해서 도감으로 만듭니다. 새 학기를 시작하며 이번에도 맨발동무도서관과 대천천네트워크를 방문하고 대천천 산책도 했습니다. 모두 1학기에도 했던 활동이지만, 이번에는 그 활동이 '대천천 생태 도감 만들기'라는 활동으로 자연스럽게 모아집니다.

이제 아이들은 2학기 과정에 대한 전체적인 그림을 대략 그릴 수 있게됩니다. 또한, 그러한 활동에서 자신이 무엇을 어떻게 해야 할지도 짐작할 수 있게 된 것 같습니다. 교사의 제안이 급하게 혹은 그저 던져졌을 때, 아이들 입장에서는 막막할 수 있고, 그러한 마음으로는 즐겁고 신나게 의지를 내기가 쉽지 않겠지요. 언제나처럼 대천천에서 물고기와 곤충을 잡으며 놀고, 평소처럼 돌아오는 길에 그 놀이에 관한 이야기를 나누고, 그 이야기를 자기 방식대로 공책에 정리하면 자연스럽게 '대천천 생태 도감'이 만들어지는 것이지요. 9월에는 대천천에서 더 많이 놀거라는 담임의 이야기에 아이들은 기대로 가득합니다.

계기 수업

지난 3월에 대통령선거가 있었지요. 대통령을 뽑는 투표일을 앞두고 아이들과 대표를 뽑는 일에 관한 이야기를 나누었습니다. '왕을 원하는 개구리' 이야기였지요. 이처럼 한 학기 전체 삶교과 주제와 직접적인 상관없이도 함께 나눠보면 좋을 만한 사안이 생길 때 그것을 계기로 수업을 진행하기도 합니다.

9월, 2학기가 시작하자마자 우리는 '태풍'이라는 상황과 직면하게 됩니다. 학교 휴교를 할 만큼 중대한 일이었습니다. 그래서 우리는 먼저, 이번 태풍 '힌남노'가 얼마나 강력한지에 대해서 알아봅니다. 뉴스를 통해 알려진 바에 따르면 '힌남노'는 반경 400km까지 영향을 미치고, 비도 300mm 이상 내린다고 합니다. 이런 숫자만 가지고는 그 강력함이 어느 정도인지 상상하기 어렵지요. 아이들과 400km가 얼마만 한 거리인지, 또 300mm는 어느 정도의 양인지에 대해서 실감이 날 수 있도록 알아봅니다.

우리 반 아이들이 걸어서 등교하는 거리가 대략 1km 정도 됩니다. 그러면 태풍 영향 반경이 그 거리의 400배라는 것이지요. 아이들은 자기들이 매일 등하교하는 거리의 400배라고 하니 그것이 얼마나 넓은 범위인지 실감합니다. 부산에서 서울까지의 거리입니다. 힌남노의 주 경로가 부산과 울산이라고 하지요. 결과적으로 서울 경기를 포함한 우리나라 전체에 영향을 줄 만큼 강력한 태풍이라는 것을 알게 됩니다.

강수량 300mm도 마찬가지로 알아봅니다. mm를 cm로 환산해서, 지표면 전체에 물이 30cm까지 고인 상태를 상상해봅니다. 아이들 무릎을 넘는 높이이지요. "긴 장화를 신으면 되겠네." 아이들은 생각보다 많지 않다고 생각하는 것 같습니다. 진 선생님은 산 아래나 저지대에서는 위에서 흘러내리는 물로 그 양이 훨씬 많아질 수 있고, 그 물 때문에 산사태가 일어날 수도, 집이 무너질 수도 있기때문에 아주 위험하다고 설명합니다. 해운대 같은 바닷가 근처에서는 비나 바람뿐만 아니라, 해일도 큰 위험이 될 수 있지요. 10m 해일이 얼마나 거대한 크기인지 아이의 키와 비교해서 배웁니다. 아이의 키보다 일곱 배가 넘는 높이의 해일을 상상하면 그것이 얼마나 무서운지 실감이 납니다.

추상적인 숫자가 아니라 자신이 매일 걷는 거리나 자신의 신체, 즉 자신의 삶과 직접적으로 연관해서 생각할 때 훨씬 더 피부에 와닿고, 또 그럴 때 호기심과 관심도 커진다는 것을 알게 됩니다. 진 선생님은 그런 점에서 밥 한 공기의 쌀 양(홉), 한 사람이 누울 수 있는 크기의 면적(평) 등을 측정의 단위로 삼은 전통적인 계량과 측정 방법에 주목합니다. 한 가족이 한 해 동안 먹을 양식의 양과 가족이 지낼 집의 크기를 가늠할 수 있는, 말하자면 삶에 대한 실질적인 고민과 연관될 때, 그것은 절박한 것이 되고 관심과 호기심도 끌 수 있기 때문이라고 합니다.

이렇듯 태풍 '힌남노'의 강력함과 위험성에 대해 알아본 후, 피해를 대비해서 학교를 정비하는 시간을 가졌습니다. 아이들은 무엇보다, 옥상이 가장 걱정이라고 합니다. 옥상에 올라가 바람에 날아갈 만한 화분과 물건들을 실내로 옮기고, 옥상에 물이 고이지 않도록 하수구 주변을 깨끗하게 치웁니다. 막 싹이 튼 텃밭 작물들도 비나 바람에 쓸려버릴까 걱정을 합니다. 진 선생님은 싹이 아주 작으니 크게 걱정 안 해도 될 것 같다고 안심을 시키고 내려왔습니다. 계단을 내려오면서 열려있는 창문을 시키지 않아도 스스로 닫고 잠그는 모습을 보니 앞서서 했던 공부가 효력이 있었나 봅니다.

태풍이 무사히 지나가고 나자, 추석이 목전입니다. 봄에서 여름까지 열심히 지은 오곡백과가 무럭무럭 자라 수확하는 계절이지요. 절기가 태양을 기준한다면 추석의 주인공은 달이지요. 풍요를 상징하는 보름달이 뜨는 날 수확의 기쁨과 감사를 담아 차례를 지냅니다. 이번에는 예상보다 태풍이 무사히 지나간 후라 감사의 뜻이 더 큽니다. 추석 연휴를 앞둔 전날, 학교에서는 추석 맞이 전일제 계기 수업을 했습니다. 수업이라기보다는, 오전 내내 아이들과 음식을 만들어 차례를 지내고 점심시간에 다 함께 나눠 먹는 것이지요. 오후에는 초중고 아이들이 모두 모여서 윷놀이를 즐겼습니다.

이러한 계기 수업은 특별히 큰 사안으로만 진행되는 것은 아닙니다. 일상 속에서도 진지하게 나눠야 할 일이 생기면 그때그때 이루어지기도 합니다. 어느 날 점심시간에 배식과 관련해서 아이들 사이에 분란이 생긴 적이 있었습니다. 아이들은 싫어하는 반찬은 최대한 적게 받으려고 하고 좋아하는 반찬은 많이 받고 싶어 하지요. 진 선생님은 그런 아이들의 개별적 기호를 가능하면 반영해주려고 하지만, 그래도 건강하고 조화로운 식사가 될 수 있도록 적절히 조절합니다. 그런데 그날은 그런 정도의 개별적 요구를 넘어서는 불만이 표현된 모양입니다. 이런 일도 때에 따라서는 배움의 계기가 되기도 합니다. 식사를 마친 후, 진 선생님과 아이들은 이 문제에 대해서 길게 나눕니다. 그런 과정에서 건강한 식사에 관한 이야기뿐 아니라, 공정함에 관한 이야기도 나눕니다. 무엇이 공정한 것인지, 의미 있는 공정이란 어떠해야 하는지에 대해서 생각해 볼 수 있는 계기가 되었던 것 같습니다. 삶의 흐름 안에서 직면하게 되는 일을 계기 삼아, 틀에 매이지 않고 때맞춰 자유롭게 배움을 이루어가는 모습입니다.

한편으로, 삶의 흐름을 따라간다는 것은 그 자체가 계기적 배움의 연속이 아닌가 싶습니다. 삶은 늘 어떤 식으로든 만남이 일어나기 때문이지요. 어느 날 아침 뉴스타임에 한 아이가 전날 피아노 수업을 받은 이야기를 길고 재미있게 합니다. 이론 숙제를 까먹고 못 해서 일어난 해프닝에 관한 이야기입니다. 웃으며 들어 주던 진 선생님이 마침 잘됐다는 표정으로 그 아이에게 말합니다. "피아노 칠 때 악보를 보면서 하지? 나와서 네가 알고 있는 음표를 칠판에 좀 그려봐." 망설이던 아이가 칠판에 온음표와 온쉼표를 그리고는 피아노를 칠 때는 알지만 말로는 설명하기는 어렵다고 합니다. 그러자 진 선생님은 칠판에 오선을 그리고 높은음자리표와 낮은음자리표로 시작해서 각종 음표와 쉼표, 그리고 박자를 표시하는 법을 알려줍니다. 나는 앞으로 하게 될 '리코더 오름길 프로젝트'를 준비하는 과정일 거라고 짐작할 수 있었습니다. 진 선생님이 2학기 동안 연습할 열 곡의 악보를 준비하시는 것을 보았기 때문입니다. 아이가 전해 준 뉴스를 계기로 시의적절하게 악보 보는 법을 알려주신 것이지요.

1학기까지는 악보 없이 담임의 손가락 움직임을 따라 하는 방법으로 배웠습니다. 모방과 반복을 통해 저절로 외워서 연주하게 하는 것이지요. 2학기에는 악보를 보고 연주하는가 봅니다. 1학기에 몸으로 배운 덕에 아이들은 악보를 보지 않고도 이미 여러 곡을 능숙하게 연주합니다. 이제 아이들은 자기가 하는 연주가 악보에 어떻게 표시되는지 알게 되겠지요. 아이들은 연주는 연주대로 즐겁게 하면서 음악 이론도 호기심을 가지고 재미있게 배웁니다. 연주와 이론이해가 상호 영향을 주면서 점점 더 어려운 곡들도 거뜬히 연주하게 되겠지요. 이런 변화를 시도하기 위해서도 필요한 것은 아이들을 잘 살피는 것이겠지요. 아이들이 자신감을 가지고 도전하고자 하는 욕구가 무르익은 시기도 새로운 시도를 꾀할 수 있는 좋은 계기가 되지 않을까 싶습니다.

대천천
생태 도감 만들기

9월 삶교과 프로젝트인 '대천천 생태 도감 만들기'도 아이들의 자연스러운 배움의 욕구에 따라갑니다. 진 선생님은 1학기에 아이들이 대천천에서 그토록 즐겁게 노는 모습을 보면서 '대천천 생태 도감 만들기' 계획을 구체화했다고 합니다. 처음부터 '도감 만들기'를 중심에 두지는 않습니다. 1학기처럼 대천천에 가서 발을 물에 담그고 놀다 보면 저절로 물고기 잡기를 하게 됩니다. 그 다음번에 나갈 때는 자연스레 물고기 잡는 도구를 챙깁니다. 뜰채도 하나씩 들고, 커다랗고 투명한 채집통도 돌아가며 들고 갑니다. 도착하면 가장 먼저, 채집통에 대천천 물을 가득 담아 물고기가 잡힐 때를 대비합니다. 신나게 물고기를 잡아 채집통에 넣고 무엇을 얼마나 잡았는지 살핍니다. 여러 가지 물속 생물들을 관찰하면서 이름도 맞혀 봅니다. 이름 모를 물고기를 발견하면 궁금해지고 호기심도 더 커집니다. 더 알고 싶은 욕구가 생기는 것이지요.

그럴 때 진 선생님이 '대천천 네트워크'에 가서 물어보자고 제안합니다. 학교 바로 옆에 이웃한 '대천천 네트워크'는 대천천을 중심으로 자연생태 보존을 위해 탐사하고 실천하는 지역시민단체입니다. 그곳에 계신 선생님들께 궁금한 것도 묻고, 전시되어 있는 물고기 사진이나 박제된 곤충들도 더 눈여겨봅니다. 대천천 네트워크에서 발행한 대천천 관련 자료도 얻고, 대천천에서 물고기를 잡으며 노는 것은 괜찮지만 잡은 물고기를 집이나 학교로 가져가면 안 된다는 사실도 배웁니다. '맨발동무도서관'에서 생물도감 책도 대출합니다. 대천천에서 돌아오면 빌려온 책을 뒤져 그날 자기가 잡은 물고기를 찾아보느라 바쁘고, 대천천으로 나가는 아이들 손에 생물도감 책이 추가됩니다. 이처럼 아이들이 자신의 호기심을 자발적으로 키우고 풀어가는 재미를 느끼기 시작할 때쯤, 진 선생님이 '생태 도감'을 본격적으로 만들어 보자고 제안합니다.

'대천천 생태 도감'은 대천천에서 각자 발견한 물고기를 공책에 그림으로 그리고, 물고기를 발견한 장소와 생김새, 그리고 당시의 에피소드를 글로 정리하는 내용으로 구성합니다. 9월 초 태풍 때문에 본격적인 탐사는 한 주 미뤄졌습니다. 그 주는 생물도감 책에 실린 사진을 보면서 갖가지 물고기를 그림으로 그리는 연습을 하면서 보냈습니다. 태풍이 지나가고 추석 연휴도 끝난 후부터 본격적인 활동을 시작합니다. 투명한 채집통에 각종 물속 생물들이 담깁니다. 밀어, 징거미새우, 민물검정망둑이, 피라미를 잡았습니다. 대부분, 아이들이 이름을 아는 종류입니다. 민물검정망둑이는 그냥 '망둑이'로만, 징거미새우도 그저 '민물새우'로만 알고 있다가 도감을 보고 정확

한 이름을 알게 됩니다. 아이들이 물고기 잡는 것을 구경하던 마을 주민들이 물고기 이름을 척척 말하는 아이들이 신기한 듯 구경도 하고 칭찬도 하고 사진도 찍어 가네요. 관찰을 마친 후, 물고기들을 다시 돌려보내고 학교로 돌아옵니다. 그다음 날은 전날 잡아서 관찰한 것을 공책에 그림과 글로 정리합니다. 대천천에 나가서 하는 관찰 활동과 관찰한 것을 공책에 정리하는 기록 활동을 하루씩 번갈아 합니다. 9월에는 매주 월요일과 목요일 오후에 하는 산책 시간도 '대천천 생태 도감'프로젝트와 연동해서 진행합니다.

주로 오후 산책시간에는 '관찰 활동'을, 오전 삶교과 시간에는 '기록 활동'을 하지만, 때로는 아침부터 나가는 경우도 있습니다. 오전의 대천천은 오후의 대천천과는 또 다른 느낌을 줍니다. 오후보다 물도 더 차갑고 풀잎에 이슬도 남아있지요. 사람이 많이 다니는 오후보다 비교적 한갓진 아침에는 왜가리나 백로도 자주 봅니다.

처음에는 종류에 상관없이 무조건 잡아 채집통을 물고기로 가득 채우는 것에 만족 합니다. 대천천에 흔한 물고기가 많이 잡히지요. 그러다 못 보던 물고기를 발견하면 아이들이 아주 좋아합니다. 많이 잡아 본 것 외에 새로운 물고기를 찾으려고 물을 향해 잔뜩 숙인 허리를 펼 줄을 모릅니다. 그러던 중, 드디어 새로운 목록이 하나 추가됩니다. '꺽지'라고 합니다. 그런데 잡아놓은 꺽지가 채집통 안에서 꼼짝을 안 합니다. 어디서 배웠는지, 5학년 아이가 "꺽지는 성질이 급하고 까다로워서 잘못하면 금방 죽어"합니다. 꺽지는 우리나라 토

종물고기로 물이 맑은 하천의 상류에 주로 서식한다고 합니다. 수질에 예민하다는 것이겠지요. 꺽지가 죽을까 걱정되어 서둘러 사진을 찍고 물로 돌려보냅니다.

아이들이 물고기를 잡는 동안, 진 선생님은 어디선가 풀을 한 움큼 뜯어와서 돌로 짓이깁니다. 아이들이 궁금해서 담임 곁으로 모입니다. 그 풀은 물가에서 군락을 이루며 자라는 여뀌라고 합니다. 그러고 보니 대천천 가에서 흔히 보는 식물입니다. 여뀌는 물을 정화하는 성질을 갖고 있지만, 독성이 있어서 예전에는 물고기 잡는 데에 쓰기도 했다고 하네요. 진 선생님은 짓이긴 여뀌를 물살이 약한 곳을 골라 담급니다. 여뀌의 독성이 물고기를 일시적으로 마취시켜서 떠오르게 한다고 하는데, 그날은 별로 효과가 없었습니다. 진 선생님은 그 이후로도 한두 번 더 시도했는데 잘되지 않았습니다. 그러던 어느 날은 아이들이 직접 해보겠다고 학교에서 절구까지 가지고 갑니다. 흐르는 물에서는 효과를 내기가 어렵다고 판단한 아이들이 물고기를 딱 한 마리만 잡아서 채집통에 넣고 절구로 찧은 여뀌를 넣습니다. 그렇게 한동안 기다려도 물고기가 물 위로 떠오르지는 않았지만, 확실히 처음 넣었을 때보다 움직임이 둔해지고 어느 순간부터는 움직이지 않습니다. 거기까지만 관찰하고 아이들이 급하게 물고기를 꺼내 물로 던져줍니다. 물에 놔주자마자 정신을 차리고 재빨리 제 갈 길을 가는 물고기를 보면서 아이들이 안심합니다.

아이들은 얻은 자료와 대출한 책을 열심히 뒤져서 자기들이 잡은 물고기를 찾습니다. 책에서 찾은 내용을 참고해서 공책에 정리합니다. 그림도 그리고 그 옆에 특징적인 모양과 색, 그리고 좋아하는 먹이 같은 것을 기록해 둡니다. 작업하는 것을 보고있자니, 한 시간이 넘도록 아이들은 물고기를 주제로 대화합니다. 자기들끼리 서로 정보를 공유하고 그림도 보여주고 물고기를 잡을 때 재미있었던 경험에 대해서도 나눕니다. 내가 학교 다닐 때는 거의 경험해보지 못한 수업 풍경입니다. 자유롭고 활기가 가득합니다. 교사나 교과서가 주는 답이 아니라, 아이들 스스로 질문하고 자기들끼리 답도 찾습니다. 간간이 재미있는 물고기 이름으로 말장난을 치면서 깔깔대기도 합니다. 지루할 새가 없습니다.

그렇게 한참을 작업하던 어느 날, 한 아이가 미심쩍은 목소리로 말합니다. "아무래도 이게 밀어가 아닌 것 같아." 자료에 의하면 밀어 주둥이 쪽에 붉은색 V모양이 있어야 하는데, 자기 기억으로는 밀어라고 생각하고 잡았던 물고기에서 그런 모양을 보지 못했다는 겁니다. 담임이 찍어 둔 사진을 확대해서 보고 또 봅니다. 확실히 우리가 잡은 밀어에서는 그 붉은 무늬가 보이지 않습니다. 아이들은 대천천네트워크에서 얻어온 자료를 다시 뒤져보더니 "이건 밀어가 아니라 동사리일 수도

있겠다." 합니다. 다음날 대천천에 가서 확인해봅니다. 잘살펴 본 결과, 밀어인 줄 알았던 것이 동사리가 맞나봅니다. 그날 아이들은 진짜 밀어를 잡았습니다. 책에서 설명하는 것처럼 머리 부분에 미세하지만 붉은 선이 있는 것을 확인할 수 있었습니다. 아이들은 다른 물고기도 더 잘 살펴봐야겠다고 합니다. 참 대단합니다. 스스로의 관심과 호기심에 따라 배움을 일으키고 그것을 확장 시켜가는 모습이 이런 것이 아닐까 싶습니다.

우리 학교 중등에는 물고기 박사가 한 명 있습니다. 중1인 그 아이는 초등 아이들이 하고있는 활동에 관심이 많습니다. 점

심시간에 내려와 아이들이 어떤 물고기를 잡았는지 묻곤 합니다. 목록에 은어가 없는 것을 보고는 대천천에 은어가 아주 많이 사는데 왜 안 잡았는지 궁금해합니다. 점심시간에 나가서 함께 잡아 보기로 합니다. 그 아이가 데리고 간 곳에는 정말로 엄청나게 많은 은어가 무리를 지어 다닙니다. 아이들이 손으로 잡으려고 하는데 잘 안됩니다. 은어의 움직임이 너무 빠릅니다. 한쪽에서는 족대를 펼치고, 반대쪽에서 은어를 몰아주는 합동작전을 펼쳐야 잡을 수 있겠다고 합니다. 다음번에 족대를 준비해서 잡기로 하고 돌아왔습니다.

이후로 아이들 공책에는 은어를 포함한 새로운 물고기가 계속 추가됩니다. 더 이상 새로운 종류를 발견하기 어려워지자, 이제는 물 밖 생물로 확장합니다. 대천천에서는 백로가 물고기를 잡아 먹는 장면을 종종 봅니다. 아이들 공책에는 왜가리, 쇠백로, 중대백로도 추가되고 대천천에서 흔하게 볼 수 있는 식물인 갈대, 억새, 여뀌, 고마리도 그려집니다. 배추흰나비, 두점박이고추잠자리, 어리장수잠자리, 고추잠자리, 장구애비, 지네, 좀사마귀, 벼메뚜기, 팥중이 등의 곤충도 빠지지 않습니다.

교실에서 '기록 활동'을 하는 날은 책상을 붙이고 앉아 자료와 정보를 서로 교환하면서 활기차게 작업합니다. 아이들의 진지한 모습을 보면서 진 선생님은 아이들이 생태연구소 연구원들 같다고 합니다. 천진하지만 주요 특징도 잘 포착되어있는 아이들 그림이 참으로 예쁩니다. 다섯 아이의 공책이 각각이 다릅니다. 세상에 하나뿐인 '대천천 생태 도감' 다섯 권, 아이들의 관심과 욕구의 흐름에 따라 진행된 한 달간의 활동이 그렇게 완성됩니다.

주기집중
말과 글

참빛학교의 주 교과는 '삶교과'라고 했습니다. 삶의 흐름에 직면해서 배움을 일구며 스스로의 삶을 가꾸는 시간입니다. 1교시가 삶교과 시간이고, 2교시는 주기집중으로 삶교과를 보충하는 네 교과와 만납니다. '말과 글', '수와 셈', '다문화', '예술'입니다. 한 주에 이런 교과를 골고루 배우는 방식이 아니라, 한 교과를 네 주 정도 이어서 집중적으로 배웁니다. 그렇게 한 학기 동안 네 번, 한 해에 여덟 번의 주기집중 수업이 이루어집니다.

이렇게 주기를 가지고 만나는 이유는 이 또한, 배움에 리듬을 주기 위함입니다. 여러 과목을 분절적으로 배우기보다는 하나에 흠뻑 빠질 수 있는 충분한 시간을 갖고, 그다음에는 새로운 과목과 만나면서 앞서서 채운 배움의 그릇을 비우는 것이지요. 비운다고 해서 아이들이 앞서 만난 배움을 잃게 하는 것은 아닙니다. 오히려 그러한 과정을 통해 더 크고 신선한 호기심을 가지고 즐겁게 배움의 욕구를 이어가도록 돕게 되는 것이지요. 주기집중 수업은 가능한 한 담임이 아닌, 다른 선생님과 함께할 수 있도록 합니다. 아이들이 학교의 다른 선생님들과 소통하면서 관계를 맺어가도록 하기 위함입니다. 교사의 입장에서도 자기 반 아이들뿐만 아니라 다양한 학년의 아이들과 만나면서 아이들을 이해하는 폭을 넓힐 수 있는 계기가 됩니다.

그런데 지난 1학기는 주기집중 수업을 따로 구분하지 않고, 삶교과 활동과 연계해서 담임이 직접 진행했습니다. 삶교과로 진행한 '이스라엘 창조신화'와 '북유럽신화'는 그 자체로 '말과 글' 시간이기도 합니다. 또한, 신화 장면을 습식수채화나 찰흙 작업 같은 예술 활동으로 풀어보는 시간도 가졌고,

각 신화의 배경이 되는 지역의 다양한 문화와 특성에 대해서도 알아보았지요. 마을을 탐방하고 측정해서 지도를 그린 활동에도 '말과 글', '수와 셈', '예술' 활동이 다 포함됩니다. 숫자세기, 구구단 외우기, 노래 부르며 몸풀기, 리코더 연주하기 등 아침 리듬활동도 그러한 보충교과적 과정이 자연스럽게 녹아있지요.

따로 구분해서 다른 선생님과 함께 하는 것도 좋지만, 상황에 따라서는 이처럼 통합적으로 진행하는 것에도 장점이 있는 것 같습니다. 담임 이외의 다른 선생님 두 분은 아이들이 초등 저학년일 때 담임을 맡았던 분들이라 이미 서로 익숙합니다. 올해 담임인 진 선생님과는 처음이지요. 1학기는 새 담임과 더 충분히 시간을 가지면서 서로의 관계를 친밀하게 하는 시간이었던 것 같습니다. 그뿐만 아니라, 삶교과 주제와 개별 보충교과가 적절히 때를 맞추어 더 긴밀하게 만나면서 삶교과 활동을 훨씬 풍요롭게 해준 것 같습니다. 어떤 방식으로든 상황에 따라 적절하게 운영하면 되지 않겠나 싶습니다.

2학기에는 2교시를 주기집중 수업 시간으로 고정했습니다. '예술'은 중등반한 진 선생님이, 나머지 세 과목은 진 선생님이 진행합니다. 2학기 주기집중은 '말과 글' 수업으로 '그리스 신화'와 만납니다.

1학기에 했던, '이스라엘 창조신화'는 신이 세상을 만드는 과정과 신으로부터 내쫓겨 세상으로 나온 인간의 어려움에 관한 이야기로, 기본적으로는 신에 의지하는 인간을 보여줍니다. '북유럽신화'는 신과 그 외의 생명체들이 다양한 모험과 도전을 일삼다가 결국에는 신의 세계가 종말 하는 이야기지요. 신은 자신들을 숭배하게 하려고 인간을 만들었지만, 인간은 신이 멸망한 세상의 주인이 됩니다. 진 선생님은 그 과정을 '신에게 의지하는 인간', '신을 숭배하는 인간'에 이어, '그리스신화'에서는 '신을 만드는 인간'으로 변화한다고 요약합니다. 자립해가는 인간의 역사를 반영한다는 것이지요. 그리스신화는 신에 의지하던 인간이 자신의 이성을 발휘하며 주체적으로 서는, 이른바 신본주의에서 인본주의로 변화하는 과정을 보여준다고 할 수 있습니다. 그리스 신들은 못할 것이 없는, 말 그대로의 신적인 능력을 갖고있지만, 감정은 너무나 인간적이고 일으키는 사건도 그러합니다. 방탕, 시기, 질투 등등. 인간이 갖는 모든 감정이 신을 통해 표현됩니다. 그래서 진 선생님은 '그리스신화'가 초등 5학년 즈음의 아이들이 자신의 감정을 이해하고 이성을 통해 관계의 조화로움을 찾아가는 데에 도움이 된다고 합니다.

'그리스신화' 수업도 1학기 다른 신화를 배울 때와 같은 방식으로 진행합니다. 담임이 이야기를 들려주면 아이들이 듣고 그것을 그림과 글로 정리합니다. 그리스신화는 아이들에게 익숙한 이야기라 그 과정이 더 활발하고 풍성합니다. 진 선생님이 알려 주는 이야기나 신의 이름이 자기가 아는 것과 다르다고 담임의 이야기에 의문이나 이의를 제기하기도 하지만, 익숙한 이야기라서 사건이나 인물을 이해하는 데에 어려움 없이 즐겁고 신나게 집중합니다.

수업은 그리스 신들의 뿌리라고 할 수 있는 '가이아'와 '우라누스'에 관한 이야기로 시작합니다. 이어서 신중의 최고신이라고 하는 '제우스'의 가족에 대한 이야기와 만납니다. 추석을 앞두고 있던 시점이라, 진 선생님은 제우스 가족 이야기를 하면서 '촌수'에 대해서도 설명해줍니다. 추석에 만날 친척들을 생각하니 더 흥미로운가 봅니다. 신화에서는 가족끼리도 결혼을 하기 때문에 촌수가 꼬이기는 하지만, 신들의 관계를 촌수를 통해 알아보는 과정을 아이들이 무척 재미있어합니다. 포세이돈, 아폴론, 아르테미스, 니오베, 오투스, 에피알테스, 오리온, 헤르메스 등 여러 신의 등장과 함께 재미있는 사건들이 펼쳐집니다. 신들의 인간 자손에 관한 이야기도 빠지지 않습니다.

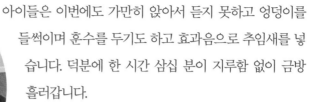

아이들은 이번에도 가만히 앉아서 듣지 못하고 엉덩이를 들썩이며 훈수를 두기도 하고 효과음으로 추임새를 넣습니다. 덕분에 한 시간 삼십 분이 지루함 없이 금방 흘러갑니다.

이제, 그리스신화를 정리할 공책을 새로 받습니다. 그동안 담임이 들려준 이야기의 배경이 되는, 고대 그리스의 지도를 공책에 그려봅니다. 지도를 그리고 신화 속에서 특정한 사건이 일어난 지역도 구체적으로 찾아보고 지도에 표시도 합니다. 집중력과 끈기가 필요한, 간단치 않은 작업이어서 아이들이 좀 힘들어했지만, 모두가 끝까지 잘 해냅니다. 그다음 날은 그리스신화에 나오는 신의 가계도를 그림으로 그립니다. 제우스를 중심으로 수많은 신의 얼굴을 그림으로 그리고 이름도 하나하나 적어넣는 작업입니다. 고대 그리스 지도를 그리는 것만큼 쉽지 않은 작업입니다.

그럼에도 아이들이 집중해서 끝까지 갈 수 있는 데에는 2학기 들어서 생긴 약간의 변화가 도움을 주는 것 같았습니다. 1학기에는 사각 밀납크레용과 심이 굵은 육각 색연필만 사용했는데, 지금부터는 색이 더 다양한 얇은 색연필도 사용합니다. 굵은 색연필은 손아귀 힘은 길러주지만, 아이들이 원하는 만큼 구체적인 표현을 하기는 어렵지요. 아이들은 가는 색연필로 복잡한 그림을 섬세하게 표현하고 작은 글씨도 한결 편하게 씁니다. 더 다양한 색으로 더 자세하고 실감 나게 표현할 수 있어서 그런지 아이들이 공책 정리에 흠뻑 빠집니다. 새로운 재료가 주는 신선함 때문인지 쉬는 시간에도 자리에 앉아 미처 다 못한 작업을 이어갑니다. 리코더 악보도 그렇고 심이 얇은 색연필도 그렇고, 2학기가 되면서 허용되는 것이 하나둘 생깁니다. 아직 일반 연필과 지우개는 쓰지 않는 것 같습니다. 발달단계에 따라 필요한 내

적 힘을 키우고, 아이들의 호기심이 자연스럽게 발현되도록 도움을 주기 위
한 것이겠지요.

테세우스, 미노타우루스, 아리아드네의 실, 다이달로스, 이카루스의 날개,
오이디푸스 등, 그리스신화에서 가장 많이 알려지고 흥미진진한 이야기를
듣는 날에는 아이들의 참견과 탄성이 더 활발해집니다. 이 이야기들을 통해
에게해라는 이름의 유래에 대해서도 알게 됩니다. '트로이의 목마'로 진 선
생님이 들려주는 신화 이야기가 막을 내립니다.

이제, 이야기를 듣고 상상한 장면을 글과 그림으로 정리하는 일만 남았지
요. 올림푸스의 열두 신을 각각 그림으로 그리고 그 특징을 글로 정리합니
다. 이어서 헤라클레스, 테세우스, 오이디푸스와 같은 인간 영웅도 같은 방
법으로 정리합니다. 진 선생님은 칠판에 그림이나 글을 써서 보여주거나 이
야기를 들려줄 때, 말하자면 교사에게 집중해야 할 시간에는 아이들이 책
상을 바로 하고 정면을 향해 앉도록 지도합니다. 그런데 '대천천 생태 도감'
만들기 이후로, 아이들은 교실에서 공책을 정리할 때면 언제나 책상을 붙
이고 모여 앉기를 좋아합니다. 진 선생님도 자유롭게 허용합니다. 마주보고
앉아 색연필도 빌려주고 서로 물으며 정보도 나눕니다. 한글로 표현하기 까
다로운 신의 이름은 서로 알려주기도 합니다. 먼저 끝낸 아이는 자기 공책
을 참고하라고 통째로 보여주기도 합니다. 그래도 참고만 할 뿐, 그대로 베
끼는 아이는 하나도 없습니다.

아이들은 자기 혼자 빨리하거나 혼자 잘하는 것이 별로 의미 없다는 것을
이미 체득하고 있는 듯합니다. 그동안 배운 것에 관해서 각자 기억하고 있
는 것을 서로 나누면 더 재미있을 뿐만 아니라, 그렇게 해야 모두가 더 빨리
과제를 마칠 수 있다는 것을 그동안의 경험을 통해 알게 된 것 같습니다. 사
실, 혼자 일찍 끝내봐야 심심하기만 하지요. 한 아이가 담임에게 검사를 받

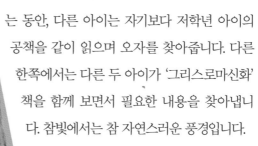

는 동안, 다른 아이는 자기보다 저학년 아이의 공책을 같이 읽으며 오자를 찾아줍니다. 다른 한쪽에서는 다른 두 아이가 '그리스로마신화' 책을 함께 보면서 필요한 내용을 찾아냅니다. 참빛에서는 참 자연스러운 풍경입니다.

2학기 '말과 글' 수업은 '파리스의 심판'을 그림으로 그리고 글로 정리하는 시간으로 마무리 했습니다. 알다시피 '삼미신'인 아테나, 헤라, 아프로디테가 서로 누가 더 아름다운지를 겨루는 이야기입니다. 아테나는 전쟁의 승리를, 헤라는 권력과 부를, 아프로디테는 세상에서 가장 아름다운 아내를 주겠다고 하는데, 심판을 맡은 목동 파리스는 아프로디테에게 승리의 황금사과를 주지요. 아이들은 이 이야기를 들을 때부터 이해하기 어려워했습니다. 그림을 그리면서도 권력이나 부를 제쳐두고 왜 아름다운 아내를 골랐는지 도저히 이해할 수가 없다고 하네요. 자기가 파리스라면 누구에게 황금사과를 줄 건지 재잘거리며 삼미신을 그립니다. 아이들은 아직 왜 권력이나 돈보다 아름다움이 더 가치있을 수 있는지 이해하기 어렵겠지요. '파리스의 심판' 이야기는 진 선생님이 특별히 글로 정리해서 아이들에게 나누어 주었습니다. 그런데 글이 아주 깁니다. 한 시간이 넘도록 아이들이 그 긴 글을 필사하느라 교실에는 숨소리와 글씨쓰는 소리만 들립니다. 고요한 긴장감 속에서 이번 학기 주기집중 '말과 글' 수업이 마무리 됩니다. 아이들의 공책은 또 한 권의 그림책이 되었습니다.

생활 교과
손공예

참빛학교 교과과정은 크게 세 가지로 나뉩니다. 앞에서 삶교과와 보충교과에 대해서 알아보았지요. 나머지 하나는 생활교과입니다. 보충교과가 교과적인 면을 보충한다면, 생활교과는 의식주, 취미 등 생활적인 면을 보충하는 시간이라고 하겠습니다. 생활교과는 점심을 먹고 난 후, 오후 시간에 진행합니다. 손공예, 산책, 식구총회, 생일잔치, 동아리 등 비교적 활동적인 시간이라고 할 수 있습니다. 한 학기에 한 번씩 가는 들살이도 생활교과적인 측면이 크다고 할 수 있겠지요.

손공예는 손을 중심으로 한 소근육 운동에 좋은 영향을 주는 활동이지요. 또한, 섬세함과 집중력, 그리고 인내심도 키울 수 있는 활동입니다. 무엇보다 손공예는 무언가를 만들어가는 실질적인 기술을 익히는 시간이기도 합니다. 특히 초등 고학년 아이들에게 기술의 습득은 세상살이에 자신감을 줄 수 있는 좋은 배움의 계기가 됩니다.

그런 의미에서 올해 손공예 수업은 아이가 직접 사용할 수 있는 것을 만드는 것으로 시작했습니다. 1학기에는 먼저, 대바늘뜨기로 학교생활에 필요한 것들을 만들었습니다. 매일 사용하는 리코더집, 동전지갑, 밀납크레용집, 색연필집 등입니다. 대바늘로 이러한 것들을 온전하게 뜨기 위해서는 다소 어렵고 복잡한 기술이 필요하지요. 아이들이 쉽게 접근할 수 있도록 대바늘뜨기로 일단은 사각 모양을 만들게 합니다. 시작하기 전에 교사가 몇 코를 잡아서 몇 단을 올리면 되는지 알려줍니다. 주로 긴 직사각형 모양을 만들었던 것 같습니다. 그렇게 기본적인 사각 모양이 다 떠지면, 필요에 맞춰 접고, 돗바늘로 꿰매서 완성합니다. 초등 저학년 때 대바늘뜨기의 기본을 배운 아이들이라 비교적 단순한 사각모양 만들기는 어렵지 않게 합니다.

그럼에도, 긴 시간 반복적으로 섬세하게 손을 움직여야 하는 뜨개질 과정을 지루해하거나 힘들어하는 아이도 있습니다. 그럴 때, 아이가 그러한 어려움을 극복하고 지루한 시간이 즐겁고 재미있는 시간이 되도록 돕는 것이 교사의 역할이겠지요. 진 선생님은 다양한 방법을 시도합니다. 아이의 인내심이 떨어졌다 싶을 때 적절한 격려나 조언을 주는 것도 중요하지만, 무엇보다 아이가 완성된 자기 작품을 보면서 느끼는 성취감이 가장 큰 힘이 되는 것 같습니다. 그래서 진 선생님은 아이들이 보지 않는 시간에 진척이 느린 아이의 것을 몰래 몇 단 떠주기도 하고, 아이들이 만든 것에 예쁜 색실로 장식을 더하는 뒷손질도 합니다.

1학기 신화를 공부하던 시기에는 뜨개질로 닭, 고양이, 오리 같은 동물도 만들었습니다. 학교생활용품을 만들 때와 마찬가지 방법입니다. 기본적인 사각모양을 먼저 뜨고 돗바늘로 꿰매서 솜을 넣어 완성합니다. '밀과 함께'하는 기간에는 밀 줄기로 여치 집과 전등도 만들었지요. 1학기 후반기에 들어서는 아이들이 쉬는 시간이나 점심시간에 뜨개질을 하거나 밀줄기를 엮으며 수다를 떨기도 합니다. 진 선생님은 본인이 내심 바라던 모습이라며 무척 흐뭇해합니다. 아이들이 이제 그것을 즐길 수 있는 단계에 오른 것이지요.

9월부터는 조금 더 전문적인 강사님을 모셨습니다. 2학기에는 손바느질을 배웁니다. 첫날은 손바느질에 유용한 '바늘꽂이'를 만들고, 그다음에는 홈질, 박음질, 공그르기 등, 바느질의 기본도 배웁니다. 새로 배운 바느질로 '티 메트'도 만들고 '손지갑'도 만들었네요. 처음 배운 바느질 기술을 실전에 활용하면서 익히는 시간이었던 것 같습니다. 아직 서툴러서 손가락이 바늘에

찔리기도 하고, 바느질이 삐뚤삐뚤하기도 하지만, 매번 새로운 작품이 완성되는 기쁨은 큰 것 같습니다. 교실이 아이들이 손으로 만든 예쁜 물건들로 하나둘 채워집니다. 진 선생님이 언제나 그리는 모습은 배움이 일회적으로 끝나는 것이 아니라, 아이들의 자발적인 관심으로 배움의 욕구와 의지가 꼬리를 물고 일어나는, 그런 모습이라고 합니다. 아이들이 2학기 손공예에서도 그런 모습을 보이겠지요.

2학기 개학을 맞아 등교한 아이들이 못 보는 사이에 훌쩍 자랐습니다. 키도 크고 자세히 보면 얼굴도 미세하게 달라진 것을 느낄 수 있습니다. 한 아이는 방학 직전까지 신던 실내화가 작다고 불평을 하더니 다음 날 커다란 실내화를 새로 사서 신었네요. 9월을 보내면서도 그 사이에 또 아이들이 자라고 있음을 발견합니다. 어느 날은 한 아이가 즐겨 입던 면티가 갑자기 작아 보이고, 그다음 날은 또 다른 아이의 바지가 껑충하니 짧아 보입니다. 팔과 다리가 훌쩍 길어진 듯합니다.

신체만 자라는 것은 아니겠지요. 몸과 함께 마음도 부쩍 자라는 듯합니다. 손공예 강사님이 9월 둘째 주부터 오시는 바람에 첫 주는 진 선생님과 함께 하면서 코바늘뜨기를 배웠습니다. 예쁜 색의 실로 사슬뜨기를 했지요. 다음날 보니, 우리 반의 유일한 여자아이가 길게 떠 놓은 세 개의 줄을 꼬아 머리끈을 만들었네요. 알록달록 색이 어울려 아주 아름답게 보이는 그 끈으로 머리를 야무지게 묶었습니다. 그 뒷모습이 참으로 예쁘고, 자기 자신을 아름답게 가꾸고 싶은 아이의 마음이 느껴졌습니다. 그저 어린아이로만 보였던 그 아이가 어느새 저렇게 자랐구나 싶었지요.

또 어느 날 뉴스 타임에는 3학년 남자아이가 태권도장 대회 준비로 품새 연습을 열심히 했다는 이야기를 들려주었습니다. 진 선생님이 그 아이에게 연습한 품새를 좀 보여달라고 했더니, 부끄러워서 절대 못 한다고 합니다. 지난 3월에는 담임이 보여달라고 하면 뭐든 자랑스럽게 해보이던 아이인데, 저렇게 쑥스러워하는 걸 보니 많이 컸구나 싶었습니다. 그런데 다음날 뉴스타임에는 담임의 요청에 흔쾌히 응합니다. 이번에는 줄넘기입니다. 30초에 백번을 넘을 수 있다고 자신만만하게 나옵니다. 모두가 믿기 어려운 표정을 지었지만, 정말 돌리는 줄이 눈에 보이지 않을 만큼 빨리 뜁니다. 모두에게서 탄성이 터집니다. 줄넘기를 끝낸 아이가 빙그레 웃습니다. 이 정도는 되어야 보여 줄만 하다 싶은가 봅니다.

우리 반 최고학년인 5학년 남자아이는 그림 그리기와 만들기를 아주 좋아합니다. 어느 날 점심 배식을 하는 시간에 그 아이가 칼과 갑옷을 장착하고 나타났습니다. 그 전날부터 시간 날 때마다 두꺼운 하드보드지를 자르고 붙여서 열심히 만들더니 드디어 완성했나 봅니다. 완성도가 제법 높아 그럴듯합니다. 지난 월요일에는 옥상에서 봉숭아꽃을 보자마자 손가락에 물을 들이겠다고 하더니, 점심시간 내내 작업해서 열 손가락 모두에 붉은 물을 들이고서야 하교를 했습니다. 교사가 제안하는 교과과정 외에 자유롭게 해보고 싶은 것이 부쩍 많아졌습니다. 5학년 2학기를 보내고 있는 이 아이의 내면에 주체적으로 뭔가를 해보고 싶은 욕구가 마구 샘 솟는가 봅니다. 중등에 올라가면 자유롭게 열려있는 개인프로젝트 시간을 멋지게 보내지 않을까 싶습니다.

오전에는 리듬을 타며 음악을 연주하고, 진지하게 생태연구를 하면서 글도 쓰고 그림도 그리고, 흥미진진한 신화 이야기에 푹 빠졌다가 점심을 먹은 후에는 대천천에 나가 물고기 잡으며 노는 아이들, 이처럼 눈에 보이는 활동을 자연스럽고 자유롭게 하는 동안에 이 아이들의 보이지 않는 내면도 자기 결대로 무럭무럭 자라고 있음을 느끼고 발견하는 9월입니다.

10월 • 수확

10월은 긴 연휴로 시작했지요. 나흘째 되는 날에야 다시 만나 10월을 시작합니다. 덕분에 아이들의 뉴스타임도 깁니다. 특히 연휴 첫날 있었던 '어울마당' 이야기가 풍성합니다. 코로나 19로 인해 3년 만에 열린 가을 운동회입니다. 부모님들을 포함해 참빛학교의 온 가족이 오랜만에 모여서 즐겁고 신나게 어울렸던 시간입니다. 아이들이 그날 자기들끼리 있었던 재미난 에피소드를 전해주느라 시간 가는 줄 모릅니다. 참빛학교에서는 입학식, 졸업식, 입학설명회, 배움터, 어울마당, 마무리 잔치 같은 학교의 중요한 행사에 가능한 한 모든 부모님이 참석합니다. 여러 가지 어려움 속에서도 학교가 본연의 철학을 지키면서 알차게 운영되는 데에 부모님의 따뜻한 관심과 적극적인 참여가 큰 힘이 됩니다.

이렇게 온 가족과 더불어 풍요롭게 시작한 10월은 수확의 계절이지요. 절기상 '한로'와 '상강'을 지납니다. 차가운 이슬이 맺히다가 서리가 내리는 시절이라는 것이지요. 농촌에서는 더 추워지기 전에 거두어야 할 것이 많습니다. <농가월령가> 9월령(음력)은 이 시절의 바쁜 농촌 풍경을 그림처럼 그려놓고 있지요.

"구월이라 늦가을이 되니, 한로 상강의 절기로다. 제비는 돌아가고 떼 기러기 언제 왔는가? 푸른 하늘에 우는 소리 찬 이슬을 재촉한다. 온산에 단풍은 붉은 물감으로 물들이고, 울타리 밑 노란 국화는 가을 빛깔을 자랑한다... 경치가 좋거니와 추수가 시급하다. 들마당 집 마당에 개상에 탯돌이라. 습한 논은 베어 깔고 마른 논은 곧 두드려... 들에는 조 피 더미, 집 근처 콩 밭 더

미, 벼 타작 마친 뒤에 틈나거든 두드리세. 비단차조, 이부꾸리, 매눈이콩, 황
부대를 이삭으로 먼저 잘라 내년 종자로 따로 두소. 젊은이는 메어치고 여
자들은 낫질이라. 아이는 소 몰리고, 늙은이는 섬 싸매기. 이웃집과 힘을 합
쳐 제 일하듯 하는 것이, 낟알 줍기 짚 널기와 마당 끝에 키질하기... 밤에는
방아 찧어 밥쌀을 마련할 때, 찬 서리 긴 긴 밤에 우는 아기 돌아볼까."

《농가월령가》 김영호엮음, 꿈이 있는 세상, 2005, 9월령 중

농촌에서는 "가을에는 부지깽이도 덤빈다"는 속담이 있을 정도로 바쁜 시
절이지만, 농가월령가 9월령도 가을의 아름다운 풍경부터 노래하고 있네
요. 우리도 10월에는 금정산에 올라 깊어가는 가을과 흠뻑 만나기로 합니
다. 9월은 대천천 생태관찰을 했었지요. 이번에는 가을 산을 걸으며 관찰하
고 채집한 것을 가지고 10월의 삶교과를 진행하기로 합니다. 10월에는 가을
들살이도 기다리고 있지요.

참나무 이야기
도토리묵과 참나무잎 방석 만들기

이번에도 산책 시간과 삶교과 시간이 연동됩니다. 학교에서 작은 길 하나만 건너면 바로 산으로 진입할 수 있습니다. 아파트를 짓느라 산을 깎아 내서 그런지 오르는 길이 가파르지만 이십 분 정도만 오르면 비교적 걷기 편한 산길이 나옵니다. 단풍으로 물든 산길을 걷다가 만나는 작은 샘터에서 물도 마시고 다리가 아프면 바위에 앉아 쉬어가기도 하지요. 단풍잎 사이로 높고 푸른 하늘도 보이고 산새 소리도 들립니다. 낙엽 사이에 도토리가 지천입니다. 모양도 크기도 다양합니다. 10월에는 도토리로 묵도 만들어 먹고, 도토리가 열리는 참나무 잎으로 방석도 만들어 보기로 했습니다.

학교로 돌아와 다음날부터 참나무에 대해서 배웁니다. 참나무는 종류가 여러 가지라 그 종류에 따라 잎과 도토리 모양도 차이가 나지요. 진 선생님은 잎 모양을 기준으로 여섯 가지 종류의 참나무 이름을 소개해 주었습니다. 짚신에 깔아서 신었다고 해서 '신갈나무', 떡을 찔 때 깔아 썼다고 '떡갈나무', 잎과 열매가 작아서 '졸참나무', 나무껍질로 지붕과 벽을 만들었다고 '굴참나무', 가을 늦게까지 예쁜 단풍을 달고 있어 가을 참나무라는 의미로 '갈참나무', 도토리묵 맛이 특히 맛있어 임금님 수라상에 올렸다고 '상수리나무'라고 불렀답니다. 이름마다 각각의 쓰임과 유래가 담겨있어 아이들이 재미있어합니다.

9월에 생태도감을 만들었던 경험을 살려 참나무에 대해 조사하고 그림과 글로 정리하는 시간을 가졌습니다. 앞으로 산에 가서 직접 참나무 종류를 확인해보기로 합니다. 진 선생님은 잎이나 도토리 모양만 보고도 '이건 신갈나무, 저건 떡갈나무.'라며 알아맞힐 수 있는 참나무 박사가 되어 보자고 합니다. 아이들이 대천천에서 노는 것을 너무 좋아해서, 내심 좀 걱정을 했지요. 그런데 참나무 이야기를 듣는 아이들의 분위기가 아주 좋아 안심을 했습니다.

참나무를 만나러 산에 가기로 한 날, 하필 비가 옵니다. 그래서 우리는 참나무에 대해서 배운 내용을 테스트해보기로 했습니다. 담임이 잎 모양의 특징이나 이름의 유래를 설명하면, 아이들이 참나무 이름을 맞힙니다. 도토리 모양으로도 참나무 이름을 맞힙니다. 그러다 진 선생님이 문제를 냅니다. "왜 이 나무들을 참나무라고 부를까?" 아이들이 고민을 하는 중에 진 선생님이 '참'이라는 말이 '진짜'라는 뜻이라고 힌트를 줍니다. "왜 참나무들을 진짜 나무라고 여겼을까?" 각기 다른 나무 이름의 유래도 힌트가 된다고 알려줍니다. 여섯 개의 이름 모두 나무의 쓰임에 따라 지어졌다고 했지요. 힌트를 들은 아이들이 금방 답을 말합니다. 아이들 표현으로 "쓸데가 많아서" 참나무라는 것이지요. 진 선생님은 참나무는 여러모로 쓰임이 많다는 것을 예를 들어 설명합니다. 잎은 잎대로 열매는 열매대로 나무는 나무대로 버릴 것이 하나도 없다는 것을 알게 됩니다.

남은 시간에는 여섯 종류의 참나무 중에 각자 자신있는 것을 하나씩 골라 앞에 나와 설명하는 시간을 가졌습니다. 평소 뉴스타임에서는 거리낌 없이 신나게 떠들던 아이들이 막상 배운 것을 설명하라고 하니 긴장한 표정이 역력합니다. 그래도 용기를 내서 한 명씩 나와 아는 만큼 설명합니다. 평소 활달하기 그지없던 아이도 앞에 나왔다가는 머리가 하얘진다면서 자리로 돌아갑니다. 한참 머리로 내용을 정리하고 마음도 가다듬어서 다시 차분하게 설명하는 데에 성공합니다. 아이들의 진지한 모습이 참 귀엽고 사랑스럽습니다.

다음날은 날씨는 좋지만 전날 내린 비로 산길이 미끄러울 것 같아, 금정산성으로 가는 도로 옆에 조성된 나무 데크길로 서문까지 갑니다. 사진으로만 보았던 여섯 종류의 참나무 잎과 도토리를 이번에는 눈으로 직접 확인하러 갑니다. 데크길 옆으로도 참나무가 많습니다. 완만하지만 계속 오르막인 그 길을 걸으면서도 아이들은 떨어진 도토리를 줍느라 힘든 줄을 모릅니다. 길에 떨어진 도토리를 마치 보물이라도 발견한 듯 좋아하면서 냉큼냉큼 주워 담습니다. 도토리를 줍다가 발견한 곤충과도 한참을 놉니다. 그러다 보니 속도가 느려서 평소 같으면 한 시간이면 될 거리를 두 시간이나 걸렸습니다.

금정산성 서문 뒤편은 가히 참나무밭이라고 불러도 될 만큼 많은 참나무가 있었습니다. 바닥에 도토리도 많이 떨어져 있네요. 진 선생님은 다람쥐를 비롯해 산 짐승들이 겨울 동안 먹을 양식이기도 하니, 잘 보고 야무진 것으로 골라 적당히 주우라고 당부합니다. 아이들은 모양을 보고 이름을 맞히면서

도토리를 줍느라 정신이 없습니다. 참나무 잎도 종류별로 모아 담습니다. 도토리를 줍느라 힘든 줄 몰랐던 아이들이 그제 야 다리도 아프고 배도 고프다고 하네요. 점심시간이 다 되어갑니다. 서둘러 채집한 것들을 챙겨서 내려올 때는 마을버스를 탔습니다. 담임의 선심에 아이들이 무척 고 마운 표정을 짓네요. 학교로 돌아와 아이들이 주워온 도토 리와 참나무잎을 꺼내 살펴봅니다. 아이들의 눈썰미가 대단합 니다. 여섯 종류의 잎과 도토리가 골고루 섞여 있습니다.

그날 산을 오르며, 정말 많은 종류의 식물들이 지구에서 우리와 함 께 살고 있다는 사실을 새삼 실감할 수 있었습니다. 그 수없이 다 양하고 아름다운 모양과 색들은 어디서 비롯하는 것일까요? 조금 씩 다 다르게 생긴 도토리도 참으로 신비롭기만 합니다. '참나무' 수업 덕분에 저도 초가을 풍경에 푹 젖을 수 있었던 멋진 하루였습 니다. 아이들도 그러했겠지요.

아이들은 대천천만큼 산에서도 재미있게 놉니다. 산으로 산 책을 가서 주워온 것들로 계절 탁자를 꾸밉니다. 지난 3월부 터 산책에 나서면 그 계절을 느끼게 해주는 자연물을 채집해 서 계절 탁자를 꾸며왔습니다. 10월에는 참나무 잎과 도토리가 계 절 탁자에 올랐습니다. 덕분에 계절의 변화를 교실에서도 느낍니다. 생활 속에서 느끼는 계절의 풍경과 분위기를 교실로 가져오는 것이지요.

중고등 아이들이 함양으로 들살이를 떠난 주에, 초등은 전일제 절기 수업 으로 금정산을 누비며 참나무 순례를 했습니다. 지난번처럼 금정산성 서문 까지 가지만 이번에는 산길로 걷습니다. 평소 짧은 산책을 할 때 오르던 길 과도 다른 쪽에서 진입합니다. 오랜만에 오는 길이라 헷갈려서 잠시 머뭇거

리는데, 근처에서 지난봄에 달아둔 '참빛초등 둘레길' 리본을
만나 방향을 제대로 잡을 수 있었습니다. 도로 옆 데크길보다
훨씬 둘러 가는 길이라 시간이 더 많이 걸렸습니다.

지난번에는 사진으로 배운 참나무잎과 도토리를 눈으로 직접
확인하는 시간이었고, 이번에는 묵과 방석을 만들기 위해서
도토리와 참나무잎을 제법 모아 와야 합니다. 그런데 그사이
에 다른 사람들이 도토리를 많이 주워간 모양입니다. 알맹이
가 없는 쭉정이가 많습니다. 이번에도 서문 도토리나무가 군
집해 있는 곳까지 가서 도토리를 줍고 잎도 모아 담았습니다.

아침부터 세 시간을 넘게 걷고 낙엽 사이에서 도토리와 잎을
주워 담다 보니 점심시간이 훌쩍 넘었습니다. 점심은 서문 근
처 국수가 맛있기로 이름난 식당에서 국수를 사 먹기로 했습
니다. 걷는 내내 아이들은 기대에 차서 국수 먹을 이야기를 합

니다. 덩치가 큰 두 아이는 곱빼기를 시켜서 국물까지 싹 비웁
니다. 나머지 아이들도 곱빼기를 주문하지 않은 것을 후회하
고 다음번에는 꼭 곱빼기를 먹겠다고 다짐을 합니다. 진 선생
님이 도토리묵도 시켜줍니다. 다음 주에 우리도 도토리묵을
만들 예정이라 도토리묵 맛이 어떤지 먼저 맛을 본 것이지요.

맛을 본 아이들 기대가 더 커집니다. 배도 두둑하고 호주머니
는 도토리로 가득합니다. 참나무 잎을 담은 자루를 하나씩 들
고 다시 산길을 걸어 학교로 돌아왔습니다. 삶교과 수업과 자
연스럽게 연계된 전일제 수업, 날씨도 좋고 가을이라는 멋진
계절을 만끽할 수 있었던 하루였습니다. 함께 국수를 먹으며
깔깔댔던 시간도 좋은 추억으로 남겠지요.

이제부터는 교실에서 참나무 이야기를 엮어갈 차례입니다. 각종 도토리와 잎을 종류별로 관찰하고 그림으로 그립니다. 먼저, 참나무 잎 모양을 자세히 관찰할 수 있도록 프로타쥬 기법으로 표현해보았습니다. 어릴 때 많이 해봤던 방법이지요. 잎을 얇고 흰 종이로 덮어 크레파스로 문지르면, 잎 모양이 아주 사실적으로 나타납니다. 힘들이지 않고도 가는 잎맥까지 섬세하게 종이로 옮겨집니다. 아이들은 크레파스로 문지를 때마다 형태가 점점 뚜렷해지는 것을 보고 재미있어도 하고 신비로워하기도 합니다. 그렇게 종이에 나타난 잎 모양 위에 반투명 종이를 얹어놓고 비치는 모양을 다시 색연필로 그립니다. 나무 종류마다 다른 모양의 그림이 여섯 가지나 완성됩니다. 공책에 붙이고 해당하는 도토리도 찾아 그리고

이름도 적어넣습니다.

도토리묵을 만드는 과정은 1학기 밀로 밀가루를 만들 때만큼 쉽지 않았습니다. 발로 밟아보기도 하고 망치로 두들겨보기도 하고 밀을 빻을 때 쓰던 절구를 사용해보기도 했습니다. 두드려서 껍질을 깨도 결국에는 손으로 일일이 까야하지요. 까는 중에 벌레

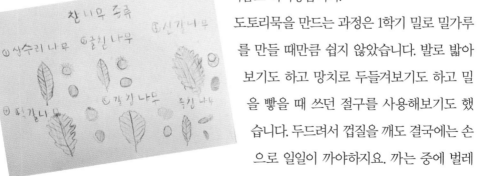

가 나와서 깜짝깜짝 놀라기도 합니다. 하루에 다 하기가 어려

워 며칠 연속으로 도토리 껍질 까는 작업을 해야 했습니다.
시간이 갈수록 벌레가 더 많이 나옵니다. 처음에는 놀라
던 아이들도 이제는 벌레가 나오면 깔깔거리며 오히려
환호하는 듯합니다. 아이들은 그것도 재미있나 봅니다.
그래도 도토리껍질까기는 쉽지 않은 작업이었습니다. 아
이들이 도토리를 까서 주면 진 선생님은 옆에 앉아 칼로 벌
레 먹은 부분을 도려냅니다. 그 작은 도토리알 하나하나를 그렇
게 작업하다 보니 시간도 많이 걸리고 인내심도 엄청 요합니
다. 도토리 껍질까기를 하는 며칠 사이에 한 아이의 할머니
께서 직접 딴 도토리로 묵을 만들어 보내주셨었습니다. 가
게에서 파는 것과는 맛이 확연히 다릅니다. 훨씬 맛이 진하
고 식감도 탱글탱글 합니다. 아주 맛있게 순식간에 먹어 치웠
는데, 우리가 직접 해보니 할머니가 얼마나 긴 시간 정성을 들였
을지 실감합니다.

드디어 도토리 껍질까기 작업이 완료되었습니다. 이제는 기다
림의 시간입니다. 도토리 알맹이를 물에 담가 이틀 동안 두세
시간에 한 번씩 물을 갈아주면서 떫고 쓴맛을 우려냅니다. 이틀
후 물에 불린 도토리를 믹서에 갈고 면 보자기로 걸러내서
녹말 성분이 가라앉기를 또 기다립니다.

기다리는 동안 주워 온 참나무잎으로 방석을 만듭
니다. 그 사이 잎들이 바싹 말랐습니다. 커다란 비
닐 봉투에 잎을 가득 담아 입구를 테이프로 막고
이쑤시개로 구멍을 여러 군데 뚫어줍니다. 엉덩이
아래에 넣고 살며시 앉으면 공기가 빠지고 납작해지면

서 참나무 냄새가 솔솔 납니다. 엉덩이를 따뜻하게 해줄 뿐만 아니라 참나무 향이 건강도 좋게 한다고 합니다. 10월 마지막 주, 들살이를 다녀온 후에 예쁜 천으로 방석잇을 만들어 씌웠습니다.

방석만들기 작업을 다 하고 보니, 도토리의 녹말 성분이 잘 가라앉았네요. 물을 새로 부어 다시 기다려야 하지만, 시간이 넉넉지 않아 그대로 묵을 쑤기로 했습니다. 5학년 아이가 아직 완성된 것도 아닌데, "이렇게 성공하게 될지 몰랐는데, 드디어, 드디어!"라며 감격스러워 합니다. 사실, 9월 말 뉴스타임에 이 5학년 아이가 주말에 할머니 집에서 도토리묵 만든 이야기를 한 적이 있습니다. 진 선생님이 반가운 표정으로 10월에 우리도 도토리묵을 만들 예정이니, 할머니께 도토리묵 만드는 방법을 잘 배워두면 좋겠다고 하셨습니다. 그래서 10월 초 연휴 동안 이 아이는 할머니에게 묵 만드는 방법을 더 꼼꼼하게 배우고 필요한 도구도 빌려왔습니다. 그래서 이번 묵만들기도 이 아이가 주도합니다.

윗물을 따라내고 불에 올려 묵을 쑵니다. 길고 길었던 과정의 끝이 보입니다. 그런데 이 과정에 엄청난 노하우와 경험이 필요하다는 것을 알게 됩니다. 도토리묵 만들기에서 가장 고도의 기술이 필요한 단계인 것 같습니다. 진 선생님도 저도 경험이 없어 두 번의 경험이 있는 5학년 아이에게 의지합니다. 아이의 설명에 따르면 약한 불에 뭉근하게 쑤다 보면 거품이 나면서 점점 걸쭉한 묵이 만들어진다고 하는데, 거품이 나기도 전에 묵이 다 뭉쳐버려 주걱으로 저을 수 없는 상태가 되었습니다. 조금 떼어서 맛을 보니 끝 맛이 씁니다. 쓴맛을 덜 빼서 그런지, 아래가 타서 그런지, 물을 적게 타서 그런지 알 수가 없습니다. 어쨌든 색과 모양은 딱 도토리묵입니다. 다음날 맛보기로 하고 물에 담가 둡니다.

이어서 우리는 또 하나의 요리를 했습니다. 도토리를 갈아 면보자기로 짜고 남은 찌꺼기를 밀가루로 반죽해서 굽는 음식입니다. 이것도 5학년 아이가 할머니와 만들어 먹어 봤는데 아주 맛있었다고 합니다. 구워서 달콤한 꿀에 찍어 먹습니다. 내 입에는 도토리향이 나는 밀가루 부침 같았는데, 아이들은 아주 맛있다고 합니다. 이런 맛을 맛있다고 하는 아이들이 신기했습니다. 그저 자기들이 만든 것은 무조건 좋고 맛있다고 합니다. 참나무 뿐만 아니라, 도토리까지도 하나도 버릴 것이 없다는 것을 확인하게 되네요. 그렇게 힘들게 깐 도토리 알을 이렇게 남김없이 먹거리로 만들어 먹으니 보람이 큽니다.

다음날, 드디어 도토리 묵을 시식했습니다. 묵을 물에 오래 담가두고 물도 자주 갈아주었더니, 만들면서 맛보았을 때처럼 쓰지 않습니다. 옥상 텃밭에서 따온 상추를 넣고 5학년 아이의 할머니께서 보내주신 양념장으로 버무려 먹었더니 살짝 남아있던 쓴맛도 거의 느껴지지 않습니다. 아이들은 한 그릇씩 먹어 치우고 "맛있다!", "성공이다!"를 연발합니다.

이번에 도토리묵 만들기를 주도했던 아이는 "완전 성공은 아니지만, 성공에 가깝다"는 평가를 내리면서도 뿌듯한 표정을 숨기지 못합니다.

3주간 경험한 '참나무 이야기'를 글로 정리하는 과정이 남았습니다. 학교에서 참나무 공부하기, 금정산에 올라 도토리와 참나무 잎 채집하기, 참나무 잎과 도토리 그리기, 도토리까기, 도토리묵 쑤기, 참나무 잎으로 건강방석 만들기까지, 그 과정과 느낀 점을 시간 순서대로 자세하고 솔직하게 적어보기로 합니다. 2학기는 대천천과 금정산을 누비며 주로 야외활동을 하면서 보냈지요. 긴 글쓰기는 2학기 들어 처음입니다. 아이들이 기억을 떠올리며 몰두해서 글을 씁니다. 언제나처럼 교실은 고요해지고 글쓰는 연필 소리만 가득합니다.

아이들이 계절의 변화와 더불어 자라고 여물어 가는 것처럼, 아이들의 글쓰기도 한층 야무져진 것 같습니다. 내용은 물론이고 줄도 잘 맞추고 글씨도 훨씬 가지런합니다. 글쓰기 훈련을 많이 한다고 해서 그렇게 되는 것은 아닌 것 같습니다. 전체적으로 아이가 성장하고 배움이 영글어지면서 자연스럽게 글쓰기도 그렇게 되는 것이겠지요. 아이들이 이번에 글을 쓰는 모습을 보면서 그런 생각이 더 들었습니다. 국어 잘하는 아이, 수학 잘하는 아이가 아니라, 자신의 삶을 가꾸고 성장시켜 나갈 수 있는 힘을 가진 아이, 그런 힘을 키우는 교육, 참빛학교에서 하려는 것이 어떤 것인지 좀 더 실체적으로 그려볼 수 있는 시간이었습니다.

주기집중
수와 **셈**

주기집중 '수와 셈'도 수학을 잘하도록 만들기 위함이 아니라, 삶을 즐겁고 행복하게 가꾸도록 돕기 위한 시간입니다. 초등 고학년에 접어든 아이들은 세상에 대한 호기심으로 가득하고 세상에 대해 알고자 하는 욕구가 강합니다. 호기심과 욕구의 충족은 세상에 대한 도전과 모험으로 발전합니다. 진 선생님에 의하면, 세상에 발 딛고 세상에 대한 호기심을 탐구하는 아이들에게 수학은 삶을 가꾸는 중요한 교과로 발전한다고 합니다. 현실 세계에 대한 호기심으로 가득한 이 시기 아이들에게 생활 도구를 만들어가는 활동은 흥미로운 도전과제라고 할 수 있지요. 그래서 이 시기 아이들에게 가장 유용한 수학영역은 측정과 규칙찾기, 그리고 그러한 것들을 통한 다양한 문제해결 영역이라고 합니다.

1학기 삶교과 수업에서 측정을 중심으로 자연스럽게 배우는 시간을 가졌었지요. 손, 발, 팔, 키 등 몸으로 측정하는 전통방식을 통해 측정의 필요성을 이해하고, 단위의 개념과 오차를 줄이기 위해 도량형을 개발한 역사와 노력을 배웠습니다. 나아가 길이, 넓이, 부피, 무게, 시간을 이해하고, 측정단위와 도구를 만들어 보는 시간도 가졌습니다. 리듬활동을 통해 수 세기와 구구단, 그리고 연산도 자연스럽게 익혔지요.

2학기에는 주기집중으로 '수와 셈' 교과를 진행했습니다. 게임과 놀이형식을 유지하며 흥미를 이끌고, 담임이 제안한 문제에서 규칙을 발견하면서 생각하는 재미와 문제해결의 기쁨을 느끼는 시간입니다.

달력의 비밀을 찾는 활동으로 시작합니다. 달력에 담긴 비밀을 찾기 위해

수의 배열과 형태를 관찰하고 하나하나 찾은 비밀을 아이들이 이야기합니다. "오른쪽으로 한 칸 갈 때마다 1씩 늘어나요." 달력 속 수의 배열에서 규칙을 찾으며 이야기를 이어갑니다. 15개의 비밀을 모두 찾고 달력 속 가로와 세로 세 칸씩 아홉 칸의 숫자 합을 계산하는 문제를 줍니다. 각자의 방식으로 계산하며 쉽게 계산하는 방법을 찾느라 몰두하는 아이들의 모습이 참 진지합니다. 달력에 숨은 비밀을 찾는다고 시종일관 질문과 대답이 활기차게 오고 갑니다. 자기가 먼저 답을 말하겠다고 손을 번쩍번쩍 들고, 앞으로 달려 나가 다른 아이들이 듣지 못하게 담임의 귀에다 대고 답을 속삭이는 아이도 있습니다. 답이 맞거나 틀리거나 아이들은 신이 납니다. 스스로 발견한 방법에 신기해하며 다음 도전과제를 기다립니다.

두 번째 도전과제는 마방진입니다. 진 선생님이 칠판에 가로와 세로가 각각 세 칸으로 된 표를 그리고 그 안에 1부터 9까지의 숫자를 순서대로 씁니다. 아홉 개의 칸에 쓰인 숫자들, 그 숫자들 사이의 규칙을 찾는 것이 미션입니다. 아이들이 너무 쉽게 규칙을 찾아내자, 진 선생님은 좀 더 어려운 문제를 냅니다. 가로, 세로, 대각선에 있는 숫자 세 개의 합이 각각 15가 되도록 숫자를 옮겨서 재배치하는 미션입니다. 아이들이 끙끙대기 시작합니다. 시간이 제법 흐르자, 5학년 아이가 가장 먼저 성공합니다. 담임에게 확인을 받고 환호합니다. 다른 아이들은 부러운 신음을 냅니다. 이후로는 먼저 성공한 아이가 도움을 요청하는 저학년 아이들에게 힌트를 준 덕분에, 문제해결에 성공하는 아이들이 속속 생겨납니다. 아이들은 그 시간이 수학시간이라는 것을 아는지 모르는지, 그저 재미있는 숫자놀이에 빠져서 그 시간을 온전히 즐깁니다. 한 시간 반이 금방 지나갑니다.

그다음 시간은 4x4 마방진입니다. 가로, 세로, 대각선 수의 합이 모두 각각 34가 되도록 만들어야 합니다. 오늘도 아이들 머리에서 김이 나는 듯 합니다. 신기하게도 긴 시간 끙끙대면서도 딴짓을 하거나 포기하는 아이가 없습니다. 어떻게 해서든 스스로의 힘으로 문제를 해결하려는 욕구로 가득합니다. 마방진 놀이가 그렇게 재미있는 것인가 싶습니다. 진 선생님이 힌트를 주자, 그제야 "아! 그렇게 하니 정말 금방 된다"고 좋아합니다.

마방진을 마치고 이번에는 연속하는 수의 더하기 규칙을 찾는 놀이를 합니다. 수가 커지고 많아질수록 아이들은 곱셈의 필요를 느끼고 배우고 싶어 합니다. 진 선생님이 세로 곱셈 방법을 알려줍니다. 구구단을 15단까지 외우는 아이들이니, 단순히 숫자를 곱하는 것은 그리 어렵지 않습니다. 곱한 수를 단위에 맞게 자리를 맞추는 것이 좀 까다로운 모양이기는 하지만, 몇 번의 연습으로 금방 이해합니다. 그러자 진 선생님이 문제를 냅니다. 1+2+3-----+98+99+100+99+98-------+3+2+1의 합을 내야합니다. 1~100까지의 더하기에서 덧셈을 곱셈으로 변형해서 계산하는 규칙을 찾는 미션입니다. 담임이 문제를 다 쓰기도 전에 아이들이 규칙을 찾아내는 바람에 더 어려운 문제를 내야 했습니다. 이번에는 1+2+3-----+997+998+999+998+997-----+3+2+1의 답을 구합니다. 999x999를 푸는 데는 시간이 좀 걸리네요.

1에서 100 사이의 홀수의 합과 짝수의 합 찾기로 이어지고, 3과 4의 배수 규칙 찾기, 4의 배수 더하기, 도형 관련 규칙 찾기 등으로 도전과제가 확대됩니다. 규칙을 찾기를 하는 동안 아이들이 자연스럽게 더하기와 곱하기 연습을 하면서 연산에 즐거움과 자신감을 붙여갑니다. 그래도 통 해결이 잘 안 될 때는 담임에게 힌트를 더 달라고 조릅니다. 진 선생님은 호락호락 힌트를 주지 않습니다. 그러면 아이들은 눈웃음을 지으며 "우리는 아직 어린이잖아요. 힌트 좀 주세요."합니다. 평소에는 귀엽다는 말을 제일 싫어하고 아이 취급에 질색하는 아이들입니다. 어떻게든 포기하지 않고 답을 찾아보려고 시간 내내 애를 쓰는 모습이 참 대견하기도 하고 신기하기도 합니다.

수업 시간에 어려운 과제를 만나면 아이들끼리 주문 외듯 말합니다. "선생님이 낸 문제에는 언제나 쉬운 방법이 숨어있어. 그것만 찾으면 돼!" 직면하는 삶의 모든 곳에는 규칙과 방법이 있기 마련이고 그것을 찾아내면 문제를 해결하기가 훨씬 수월해지지요. 진 선생님은, 도저히 자기 힘으로는 해결할 수 없을 것 같은 어려운 상황을 만날 때마다 자기 속에 있는 힘을 믿고 대면하면 해결하지 못할 것이 없다고, 그럴 때 이러한 수학 시간의 경험이 그 직면하는 힘을 키우는 데에 도움이 될 수 있을 거라고 말합니다. 말 그대로 삶교과를 보충하는 수학, 삶을 슬기롭게 가꾸는 것을 돕는 교과라는 의미겠지요.

가을
들살이

10월 마지막 주에는 가을 들살이를 갑니다. 지난봄에는 순천에 있는 사랑
어린학교로 갔었지요. 이번에는 어디로 갈지 아이들과 의논하는 시간을 가
졌습니다. 이전에는 거의 같은 장소, 익숙한 장소에 가서 아이들이 편안하게
쉬고 즐기는 시간을 가졌습니다. 올해는, 모두가 초등 고학년이라 그런지 새
로운 장소에 대한 기대가 큽니다. 더 흥미롭고, '수확'이라는 10월 삶교과 주
제와 연계한 활동을 하기에도 좋은 장소를 찾아보기로 합니다.

아이들은 깨끗한 화장실과 강아지가 있는 곳이라면 어디라도 좋다고 합니
다. 진 선생님이 물색하다 찾은 곳으로 답사를 가서 사진을 많이 찍어왔습
니다. 아이들이 묵게 될 숙소의 깔끔한 화장실과 욕실 사진도 보여줍니다.
그런데 강아지는 없습니다. 대신에 토끼와 양이 있고, 무엇보다 아이들이 너
무나 좋아하는 곤충 체험장이 곁에 있는 곳입니다.

아이들이 들살이를 일주일 전부터 고대합니다. 우리가 묵을 숙소가 자동차
모양을 한 카라반입니다. 아이들은 처음 그런 곳에서 자본다고 좋아합니다.
그런데 자동차 내부에 주방과 욕실 겸 화장실, 그리고 침실이 다 들어있어,
아이들이 해진 후에 실내에서 놀기에는 다소 좁습니다. 그래서 텐트를 가져
가기로 합니다. 중고등 아이들이 도보 들살이 갈 때 쓰던 커다란 텐트를 4
층으로 가져와 치는 연습을 하고, 그 안에서 신나게 놀기도 하면서 들살이
를 기다립니다.

우리가 찾아간 곳은 사과밭으로 둘러싸인 산속 마을입니다. 숙소가 마을
가장 위쪽에 있어 아래로는 붉은 사과가 주렁주렁 달린 사과농장 풍경이

펼쳐지고, 위로는 가을 하늘이 드넓게 펼쳐집니다. 낮에는 구름이, 밤에는 달과 별이 손에 잡힐 듯한 멋진 전망이 있는 곳에서 3박 4일을 보냅니다. 진 선생님은 아이들에게 기본적인 네 가지 규칙만 지키면 온종일 마음껏 쉬거나 놀 수 있다고 합니다. 첫째는 자기에게나 남에게 위험한 행동 하지 않기, 둘째는 다른 사람에게 피해 주는 행동 하지 않기, 셋째는 아침 일곱 시에 일어나고 밤 열 시에 잠자기, 마지막은 식사 시간 지키기입니다. 이 규칙만 지키면 나머지 시간은 자유롭습니다.

들살이 기간이 주중이라 다른 손님이 없어, 숙소의 넓은 영내를 우리끼리 독차지하며 보낼 수 있었습니다. 찾아오는 아이들을 위해, 숙소 아래편에는 거대한 트램플린장이 있고, 바로 그 옆에 토끼와 양을 키우는 우리가 있습니다. 숙소 뒤편으로는 광대한 사과밭을 배경으로 모래놀이장, 미니축구장, 기어오를 수 있는 암벽장이 있습니다. 아이들은 밥을 먹고 나면 영내를 누비며 모래놀이도 하고 축구도 하고 암벽도 탑니다. 그중에서도 아이들이 가장 좋아하는 것은 트램플린입니다. 한번 올라가면 내려올 줄을 모르고 신나게 뜁니다. 그러다 지치면 토끼와 양에게 줄 풀을 뜯어다 먹이면서 한가롭게 놉니다. 그러면서도 매일 기다리는 것은 곤충체험장 구경입니다. 곤충체험장은 이 농장의 본체 건물에 있고, 입장료를 따로 내야 하는 공간이지만, 주인부부가 아이들이 좀 심심해보인다 싶으면 무료로 개방해주었습니다. 주인아저씨도 어릴 때부터 곤충을 좋아해서 곤충체험장을 만들었다고 합니다. 그 규모가 대단합니다. 우리 아이들의 곤충에 대한 관심과 사랑을 보면서 본인의 어린 시절을 떠올린다고 합니다.

아이들은 그렇게 강제된 것 없이 자유롭게 마음 가는 대로 시간을 보내고, 사흘째 되는 날 반나절은 사과농장과 감농장에 가서 과일 따기 체험을 했습니다. 이번 들살이에서 사전에 계획한 유일한 활동입니다. 물론, 아이들은 이것 또한 놀이처럼 신나고 즐겁게 합니다. 갓 딴 사과와 감을 현장에서 맛보며 가게에서 산 것과는 확실히 맛이 다르다느니, 부모님께도 맛보여 드리고 싶다느니 하며 최대한 예쁘고 큰 것으로 골라 딴다고 열심입니다. 부모님께 드릴 사과도 한 상자씩 따서 포장하고, 학교로 돌아가면 11월에 사과잼을 만들기 위해서 낙과도 한 아름 선물 받았습니다. 진 선생님의 친구 부모님이 가꾸시는 감밭에서 딴 감으로는 감말랭이도 만들 예정입니다.

중고등 들살이도 마찬가지지만, 아이들이 들살이를 떠나면 매번 주변에서 감사한 어른들을 많이 만납니다. 숙소 주인장 부부는 언제나 웃는 얼굴로 아이들을 대하면서 아이들에게 더 멋진 추억을 만들어주고 싶어 마음을 많이 내주셨습니다. 곤충체험장도 그렇지만, 마지막 날 밤을 실내에서 보내고 있는 아이들을 불러내 넓은 마당에서 불꽃놀이도 해주고 축포도 쏘아주었습니다. 아이들이 한껏 신난 것은 말할 것도 없지요. 아이들이 가까운 곳으로 들살이를 온다는 소식을 듣고 기꺼이 아이들을 자신의 감밭으로 초대하고 하나라도 더 딸 수 있도록 적극적으로 도와주신 분도 계셨지요. 그뿐만이 아닙니다. 우리가 들살이를 간 지역에서 근무하시는, 우리 학교 중등 아이의 아버지께서는 초등 아이들을 먹이겠다고 치킨과 피자를 사서 꼬불꼬불 산골까지 운전해 오시기도 했습니다. 어른들의 이러한 환대와 사랑이 아이들로 하여금 삶을 더 건강하고 씩씩하게 살아갈 수 있도록 하는 힘이 되겠다 싶었습니다. 주변에 따뜻한 사람이 많다는 것을 느끼는 만큼 삶

도 긍정적이고 풍요롭게 느껴질 것이 분명합니다.

초등 들살이는 어려움에 직면하게 하기보다는 편안하고 느긋하게 시간을 보내는 데에 더 의미를 둡니다. 말 그대로 온전한 '쉼'을 통해 배움에 대한 새로운 욕구를 준비하는 것이지요. 그런 의도를 강조하지 않아도, 아이들은 그냥 두면 자기들이 알아서 그렇게 시간을 마음껏 누리는 것 같습니다. 어른의 눈으로 보면, 아이들이 무엇을 하는지 잘 알 수 없을 수도 있지요. 아이들은 티브이나 스마트폰 없이도, 온종일 농장을 누비며 갖가지 놀이를 만들어내면서 놉니다. 밥 먹으라고 불러야 숙소로 돌아옵니다. 어릴 때를 돌아보면 누구나 그런 경험이 있지요. 밖에서 해가 질 때까지 놀다가 밥 먹으러 오라고 외치는 엄마의 목소리를 듣고서야 마지못해 집으로 돌아갔던 경험 말입니다. 그럴 때면 매번 아쉽기는 해도 잠자리에서의 마음은 언제나 충만했던 것 같습니다.

우리 아이들도 자연 속에서 무궁한 상상과 놀이로 심심할 여가 없이 끊임없이 재미나게 놉니다. 어느 날은 아이들이 특별한 놀이를 하지 않고 계속 온 농장을 돌아다니며 풀과 꽃을 뜯습니다. 왜 저럴까? 싶었지요. 나중에 보니, 아이들이 그렇게 뜯어 모은 풀과 꽃으로 토끼와 양에게 줄 먹이를 만든 겁니다. 처음에는 그냥 풀을 뜯어서 주다가 시시해졌는지 각종 풀과 꽃을 조합해서 자기들이 생각할 때 더 예쁘고 맛있겠다 싶은 먹이로 만든 것이지요. 꽃과 잎을 엮어서 꼬지를 만들기도 하고, 초록 잎 사이에 예쁜 꽃을 끼운 샌드위치를 만들기도 합니다. 탄성이 절로 나올 만큼 아름다운 먹이였습니다. 누가 만든 음식을 동물들이 더 좋아할지 내기도 합니다. 저는 상상하기 어려운 그 놀이가 너무나 창조적이고 아름다워 예술작품 같습니다. 어른들의 기준으로 강요하지 않고, 있는 그대로 봐주면서 스스로 자유롭게 하도록 두면 이렇듯 멋진 일을 하면서 보내고 또 그것으로 저토록 기뻐하고 즐거워한다는 것을 이번 들살이를 통해서 새삼 발견합니다.
부모님께 드릴 사과와 감 상자 때문에 출발할 때보다 짐이
더 많아졌습니다. 마지막날, 차에 모든 짐을 싣고보니 우리가
탈 자리가 모자랍니다. 그래서 저와 아이들은 기차를 타기로
했습니다. 덕분에 예상치 못한 가을 기차여행도 덤으로 할
수 있었습니다. 기차역에 부모님들이 마중을 나와 나흘 만에
만나는 아이들을 크게 환영해주셨습니다. 자기들이 직접 따
서 가지고 간 과일 상자를 자랑스레 내보이며 기뻐하는 아이
들이 한결 또 성장한 듯합니다. 풍요와 감사로 가득했던 가
을 들살이를 그렇게 마무리했습니다.

10월은 들살이로 좀 더 바쁘게 지나간 듯합니다. 10월에는
학교가 위치한 마을에서 '대천천 생태문화 축제'도 열렸습니
다. 우리 학교도 마을의 구성체로서 해마다 축제에 참여합니
다. 이번에는 그동안 참빛학교 아이들이 찍어서 모아둔 '대천
천 풍경사진' 전시로 축제에 참여했습니다. 지난 십 년 가까
이 대천천이 어떤 모습으로 변화했는지 눈으로 확인할 수 있
는 사진들입니다. 초등아이들이 생활하는 4층 학사 강당에
서 전시를 하고 일주일 동안 개방했습니다. 관람하면서 마음
에 드는 사진이 있으면 빨간 스티커를 붙이도록 안내했고, 행
사가 끝난 후에 개별적으로 사진을 전달했습니다. 마을의 공
동 자산인 대천천, 그 풍경의 역사를 담은 사진을 마을 사람
들과 나누는 좋은 기회였던 것 같습니다.
그뿐만 아닙니다. 10월에는 초등반 담임이자 참빛학교 교장

인 진병찬 선생님이 부산민주공원에서 수여하는 '민주시민상'을 수상 하는 기쁜 일도 있었습니다. 부산민주공원 '민주주의 사회연구소'에서는 "우리 사회의 소중한 가치를 실현하고 건강한 공동체 만들기에 노력한" 사람을 추천받아 해마다 이 상을 수여합니다. 진 선생님은 "20여 년간 대안교육에 헌신하면서 각종 교육모델을 연구 개발하는 등, 부산지역 대안교육의 한축을 맡아 왔고, 대안교육기관에 관한 법률제정, 부산광역시교육청 대안교육기관 지원 조례제정 활동 등으로 교육 기회의 평등과 다양한 교육 선택권 보장을 위해 노력하며 지역사회의 인권 향상에 크게 기여"(민주공원 홈페이지 보도자료 참조)했다는 의미로 이 상을 받게 된 것입니다. 시상식은 부모님들과 아이들, 그리고 교사들이 참석해서 진 선생님의 수상을 축하하는 자리였을 뿐만 아니라, 지금껏 뜻과 마음을 모아 참빛공동체가 해오고 있는 일에 대한 자긍심을 느끼며 자축하는 시간이기도 했습니다.

이처럼 다양한 수확의 기쁨을 함께 나누며 풍요롭게 보낸 10월은 그 어느때보다 감사한 마음으로 가득했던 시간이었습니다.

11월 · 나눔

11월 삶교과 주제는 '나눔'입니다. 아이들이 일일 교사가 되어 자신이 평소 관심 있어 하거나 즐기는 활동을 다른 친구들과 나누는 시간입니다. 그런데, 옥상 텃밭에는 아직 거두어야 할 작물이 남아있고, 들살이에서 수확해 온 사과와 감도 아이들의 손길을 기다리고 있습니다. '나눔 수업'을 계획하고 준비하면서 사과와 감을 저장식품으로 만드는 작업을 하고, 텃밭에서 자라는 무와 배추도 거두어 김장 준비도 합니다. 기르고 수확한 작물을 가공해서 감사한 분들과 나눌 계획도 세웁니다.

농사가 거의 끝난 음력 10월은 농촌에서도 겨울을 날 준비를 하는 시기지요. '입동' 즈음이 되면 사람뿐만 아니라 동물들도 배를 가득 채우고 겨울잠에 들며, 나무들도 남은 나뭇잎을 마저 떨구고 겨울을 보낼 준비를 합니다. 우리도 각자 가진 것과 함께 수확해서 얻은 것을 서로 나누며 추운 겨울을 따뜻한 마음으로 보낼 준비를 하는 것이지요.

사과잼과 감말랭이 만들기

가을 들살이에서 사과와 감을 가득 따왔지요. 크고 흠이 없는 것들은 부모 님과 학교 선생님들께 한 상자씩 나눠드렸습니다. 크기가 작고 상처가 있는 과일들은 따로 모아 오랫동안 두고 먹을 수 있는 저장식품으로 만들기로 합 니다.

먼저, 사과잼을 만듭니다. 사과농장에 갔을 때, 주인아저씨가 사과잼용으로 낙과를 한가득 덤으로 주셨습니다. 바닥에 떨어지거나 벌레 먹어 조금씩 상처가 있는 사과이지만, 약간씩만 도려내면 잼을 만들기에는 문제가 없어 보입니다. 깨끗이 씻어서 껍질을 깎기 전에 진 선생님이 상처 난 부분을 칼 로 도려냅니다. 아이들은 아직 칼로 과일을 깎는 것에 익숙하지 않아 감자 칼을 이용합니다. 칼로 깎은 것보다 더 동그라니 예쁩니다. 1학기부터 음식 만들기를 많이 해서 그런지 손도 많이 여물어졌습니다.

그다음 날은 깎아 놓은 사과를 썹니다. 가능한 한 잘게 썰어야 불에서 졸일 때 편하고 시간도 덜 든다고 했더니 아주 열심입니다. 감자 칼이 아니라 진 짜 칼을 사용하는 것이 내심 뿌듯한 모양입니다. 아이들은 뭔가 더 어른스 러운 일을 직접 해보는 것에서 더 큰 즐거움과 만족감을 얻는 것 같습니다. 해보고 싶은 만큼 충분히 신나게 썰어봅니다. 사과 단내가 너무 좋아서 도 저히 못 참겠다며 써는 족족 자꾸 집어 먹는 것을 보면 아직 천진한 어린아 이들입니다.

큰 솥 두 개에 사과와 설탕을 나눠 담고 졸입니다. 사과에서 나온 물이 졸아 들고 색이 투명해질 때까지 시간이 많이 걸립니다. 잼이 타지 않도록 불 옆

에 붙어 서서 오래도록 저어줍니다. 옆에서는 유리병을 열탕 소독해서 엎어두고, 마무리로 넣어 줄 레몬즙도 짭니다. 길고 힘든 노력 끝에 드디어 잼이 완성되었습니다. 잼이라기보다는 졸임에 가깝네요. 식기 전에 소독한 병에 나눠 담아 거꾸로 뒤집어 둡니다. 오래 보존할 수 있는 팁이라고 하지요.

아이들은 모든 것이 완료되고 나서도 주방을 떠나지 못하고 잼을 맛볼 순간을 노립니다. 진 선생님은 짐짓 모르는 체하며 다음 일정을 진행합니다. 오후 산책을 다녀오는 길에 진 선생님이 식빵을 샀습니다. 드디어 맛볼 시간입니다. 식빵 안에서 달콤하고 쫀득한 사과가 씹힙니다. 식감도 좋고 맛도 그럴 듯합니다. 아이들은 담임이 잼을 발라주기가 바쁘게 두 개씩이나 먹어 치우고도 아쉬운 표정을 짓습니다. 이번에도 아이들은 자기들이 만든 것에 대만족입니다. 참 감사한 일입니다.

그다음 주에는 감말랭이를 만들었습니다. 이번에도 먼저 할 일은 감의 껍질을 깎는 것이지요. 깨끗하게 씻어서 감자 칼로 껍질을 얇게 깎습니다. 나무에서 딴 지 제법 시간이 흘렀지요. 살짝 물러진 것도 있고 완전히 익어 홍시가 된 것도 보입니다. 그런 것들은 골라내서 그 자리에서 먹어 치웁니다. 모든 아이가 과일을 참 좋아합니다. 누가 더 빨리 깎는지 겨루다가 손을 다치는 아이가 나옵니다. 그러자 이번에는 누가 더 껍질을 길게 이어 깎는지 겨루네요. 껍질을 길게 만들려다 보니 손길이 훨씬 조심스러워집니다. 참 슬기로운 아이들입니다. 사과에 이어 감까지 감자 칼로 깎다 보니 아이들이 감자 칼의 달인이 되어갑니다. 한 아이는 길다란 감 껍질을 들고는 기념사진을 찍어달라고 하네요.

이제 감을 썰 차례입니다. 사과 깎을 때처럼 열심히 신나게 썹니다. 너무 작게 자르면 잘 마르기야 하겠지만 볼품이 없고 식감도 적겠지요. 적당한 크기로 썰어야 합니다. 그런데 약간 물러진 것은 미끄덩거리고 단단한 씨도 있어서 만만치가 않네요. 사과보다 까다롭습니다. 그래도 써는 와중에 나름대로 방식을 찾습니다.

다 썬 감 조각들을 식품건조망에 넣어서 옥상 텃밭 기둥에 매달았습니다. 진 선생님이 구포시장에 가서 사온 3단 건조망입니다. 채반에 넓게 펼쳐서 말리면 좋겠지만, 옥상 텃밭에는 새들도 많이 찾아오고 벌레도 많이 날아다닙니다. 그래서 지퍼로 잠그는 건조망을 사용하기로 했습니다. 새들이 부리로 감을 쪼으려다 건조망이 바닥으로 떨어질까 염려되어 건조망과 약간 거리를 두고 주변을 촘촘한 철망으로 둘러주기도 했습니다. 안전장치가 너무 완벽해서 철망 안으로 부리를 넣으려고 애를 쓸 새들을 상상하니 오히려 불쌍할 정도입니다. 이제 한 번씩 올라와 감 조각들을 뒤집어주면서 마르기를 기다리기만 하면 됩니다. 햇볕과 바람이 다 해주겠지요.

매일 옥상에 올라가 감말랭이가 되어가는 과정을 살폈습

니다. 올라갈 때마다 제대로 잘 마르고 있는지 확인한다고 하나씩 맛도 봅
니다. 이렇게 매일 맛보다가는 감말랭이가 되기도 전에 다 먹어 치울 것 같
다고 진 선생님이 만류합니다. 다음부터는 눈으로만 확인하기로 합니다. 시
간이 갈수록 씹을 때 물컹거리는 느낌이 점점 줄어들고 표면에 흰 가루도
생겨납니다. 밤에 비 소식이 있는 날은 건조망을 교실로 옮겼다가 다음 날
아침에 다시 매달고 하면서 애지중지 돌본 결과, 마침내 쫀득한 감말랭이가
완성되었습니다. 지퍼백에 나눠 담았습니다.

사과잼 한 병과 감말랭이 한 봉지씩은 부모님께 드리고 남은 것들은 감사한
주변 분들에게 선물하기로 합니다. 진 선생님이 누구에게 드리면 좋겠냐고
물었더니, 아이들이 가장 먼저 맨발동무도서관에 계신 선생님이라고 합니
다. 수요일 오후마다 맨발동무도서관에서 책 읽기 수업을 했는데, 그날이 마
지막 수업이었다고 합니다. 아마도 자랑스러운 마음으로 들고 가서는 아주
수줍게 드리지 않았을까 싶습니다. 소박하지만 정성껏 준비한 것을 다른 사
람과 나누고 싶은 마음이 생기고, 나누고 싶은 사람도 금방 떠오르니, 그것
또한 참 감사한 일인 것 같습니다. 우리 학교 선생님들께도 드리고, 그러고
도 남은 것은 12월 마무리 잔치 때 경품으로 내놓기로 했습니다.

사과잼과 감말랭이 만들기가 끝나면, 그 과정을 돌아보며 그림과 글로 정리
하는 시간이 돌아옵니다. 들살이에서 과일을 따던 게 벌써 오래전 일 같다
고 하면서 미주알고주알 그때의 기억을 떠올립니다. 사과와 감을 수확하러
가던 길부터 학교에 돌아와 깎고 썰어서 잼과 말랭이를 만든 과정을 구체적
으로 떠올리며 순서대로 정리합니다. 아이마다 기억하는 내용이 조금씩 다
를 때도 있습니다. 각자의 기억을 서로 공유하면서 조율하고 그때의 느낌도
나눕니다. 본격적으로 글을 쓰기 시작하면 조용해지다가 문득문득 질문이
나오기도 합니다. "사과 딸 때 안내해주고 도와주신 분, 그분을 뭐라고 쓰면

될까? 사과농장 사장님? 아니면 사과농장 주인아저씨?" 혹은 "그거 있잖아. 썬 감을 넣어서 옥상에 널어둔 거, 그걸 뭐라고 불러야 해?" 등등.. 글로 표현하다가 막히는 단어나 문장도 서로 도와가며 나눕니다.

무엇을 하든 즐겁게 한다는 것이 어떤 것인지, 그런 풍경을 매번 만나지만 그것을 글로 전달하는 것은 참 어렵습니다. 교사가 어떤 과제를 제안하든 아이들은 빨리 끝내고 놀 생각으로 후딱 해치우는 법이 없습니다. 오히려 시간이 부족한 경우가 더 많습니다. 빨리 완성하려고 애쓰기보다는 현재의 활동에 충분히 빠져들어 그 시간을 누리고 있다는 느낌이 큽니다. 집중한다고 해서 입을 다물고 조용히 있다는 뜻은 아닙니다. 언제나 자신들이 하고 있는 활동에 대한 이야기꽃이 풍성하게 피어나고, 그 과정을 재미있고 흥미롭게 만들어갑니다. 할 수 있는 한에서는 최선을 다해보려는 의지도 가득합니다. 때로 그 활달함이 과해져서 담임에게 혼쭐이 나기도 하지만, 과제를 의무가 아니라, 놀이에 가까운 즐거운 활동으로 여기는 긍정적이고 낙천적인 모습은 잃지 않습니다. 결과나 평가에 대한 부담으로부터 자유롭기 때문이 아닐까 하는 생각을 하게 됩니다.

나눔 수업

감말랭이가 마르기를 기다리는 동안, 나눔 수업이 시작되었습니다. 먼저, 각자 자기가 관심 있는 분야에 대해서 나누었습니다. 그림 그리기, 곤충이야기, 베이킹, 줄넘기, 태권도 등이 거론됩니다. 그중 어떤 내용으로 나눔 수업을 할지 정하고 구체적인 수업계획을 세웁니다. 수업에 필요한 재료목록도 만듭니다. 계획을 발표하고 수업 날짜도 정합니다. 기다렸다는 듯 바로 계획을 발표하는 아이도 있고, 하고 싶은 것이 많아 무엇을 할지 갈등하는 아이도 있습니다. 무엇을 하면 좋을지 도무지 모르겠다고 호소하는 아이도 있습니다. 곧바로 계획을 발표한 아이도 준비가 더 필요하다고 시간을 더 요청하기도 하고, 하고 싶은 것이 많아 갈등하던 아이는 계획을 여러 번 수정합니다. 무엇을 해야할지 모르겠다고 하던 아이는 좀 더 시간을 갖고 생각을 해보겠다고 합니다. 각자 자기 결대로 자기 형편대로 계획에 신중을 기합니다. 일단, 계획이 잡히고 준비가 된 아이부터 나눔 수업을 시작하기로 합니다.

첫 번째 나눔 수업은 '줄넘기'입니다. 언젠가 리듬 활동 시간에 자랑스레 선보인 적이 있지요. 본인이 자신 있게 나눌 수 있는 주제를 잘 잡은 것 같습니다. '오늘의 선생님'의 표정은 쑥스러움으로 가득하지만, 시범을 보이는 줄넘기는 묘기 수준입니다. 두 발을 모으고 가볍게 뛰면서 박자를 잘 맞추어 줄을 돌리면 된다고 합니다. 기본 뛰기부터 두 발 번갈아 뛰기, 그리고 이단 뛰기까지 시범을 보이고, 함께 해보자고 합니다. 잘 따라 하는 아이도 있고 그렇지 못한 아이도 있습니다.

"선생님, 우리도 잘 할 수 있는 팁을 좀 알려주세요." 잘 안되는 아이들이 요청합니다. 선생님은 설명보다는 요렇게 조렇게 몸으로 계속 보여줍니다. 그렇지요. 말보다는 따라 하면서 몸으로 감각으로 익히는 것이 최고지요. 처음에는 몇 번 뛰지 못하고 계속 줄에 걸리던 아이도 수업 말미에는 자세도 제법 잡히고 넘는 수도 점점 늘어납니다. 그래도 이단 뛰기는 너무 어려운가 봅니다. 선생님이 아무리 시범을 보여도 잘 안되는가 봅니다. 숨이 차서 헉헉거리던 아이들이 바닥으로 쓰러졌다 일어나기를 반복합니다. 그러다 한 아이가 "성공이다"라고 외칩니다. 딱 한 번이지만 이단 뛰기에 성공했다고 환호합니다. 평소 태권도장에 다니면서 줄넘기를 많이 해본, 한 아이가 "줄넘기로 수업을 해도 참 재미있네" 합니다. 다른 아이들도 많이 힘들었지만, 시간 가는 줄 모르게 재미있었다고 합니다.

줄넘기 수업은 특별히 자세한 계획을 세우지 않았지만, 모든 아이의 관심을 이끌어 놀이처럼 재미있는 시간이 되었습니다. 예전에 중등 아이들과 나눔 수업을 해보았던 나는, 사전에 수업 진행 순서를 좀 더 구체적으로 계획하도록 하면 좋지 않겠냐고 진 선생님께 물었던 적이 있습니다. 진 선생님

은, 구체적으로 계획을 먼저 세우기보다는 일단 부딪히면서 함께 하다 보면 자연스럽게 방법을 찾게 될 것이고, 그런 과정에서 아이들에게 더 자기다운 배움이 일어나지 않겠냐고 하십니다. 첫날 지켜보니 진 선생님의 말씀처럼, 체계보다는 자발적이고 자유로운 분위기 속에서 아이들이 더 신나고 즐겁게 배우고, 수업에 대한 만족도도 높은 것 같습니다. 아이들이 스스로 하는 수업 진행을 보면서 배움이 어떻게 일어나고 실현되는지 배울 수 있는 시간이었습니다. 넘치는 생동감 속에서, 수업을 이끄는 아이나 함께 배움을 찾아가는 아이들이나 모두 신나고 즐거운 시간이었습니다.

그다음 날, 등교하는 한 아이의 손에 커다란 가방이 들렸습니다. 무엇이 들었나 싶어 들여다보니, 베이킹 재료들이 가득합니다. 그 아이가 나눔 수업 선생님이 되는 날이었던 것이지요. 나눔 수업 주제는 '감 파운드 케이크 만들기'입니다. 집에서 가족과 함께 종종 만들어 보았다고 합니다. 다른 아이들도 먹을 것을 만든다고 하니 아침부터 기분이 좋습니다. '오늘의 선생님'은 특별히 자신의 수업을 계획하고 준비물을 챙기는 일에 정성을 들입니다. 재료의 분량과 만드는 순서, 그리고 오븐 온도와 굽는 시간을 수첩에 꼼꼼하게 적어왔습니다. 그 레시피를 참고해서 다른 아이들에게 역할을 주고 순서를 알려주면서 안정감있게 수업을 진행합니다. 버터는 중탕으로 녹여 설탕과 섞어둡니다. 꼼꼼하게 계량한 밀가루, 베이킹파우더, 달걀, 우유로 반죽을 만들어 녹여둔 버터설탕과 섞어줍니다. 그런데 남자아이들이 번갈아가며 반죽을 힘껏 저으니 오늘의 선생님이 깜짝 놀라며 말립니다. 그렇게 힘껏 많이 저으면 맛이 없어진다고 하네요.

그렇게 반죽을 완성해놓고 보니, 깜빡 잊은 것이 있습니다. 바로 오늘 주 재료인 '감'이 빠진 겁니다. 진 선생님이 들살이에서 따온 감이 있으니 준비하지 않아도 된다고 했나 봅니다. 그런데 감 말랭이를 만들면서 다 써버린 것이지요. 부랴부랴 계절 탁자에 가지째 걸어두었던 감을 하나 따서 사용하기로 합니다. 감을 썰어서 설탕에 졸이는 작업을 맡은 아이가, 설탕에 버무린 감을 한 조각 몰래 맛을 보았나 봅니다. 감 파운드 케이크를 감 때문에 망칠 수는 없다 싶었는지, 그 아이가 몰래 감을 먹은 것을 실토하고 감 맛이 너무 떫다는 사실도 알립니다. 단감이 아니라 홍시였나 봅니다. 아직 딱딱한 상태니 당연히 떫겠지요. 그래서 감 대신, 우리가 만든 감말랭이를 넣기로 합니다. 결과는 대성공입니다. 감말랭이가 씹히는 파운드 케이크가 아주 먹음직스럽게 완성되었습니다.

이제, 감말랭이 파운드 케이크를 맛보는 시간입니다. 케이크 모양이 다 다릅니다. 더 커 보이는 것도 있고 더 작아 보이는 것도 있네요. 그래서 가위바위보로 고르는 순서를 정하기로 합니다. 가위바위보를 하는 아이들의 표정이 너무나 진지합니다. 만드는 시간은 길었는데, 먹는 것은 언제나 순식간입니다. 완성된 케이크를 나눠 먹으며 서로 격려하고 수업을 준비한 친구에게 감사한 마음을 전합니다. 수업을 이끈 아이의 표정에서 기쁨과 뿌듯함이 느껴집니다.

세 번째 선생님은 '드래곤 볼 캐릭터' 그리기를 주제로 가져왔습니다. 평소 그림 그리기를 즐기는 아이입니다. 다른 아이들이 강당에서 놀 때도 그 옆에 엎드리고 앉아 그림을 그리곤 합니다. 제일 먼저 수업계획을 세우고 준비했지만, 수업의 첫 시작은 어색한가 봅니다. 앞에 나와 머뭇거리자 아이들이 도와줍니다. "선생, 오늘 뭐 해요?", "그림 잘 그리는 방법을 알려주세요." 분위기가 자연스러워지면서 수업이 시작됩니다. 준비해 온, 드래곤 볼 만화책을

보면서 각자 그려보고 싶은 장면을 고릅니다. 각 장면을 복사해주면 그것을
보고 공책에 그리면 됩니다. 단순한 작업인 것 같지만, 캐릭터를 닮게 옮겨
그리는 것이 그리 쉽지 않은가 봅니다. 이번에는 아이들이 도움을 요청합니
다. "도와주세요. 도와주세요." 여기저기서 선생님을 부르네요. 시간 내내 그
리기에 자신이 없는 친구들 옆에서 격려하며 편하게 그릴 수 있는 노하우를
전해줍니다. 수업을 마칠 때쯤 아이들은 "내가 지금까지 그린 것 중에 가장
잘 그린 것 같다"고 합니다. 모두들 이번 수업도 힘들었지만 재미있었다고
합니다. 수업 시간이 끝났는데도 아이들이 책상을 떠나지 않고 계속해서 그
림을 그립니다.

다음은 '피구 수업'입니다. 하고 싶은 것이 많아 수업 주제를 정하지 못하고
오래 갈등을 하더니, 평소 점심시간에 자주 하던 '피구'를 하기로 한 모양입
니다. 막상 수업이 시작되니 긴장한 듯 머뭇거립니다. 피구는 던지기와 받기
를 잘해야 한다는 설명으로 시작합니다. 공을 야무지게 잡고 목표를 잘 맞
히는 나름대로의 방법을 간단하게 설명하고 강당으로 나갑니다. 공에 공기
가 너무 가득하면 손으로 쥐기가 어렵다고 하네요. 쥐기 좋은 공을 한참 동
안 고르다가 결국에는 공에서 공기를 조금씩 빼기도 합니다. 모두 '오늘의
선생님'을 따라다니며 공을 고르고 공기를 빼는 시간도 신이 납니다. 공을
고르고는 던지기 연습도 하고 받기 연습도 합니다. 그러더니 어느 순간부터
팀을 나눠 피구 경기를 하면서 수업을 마무리합니다.

아이들이 피구 놀이를 하는 모습을 지켜보면 참 신기합니다. 경기 규칙도
필요에 따라 즉석에서 변경하거나 새로 만들어냅니다. 변경할 수 없는 규칙
이 아니라, 놀이를 더 신나고 즐겁게 만드는 규칙이 새롭게 제안되고, 함께
하는 친구들의 동의를 얻으면 곧바로 실현되어 더 신나고 재미있는 놀이가
됩니다.

무엇을 해야 할지 몰라 고민이 깊었던 아이가 '비석치기'를 나눔 수업으로 가지고 왔습니다. 앞에 나와 오래 망설이다가 모두가 다 알고 있는 놀이니 따로 설명할 것이 없다고 합니다. 그러자 다른 아이들이 짐짓 정말 모르는 듯이 일제히 "우리는 몰라요. 선생님이 설명해주세요" 합니다. 강당으로 나가 1단계부터 시범을 보이며 설명합니다. 다 알고 있는 것을 알려준다는 생각에 멋쩍어 합니다. 그런 오늘의 선생님을 위해, 다른 아이들은 다 알면서도 설명을 잘 들어주고 각 단계도 열심히 따라갑니다. 단계를 다 배운 아이들이 편을 나누어 경기를 시작합니다. 일상적으로 하는 놀이지만, 수업을 준비한 아이도 다른 아이들도 모두 진지하게 수업에 참여합니다. 수업을 계획하고 준비할 때부터 자신 없어 하던 아이의 표정이 아주 밝아집니다.

다섯 번의 나눔 수업을 공책에 글과 그림으로 정리하며 11월 삶교과 주제 활동을 마무리합니다. 나름대로 준비하고 실행하면서 모두가 특별한 경험을 한 것 같습니다. 수업을 이끌기 위해 앞에 나섰을 때, 긴장 때문에 무슨 말로 시작해야 할지 몰라 머뭇거리면서도 어색함을 풀어보려고 애쓰는 모습이 안쓰럽기도 했지만, 용기를 내어 시도하고 끝까지 포기하지 않는 모습이 참 대견합니다. 무엇보다, 시작만 하면 서로서로 돕고 격려하면서 신나고 즐거운 배움의 시간을 갖는 것을 보면서 진 선생님도 나도 많은 것을 배운 것 같습니다.

주기집중
다문화

다문화 수업은 다양한 문화를 배우면서 '다름'을 인정하고 이해하는 경험을 갖는 시간입니다. 다양한 언어와 문화를 접하면서 평화, 인권, 다양성, 정의, 민주주의, 관용 등과 같은 인류의 보편적 가치와 태도를 즐겁게 배우도록 돕습니다.

1학기에는 리듬활동을 통해 자연스럽게 다문화를 접했고, 2학기에는 주기집중으로 다문화 수업을 진행했습니다. 다양한 세계와 만나는 방법으로 이번에 진 선생님은 '월드컵'을 매개로 가져옵니다. '카타르 월드컵'이 11월 20일부터 시작되었지요. 본선에 진출한 32개 나라에 관한 이야기로 수업이 진행됩니다.

월드컵 본선 진출국의 이름을 공책에 적고, 지구의에서 각 나라의 위치도 찾아봅니다. 각 나라의 수도도 찾아서 공책에 정리합니다. 보드게임으로 32개 나라의 국기와 나라 이름을 연결하는 놀이도 하고, 각 나라의 수도 이름을 맞히는 놀이도 합니다. 아이들이 잘도 맞힙니다. 이 시기 아이들은 암기력이 아주 좋다고 합니다. 아이들의 높은 암기력을 잘 활용해서 배움의 욕구가 일어나도록 돕는 것이지요. 각 나라의 이름과 수도 이름 옆에 국기도 그립니다.

그 시점에 진 선생님이 아이들에게 '사회과 부도'를 한 권씩 선물했습니다. 사회과 부도를 참고해서 각 나라의 크기와 인구수도 조사합니다. 아이들은 나라의 위치와 크기를 조사하기 위해서 지도를 자세히 살핍니다. 자연스럽게 각 나라가 어느 대륙에 속하는지도 알게 되고, 인구수를 적으면서는 억

단위까지 숫자를 읽는 법도 배웁니다. 시키지 않았는데도, 아이들은 사회과
부도를 샅샅이 살피면서 세계에서 국토면적이 가장 넓은 나라도 찾아보고,
인구수가 가장 많은 나라도 알아봅니다. 그 반대도 찾아봅니다. 공책에 월
드컵 본선 진출국 수도와 국기와 인구수를 정리하는 작업이 길게 갑니다.
32개나 되어서 그런지 시간이 많이 들지만, 끝까지 차근차근 합니다.

32개 나라에 대한 기본정보 기록이 완료되자, 진 선생님은 아이들에게 백
지 세계지도를 나눠줍니다. 본선 진출국을 백지 세계지도에서 찾아 색연필
로 칠합니다. 이제는 각 나라가 속한 대륙의 위치와 이름도 알게 되어, 처음
보다 수월하게 나라의 위치를 찾아냅니다. 나라별 국토의 크기도 색을 칠하
면서 알게 되고, 자연스럽게 다른 나라와 비교도 해보게 됩니다. 이 작업을
아이들이 아주 재미있어하네요. 진 선생님은 한 번씩 퀴즈를 내서 아이들의
흥미를 돋웁니다. 담임이 국기를 보여주면서 수도 이름과 그 나라가 속한
대륙의 이름을 알려주면 아이들은 해당 나라의 이름을 맞힙니다. 제법 많
은 문제를 냈는데 두세 개를 제외하고 대부분 정답을 말합니다. 다문화 수
업 2주째였는데, 그 짧은 시간에 참 많은 것을 배웠네요. 내가 보기에는 암

기력에 앞선 강한 집중력 때문이 아닌가 싶은 생각이 듭니다. 흥미롭고 재미있으면 집중력도 올라가지요.

진 선생님이 월드컵 경기 진행 방법에 대해서도 알려줍니다. 본선에 진출한 32개 나라가 8개조로 나뉘어 조별 리그를 치르고, 그 결과에 따라 각 조에서 1, 2위가 16강에 올라 토너먼트로 결승까지 가게 되지요. 여덟 개의 조가 각각 어떤 나라들로 구성되었는지 알아보고, 16강부터 결승전까지 토너먼트 대진표를 빈칸으로 공책에 그려둡니다. 본격적으로 월드컵이 시작되면 그 빈칸에 경기 결과에 따라 나라 이름을 적기로 합니다. 우리나라는 포르투갈, 가나, 우루과이와 함께 H조에 속했지요. 아이들이 우리나라 경기 결과에 대해 예상해 보기도 했는데, 모두가 16강에는 올라갈 것 같다고 합니다.

마지막 주는 각 나라를 대표하는 문화, 예를 들면 축제, 건축물, 예술작품, 인물, 주요 생산물 등을 찾아서 정리했습니다. 이 작업도 긴 시간이 필요합니다. '사회과 부도'를 참고하기도 하고, 담임에게 묻기도 하며, 각자 알고 있는 것들을 서로 나누느라 시간 내내 재잘대면서 즐겁게 정리를 합니다. 아쉽게도 월드컵이 본격적인 경기를 시작하기 전에 3주간의 다문화 수업이 끝이 났지만, 아이들의 관심은 끊어지지 않습니다. 경기가 진행되고 결과가 나오면 아침 시간에, 비워뒀던 대진표에 나라 이름을 채워 넣고 그 나라에 관한 이야기도 이어갑니다. 생소했던 월드컵 개최국 카타르와 4강에 오른 모로코, 크로아티아에 대해서도 많이 알게 되었습니다. 주로 새벽에 경기가 열려 아이들이 경기를 보기는 어려웠지만, 월드컵을 계기로 진행한 다문화 수업이 아이들의 관심을 세계 여러 나라로 확장 시키는 좋은 경험이 되었습니다. 그즈음 아이들이 점심시간만 되면 땀을 뻘뻘 흘리며 축구를 합니다. 진 선생님을 찾아와 함께 축구를 하자고 조르기도 하네요.

주기집중
예술

초등 교과과정에는 예술 활동이 전반에 녹아있습니다. 리듬 활동 시간은 주로 음악적인 요소가, 삶교과 과정은 미술적인 요소가 많이 적용되는 것 같습니다. 삶교과 내용과 긴밀하게 연계해서 '습식수채화'와 '찰흙만들기'를 하는 시간도 많았지요. 1학기에는 그처럼 예술 수업을 따로 구분하지 않고 담임이 진행했었습니다. 2학기에는 중등담임인, 한 진 선생님이 주기집중으로 예술 수업을 진행해주셨습니다.

다문화 수업 시간에 월드컵을 계기로 여러 나라의 문화와 만나보았었지요. 이번 예술 시간에는 음악으로 세계와 만나보기로 합니다. 첫 수업은 난로가에 둥글게 모여 앉아 연주든 감상이든, 음악을 통해 행복했던 경험을 나누는 시간으로 시작했습니다. 우리 아이들은 수업 시간에 매일 리코더를 연주하고 노래를 부르며, 쉬는 시간에는 피아노 즉흥곡을 상시로 연주합니다. 늘 음악을 즐기면서도 발표를 해보라고 하니 웃으며 눈알만 굴리고 앉아있네요. 눈빛은 오랜만에 함께 하는 한진 선생님에 대한 반가움과 앞으로 진행될 예술 수업에 대한 호기심으로 가득합니다.

악기를 반복적으로 연습하다가 어느 순간 멋지게 연주하는 자신을 발견할 때도 있고, 기분이 좋아서 무의식중에 좋아하는 노래를 흥얼거릴 때도 있지요. 재미있는 영화 속에도 음악이 빠지지 않습니다. 공연장을 찾아 멋진 연주를 들을 때도 있습니다. 이 모든 경험의 기본은 '소리'와 만나는 일이지요. 그렇게 보면 음악은 우리 삶 모든 곳에 있습니다. 학교에 있으면 아이들의 웃음소리, 공 던지는 소리, 글씨를 쓰는 연필 소리, 숟가락과 그릇이 닿는 소리까지도 때로는 음악처럼 들릴 때가 있습니다. 자연으로 가면 물소리, 새소리, 바람 소리, 도심으로 가면 사람 소리, 자동차 소리 등등.. 셀 수 없이 많은 소리가 우리와 함께합니다.

이번 음악 수업은 그러한 '소리를 발견하는 여행'이었던 것 같습니다. 가장 먼저 여행한 나라는 우리나라입니다. 교사가 손바닥을 치면서 여러 가지 장단을 들려줍니다. 아이들도 따라 합니다. 세마치, 자진모리, 굿거리 등 전통 장단의 이름을 알려주고 그 차이에 대해서도 시범을 보이며 알려줍니다. 손바닥과 소고로 장단을 맞추며 노래도 부릅니다. 장단에 맞춰 두드리며 노래 부르는 일은 누구라도 신나는 일이지요.

그다음 날은 전날 배운 장단을 장구로 쳐보았습니다. 중고등으로 올라가면 매주 풍물과 모둠북을 배웁니다. 마무리 잔치 때마다 중고등 선배들이 능숙하게 장구를 치는 모습을 부러운 눈길로 바라만 보았었지요. 아이들이 우루루 6층으로 올라가 장구를 하나씩 들고 내려옵니다. 먼저, 장구를 놓는 위치, 채를 잡는 방법 등 장구의 기본자세를 배웁니다. 그리고 나서야 전날 배운 장단을 장구로 쳐봅니다. 대부분 아이가 장구를 처음 쳐본다고 합니다. 쉽지 않습니다. 그래도 신나고 즐겁게 두드립니다. 전통장단을 배우고 난 후에는, 각자 자기가 아는 노래를 하나씩 골라 즉흥적으로 장단을 만들어 연주하는 시간도 가졌습니다. "떴다 떴다 비행기, 날아라 날아라.." 흥나는 대로 장구를 두드리며 노래를 부릅니다. 4층 강당이 한 시간 내내 장구 소리로 요란합니다. 수업이 끝날 때쯤 아이들이 하나둘 바닥으로 쓰러집니다. 재미있기는 하지만 다리도 저리고 팔도 아픈가 봅니다.

"장구는 왜 서양식 오선 악보를 쓰지 않을까?" 교사가 칠판에 서양식 악보와 우리나라 전통 악보를 그려놓고 묻습니다. 여러 가지 대답이 나오는 중에 한 아이가 대답합니다. "장구에는 음이 없어서 그런 거 아니에요?" 딩동

댕! 장구는 리듬만 있지 음의 높낮이는 없기 때문이라고 교사가 설명합니다. 그러자 한 아이가 장구로도 음의 높낮이를 표현할 수 있다고 합니다. 교사가 소고를 쥐어주며 음을 표현해보라고 합니다. 그 아이가 소고를 치자 다른 한 아이가 책상 아래에 숨어 리코더로 소리를 냅니다. 몇 번의 눈빛 교환으로 그런 장난이 모의 된 모양입니다. 덕분에 또 한바탕 웃음바다가 됩니다.

내친김에 서양식 악보를 읽고 그리는 법도 배웠습니다. 리듬활동 시간에 진 선생님과도 배웠던 적이 있지요. 그때의 기억을 떠올리니 더 쉽게 이해합니다. 교사의 설명을 아이들이 금방 이해하자, 이번에는 칠판에 직접 표현해보기로 합니다. 4분의 4박자, 4분의 3박자가 어떤 의미인지 배우고, 한 명씩 칠판에 나와 악보를 그려봅니다. 서로 먼저 나가서 작곡을 해보

겠다고 손을 높이 치켜들고, 기다리다 못해 앞으로 뛰쳐나갑니다. 노래를 부르며 그 노래가 몇 분의 몇 박자인지를 맞히는 놀이도 합니다. 어른들과 해도 흥미로울 내용을 한진 선생님이 아이들 눈높이에 맞추

어 쉽고 재미있게 풀어주셨습니다. 그렇게 주기집중 예술 수업 첫 주를 보냈습니다.

두 번째 주를 시작할 즈음, 카타르 월드컵이 본격적으로 시작되었습니다. 월드컵 관련한 뉴스를 나누면서 수업을 엽니다. 월드컵 개막 경기에서 카타르가 에콰도르에게 패했다는 것이 큰 뉴스거리였습니다. 더불어, 카타르 월드컵 경기장을 지을 때 사고로 수많

은 외국인 노동자들이 사망했다는 이야기도 나눕니다. 시간에 쫓겨 노동자들의 안전에는 부주의했던 탓이라고 하지요. 이런저런 월드컵 소식을 나눈 후, 다시 음악 여행을 시작합니다. 두 번째 나라는 '독일'입니다. 독일 분단과 통일, 히틀러, 아우슈비츠에 관한 이야기를 나누고, 독일을 대표하는 음악가, 베토벤과 만납니다. 베토벤이 작곡한 곡 중에 가장 유명한 '운명교향곡'을 감상하기로 합니다. 연주 시간 7분이 넘는 '운명교향곡'을 눈을 감고 조용히 앉아 감상합니다. 감상이 끝나고 느낀 점도 나눕니다. 아주 웅장하고 뭔가 뒤에서 자꾸 밀려오는 느낌이 들었다고 합니다. "빠바바밤, 빠바바밤…", 반복되는 주 테마도 캐치해 냅니다. 다섯 아이 모두 긴 시간 진지하게 잘 감상했다고 한진 선생님께 칭찬도 많이 받았습니다.

그다음 날에는 '프랑스'와 만났습니다. 마리 앙투아네트, 프랑스혁명, 나폴레옹 등 프랑스 역사를 맛보고, 프랑스 음악을 감상합니다. 생상스의 '동물의 사육제'입니다. 베토벤의 '운명교향곡'을 감상할 때와는 완전히 다른 분위기입니다. 생상스의 '동물의 사육제'는 각종 동물을 음악으로 표현하고 있지요. 음악을 듣고 그 음악이 어떤 동물을 표현하고 있는지 맞히기로 합니다. 코끼리를 표현한 부분에 맞춰 교사가 몸으로 힌트를 줍니다. 힌트를 보고 아이들이 금방 답을 말합니다. 그다음부터는 아이들이 몸 힌트를 줍니다. 교사가 지원자에게 귓속말로 동물 이름을 알려주고 해당하는 부분의 음악을 들려줍니다. 어떤 아이는 연거푸 지원을 하는가 하면, 몸으로 표현하는 것이 부끄러워 나서지는 않고 답만 말하는 아이도 있습니다. 자기 결대로 신나게 즐기는 시간이었습니다.

다음 여행지는 '미국'입니다. 미국은 대형 뮤지컬로 유명하지요. 우리도 뮤지컬 음악과 만났습니다. 뮤지컬과 연극의 차이, 뮤지컬과 오페라의 차이에 대해서 먼저 알아보았습니다. 제가 예상한 것보다 아이들에게 뮤지컬이 친근한 것 같습니다. 실제 뮤지컬 공연을 본 아이도 있고, 뮤지컬 영화를 본 아이들도 있습니다. 그 경험에 대해서 나누는 시간을 가졌습니다. 영화 '사운드 오브 뮤직'에 나오는 노래들을 감상합니다. '도레미 송'이나 '에델바이스'는 아이들도 잘 알고 있는 노래이지만, 이 영화에 나오는 노래인지는 몰랐나 봅니다. 아이들이 잘 알고 좋아하는 '라이온 킹'과 '캣츠'까지 다양한 뮤지컬 음악을 감상했습니다.

음악 감상을 이어가다가 그사이에 또 악기를 배웠습니다. 이번에는 '핸드벨'입니다. 교사가 핸드벨을 하나씩 들고 소리를 냅니다. 청아한 소리가 참 아름답게 울립니다. 먼저, 청음을 합니다. 교사가 벨을 흔들어 내는 소리를 듣고 아이들이 계이름을 맞혀야 합니다. 눈을 감고 잘 들어보지만 쉽지 않습니다. 그다음으로는 화음에 대해 배웁니다. 교사가 두 개의 벨을 흔들어 소리를 냅니다. 어떤 조합은 듣기가 좋고 또 어떤 조합은 듣기가 좋지 않습니다. 어떤 비밀이 숨어있을지 찾아보기로 합니다. 붙어있는 두음의 화음은 듣기가 별로 좋지 않고, 하나씩 건너뛴 두음의 화음은 듣기가 좋습니다. 불완전화음과 완전화음의 소리를 직접 듣고 확인해봅니다.

이런 과정은 아이들의 인내심을 시험합니다. 신기한 물건은 어서 빨리 만져보고 직접 해보고 싶어 하지요. 선생님의 설명이 그리 길지 않는데도 아이들은 이미 엉덩이를 들썩이며, 빨리해보고 싶다는 신호를 강하게 표현합니다. 교사도 호락호락하지 않네요. 아이들의 욕구를 더 끓어 올리려는 듯, 연주법과 벨을 다룰 때 주의해야 할 사항까지 자세히 설명하며 연주를 위한 마음 자세를 충분히 준비시킵니다. 드디어 연주하는 순간입니다. 아이마다 두 개의 벨을 들고 교사의 손짓에 집중합니다. 교사의 손이 자신을 가리킬 때 조심스럽지만 순발력있게 벨을 흔들어야 합니다. 노래가 아름다운 벨 소리를 타고 연주됩니다. 아이들이 자신들의 연주에 스스로 감탄합니다. 집중력과 정성스러움이 만들어내는 아름다운 종소리가 공간을 채웁니다.

유럽과 미국까지 다녀온 우리는 이번에는 '아프리카'음악과 만납니다. 타악기 '젬베'를 연주하는 법을 배웠습니다. 한 명씩 나와 노래부르며 젬베 연주도 해봅니다. 이어서 '잠보 브와나'라는 제목의 케냐 노래도 배웁니다. "잠보 잠보 브와나, 하바리 가니 음주리 사나, 와게니 므와카리비슈와, 케냐 예튜, 하쿠나 마타타..." 무슨 뜻인지는 모르겠지만 재미있는 발음과 경쾌하고 토속적인 리듬만으로도 아이들은 신이 납니다. 대략, 케냐를 방문하는 손님들을 환영하는 노래라고 합니다. 강당으로 나가 아이들은 젬베를 치고 교사는 피아노를 치면서 신나게 부릅니다.

주기집중 예술 수업의 마지막은 아이들이 직접 공연하는 '작은 음악회'로 꾸몄습니다. 하루 전에 예고한 음악회라 준비할 시간이 부족했지만, 현재 할 수 있는 것을 할 수 있는 만큼 해보기로 합니다. 아침마다 하던 리코더 연주를 하는 아이도 있고, 쉬는 시간에 장난처럼 치던 피아노를 이번에는 자못 진지한 자세로 연주하는 아이도 있습니다. 교사의 '작은 음악회' 제안에 시큰둥한 반응을 보이던 아이는 집에서 연습까지 해온 모양입니다. 피아노로 젓가락 행진곡을 연주하는데, 평소에 계속 반복하던 부분을 넘어서 그동안 들어보지 못했던 부분까지 나아갑니다. 연주가 생각보다 길어지자 다른 아이들은 그 연주에 맞춰 춤을 추면서 응원하고 환호해줍니다. 다섯 아이의 공연을 모두 마치고, 한진 선생님의 피아노 반주에 맞추어 겨울 노래와 크리스마스 캐럴을 부르며 올해 2학기 예술 수업을 마무리했습니다. 아이들이 음악을 더 가깝게 느끼고 즐길 수 있었던 시간이었습니다. 음악이 우리를 행복하게 해준다는 사실도 새삼 실감할 수 있었습니다.

산책
집 짓기

한 주에 두 번씩 하는 '산책' 시간은 밖으로 나가 자연과 계절의 변화를 온몸과 온 마음으로 만나는 시간입니다. 주 교과인 삶교과의 월별 주제도 가능하면 자연의 흐름에 어울리는 활동으로 풀어왔지요. 텃밭 활동도 자연과 만나는 일이지만, 그것은 노작으로서의 의미가 크다고 할 수 있을 것 같습니다. 정성스럽고 수고로운 노력을 통해 작물을 가꾸고 돌보면서 생명의 소중함과 노동의 가치를 경험하고 그 끝에 수확의 기쁨을 맛보는 그런 활동인 것이지요. 반면에 '산책'은 무한히 열린 시간이라고 할 수 있을 것 같습니다. 산책에서 무엇을 할 것인지 정해진 것은 아무것도 없습니다. 제한 없이 마음껏 그 시공간을 스스로 누리는 시간인 것이지요.

봄에는 금정산에 올라 봄꽃과 만나고, 여름 내내 대천천에서 물놀이와 물고기 잡기를 했습니다. 가을에도 금정산에 올라 가을 산의 단풍을 구경하고, 지천으로 널린 도토리를 주웠지요. 그동안의 산책 시간을 돌아보면, 한 가지 특징을 발견할 수 있습니다. 그것은 산책이라고 해서 그때그때 발길 닿는 대로 장소를 바꿔가며 나가지 않는다는 점입니다. 가능하면 한 곳으로 반복해서 찾아갑니다. 그럴 때 계절이 보여주는 색이나 향기와 같은 것의 변화를 더 민감하게 체감할 수 있겠지요.

진 선생님은, 아이들의 경험을 다채롭게 해준다는 명분으로 놀이터나 산책 장소를 자주 옮겨 다니며 순회하는 것은 오히려 도움이 되지 않는다고 말합니다. 매번 낯선 장소와 만나는 것은 아이에게 안정감을 주지 못하고, 불안하게 하는 자극만 많아 호기심이 싹틀 겨를을 주지 못하기 때문이라는 것

이지요. 호기심이 생겨도 또 장소를 옮겨 버리면 그 호기심을 이어가면서 배움을 실현할 수 있는 기회도 놓치기 쉽겠지요. '산책'은 그러한 일정 정도의 반복적인 경험 속에서 열리는, 무한한 시공간이라고 할 수 있을 것 같습니다.

11월에는 대천천을 지나 낙동강변까지 걸었습니다. 아주 익숙한 대천천이지만, 물에서 놀 때와는 또 다른 풍경을 보여줍니다. 대천천도 가을 풍경은 전체적으로 갈색조를 띕니다. 여름꽃은 지고 푸르렀던 잎들도 누렇습니다. 특히 갈대와 억새가 어른 키보다 훨씬 크게 자라 높고 긴 갈색 벽을 이루네요. 낙동강변까지 가는 데 시간이 참 오래 걸립니다. 걷다가 한 아이가 곤충을 발견하면 우루루 모여 앉아 관찰하며 놀고, 또 걷다가 길고양이를 만나면 또 한참을 보냅니다. 진 선생님은 아이들이 멈추어 놀아도 별로 상관하지 않고 걷습니다. 아이들과 거리가 좀 많이 벌어졌다 싶으면 아이들이 담임 곁으로 달려와서 거리를 좁힙니다. 걷다가 놀다가 달려오기를 몇 번이나 반복하고 나서야 낙동강변에 도착합니다.

낙동강이 가깝게 보이는 곳에서 쉬기로 합니다. 담임은 강변 벤치에 앉아 쉬고, 아이들은 주변을 살피며 어슬렁거리다가 하나둘 나무에 오릅니다. 뭐가 그렇게 재미있는지 굵은 나뭇가지를 하나씩 골라 올라앉거나 매달려서 시간 가는 줄 모르고 놉니다. 내심, 지나가던 어르신들이 나무랄까, 혹시 떨어져서 다치지 않을까 염려 했는데, 그러기는커녕 아이들을 바라보는 어른들의 얼굴에 미소가 번집니다. 어릴 때 나무 위에 올라가서 많이 놀았다면서 천진난만한 아이들의 모습을 보기 좋아합니다. 그래도 나무 아래가 흙바닥이고 그 위에 낙엽까지 수북한 것을 확인하고서야 마음이 좀 놓였습니다. 아이들과 진 선생님은 그런 걱정은 할 것도 없다는 듯 여유롭기만 합니다.

학교로 돌아갈 시간이 되었습니다. 진 선생님이 이제 돌아가자고 하니, 아이들이 너무 아쉬워합니다. 조금만 더 있다 가자고 소원하는 아이들에게 20분의 시간이 더 주어졌습니다. 아이들이 나무에서 내려와 이번에는 땅에서 뭔가를 만들기 시작합니다. 주변에서 낙엽과 나뭇가지를 주워와서 바닥에 커다란 원 모양을 만듭니다. 무엇이냐고 물으니 새 둥지라고 합니다. 나무 위에 올라가 있으면서 자기들이 새가 되는 상상을 했나 봅니다. 먼 곳까지 가서 자연재료들을 열심히 모아오더니, 완성된 둥지에 아이들이 들어가 앉아 놉니다. 만드는 과정부터 그 안에 쏙 들어가 앉은 모습까지, 그 모든 것이 멋진 행위예술을 보는 듯했습니다. 무엇이 아이들을 저토록 평화롭고 재미있고 아름다운 일을 찾아 즐기도록 만든 것일까 싶었습니다. 그저 신비롭기만 합니다.

그 다음 번 산책 시간에도 같은 길을 걸어 같은 장소에 갔습니다. 지난번처럼 나무 위에 올라가 놀던 아이들이 이번에는 금방 내려옵니다. 슬금슬금 반경을 넓혀 멀리 흩어졌다가 돌아오는 아이들 손에 제법 굵고 긴 나뭇가지들이 들려있습니다. 그 나뭇가지로 한참을 칼싸움을 하며 놀던 아이들이 어느 순간 조용해서 다가가 보니 다섯 아이가 모여 앉아 뭔가를 또 만듭니다. 이번에는 텐트를 만든다고 하네요. 긴 나뭇가지들을 모아 세우려고 여러 가지 방법을 시도합니다. 자꾸 쓰러집니다. 그때서야 진 선생님이 아이들에게

다가가 나뭇가지들이 서로 힘을 지탱해서 서있도록 만드는 방법을 알려줍니다. 그다음 번에 갔을 때도 나무 위에서 놀다가 내려온 아이들이 나뭇가지로 집을 짓습니다. 지난번, 담임이 알려준 방법으로 해보지만 균형 잡기가 쉽지 않은가 봅니다. 한 아이가 쓰고 있던 마스크를 벗어 나뭇가지들의 윗부분을 모아서 묶습니다. 그렇게 하고는 가지 아랫부분을 간격을 맞춰 벌려 세우니 작은 움집 같은 모양이 되었습니다. 자기들이 만들어 놓은 것을 보면서 무척이나 흡족해합니다.

사실, 진 선생님은 올 초부터 어느 곳에라도 아이들과 작은 집을 지어보고 싶어 했습니다. 집짓기는 초등 고학년 아이들의 발달에 적절한 도움을 주는 활동이기 때문이라고 합니다. 이 시기 아이들은 삶과 직결된 의식주를 스스로 만들고 생산하고 싶어하는 욕구로 가득하다고 하지요. 실제로 올해, 아이들은 농사로 먹거리를 생산하고, 뜨개질로 생활용품을 스스로 만드는 경험을 했습니다. 진 선생님은 집짓기를 아직 해보지 못해 내심 아쉬웠다고 합니다. 그래도 아이들로부터 그런 욕구가 먼저 드러나기를 기다려 온 것이지요. 그런데 산책을 나온 아이들이 자발적으로 집짓기에 도전하는 모습을 보여준 것입니다. 참 신기합니다. 아이들이 너무나 자연스럽게 적절한 발달단계를 거치며 성장하고 있다는 의미가 아닐까 싶습니다.

아이들로부터 집을 지어보고 싶은 자발적 의지가 발현되자, 진 선생님은 그러한 의지와 욕구가 더 커지고 그것을 더 적극적으로 실현해볼 수 있는 계기를 마련하기 시작합니다. 그다음 번부터는 대천천변까지만 가서 갈대와 억새 대를 잘라 엮는 방법을 보여주기도 하고, 어떤 모양으로 만들면 좋을지 아이들과 의논하기도 합니다. 11월 말 즈음에 이르러서 드디어 인디언 텐트 모양의 집을 짓는 데 성공했습니다. 재료는 대나무입니다. 학교 바로 아래에 있는 쌈지공원에 대나무숲이 있지요. 오래되어 쓰러진 대나무들을 모으고 엮어 기본 골조를 만들고, 대나무 잎으로 벽을 채웁니다. 낙동강변에서 만들던 것보다 크고 튼실한 집이 지어졌습니다. 솔직히 말하면, 집이라기보다는 움막에 가깝지요. 아이들이 몸을 굽히고 움막 안으로 들락거리며 좋아합니다.

이후 산책 시간마다 가서 움막이 잘 있는지 살폈습니다. 바람이 많이 불어 쓰러져 있기도 해서 다시 세우고 보수를 하면서 놉니다. 그러던 어느 날 그 움막이 사라졌습니다. 아마도 공원을 관리하는 분들이 치운 모양입니다. 충분히 즐긴 후라 그런지 아이들은 크게 연연해하지 않고 움막이 있던 곳 근처에서 다른 놀이를 찾습니다. 쌈지공원에는 운동기구도 있고, 긴 관들을 엮고 이어 만든 조형물도 있습니다. 아이들이 평소 올라가서 즐겨 놀던 곳입니다. 대나무를 주워서 칼싸움도 하고 구름사다리 위에 올라앉아 낚시 놀이도 합니다. 한 아이가 물고기도 되고 해파리도 되어 낚시대에 잡히는 시늉을 하면서 상상 낚시를 하면서 놉니다.

그러다 또 어느 순간부터는 물물교환놀이를 합니다. 편을 나누어 주변에서 풀, 돌, 들꽃 등을 주워와 조형물과 운동기구 위에 이리저리 보기 좋게 배치합니다. 상대편 것을 둘러보고 갖고 싶은 것을 서로 교환하는 놀이입니다. 더 희귀하고 예쁜 것일수록 값어치가 높아진다고 합니다. 갖고 싶은 것이 있으면 흥정을 잘해야 합니다. 자기들 것이 더 좋아 보이도록 한껏 예쁘게

조합하고 배치해 놓고는 더 희귀하고 특별하게 생긴 것을 찾으
려 주변을 살핍니다. 길가에서 흔히 보는 것들인데 모아놓고
보니 특별하게 보여서 나도 갖고 싶은 것들이 눈에 들어옵
니다. 자유롭게 두면 아이들은 언제나 어른은 상상하지 못
할 일들을 꾸미고 만듭니다. 매번 감탄스럽습니다.

놀이가 끊이지 않아 심심할 시간이 없어 보이지만, 사실은, 이
아이들은 심심함을 즐길 줄 아는 아이들이라고 하는 것이
더 적절한 표현일 것 같습니다. 참빛학교가 아이들의 삶
을 가꾸는 교육 방법으로 제안하는 것 중 하나가 바로 "심
심함을 즐기도록" 돕는 것이지요. 심심함을 느끼도록 두면,
자연스럽게 심심하지 않을 방법을 찾겠지요. 스스로 놀잇감을
만들고, 함께 놀 친구를 찾아 관계 맺습니다. 그런 점에서 심심함
은 아이들이 자기 결대로 자신의 삶을 가꾸게 하는 중요한 요소
이고, 심심함을 즐길 수 있는 능력은 아이들에게 꼭 필요한 삶의
힘이라고 보는 것이지요.(부산참빛학교 교과과정 안내 참조)

심심하기 위해서 필요한 것은 강제된 일 없이 자유로운 시간이겠지
요. 그처럼 자유로운 시간과 열린 자연 안에서 아이들이 자신의 호기심과
관심에 따라 무언가에 몰입하는 모습을 '산책' 활동을 하는 내내 발견합니
다. 스마트폰이나 컴퓨터 게임과 같은 자극적인 몰입은 중독을 낳지만, 이
처럼 자연스럽게 몰입할 수 있는 경험은 다른 모든 활동에도 즐겁게 집중
할 수 있는 좋은 습관을 키워주지 않을까 싶습니다.

언젠가 진 선생님이 중등 주기집중 수학 수업을 하느라 초등 점심 배식이
늦어진 적이 있습니다. 그러자 중고등 점심을 가지러 내려온 중고등 식사당

번이 직접 음식을 차리고 동생들에게 배식도 해주었습니다. 덕분에 교사도 아이들도 늦지 않게 점심식사를 할 수 있었지요. 4층에서 학교 행사가 계획되어있던 날은, 고작 다섯 명뿐인 초등 아이들이 힘들까 봐, 중고등 선배들이 내려와 강당을 비롯해 평소 신경 쓰지 못하던 곳까지 말끔히 청소를 해주기도 했습니다. 또 언젠가 점심시간에 수다방이 시끌시끌해서 들여다보니 중등 아이들과 초등 아이들이 어울려 보드게임을 하고 있네요. 올해 중등이 되어 6층으로 올라간 선배들에게 초등아이들이 같이 놀자고 조르는 바람에 내려와 함께 어울려주고 있었던 것이지요.

그뿐 아닙니다. 4층 주방에서는 매주 상급반에서 하는 베이킹 수업이 진행됩니다. 베이킹이 완성 되면 그때마다 초등 아이들 것을 따로 챙겨서 나눠주고 올라갑니다. 지난 10월 중고등이 들살이를 떠나기 전날, 들살이 가서 만들어 먹을 음식을 연습하는 시간이 있었습니다. 그날은 중고등 아이들이 만든 음식으로 점심식사를 했지요. 점심준비를 마친 고등과정의 한 남자아이가 4층 주방 전기밥솥에 카스테라 반죽을 넣고는 스위치를 누르고 올라갑니다. 나중에 그 아이를 불러 카스테라가 완성되었으니 가지고 가라고 했더니, 그건 초등아이들을 위한 것이었다고 하네요. 쑥스러워 말을 못 했나 봅니다. 11월에는 중고등 아이들의 동생들에 대한 사랑이 표현된 날이 많았던 것 같습니다. 공통적인 특징은 '츤데레'라는 것이지요. 무심한 척 마음을 나눕니다. '나눔'을 주제로 했던 11월을 그렇게 따뜻한 마음으로 보냅니다.

12월•한 해 매듭짓기

한 해의 마지막 달을 맞이했습니다. 12월은 '매듭짓기'를 주제로 한 해를 돌아보면서 마무리 잔치 공연 준비와 전시준비를 하면서 보냅니다. 1년 동안 활동하면서 정리한 공책을 하나하나 다시 펼쳐 내용을 보충하고 주제별로 표지도 만듭니다. 마무리 잔치를 하기 전에 매듭지어야 할 중요한 일이 하나 더 남아있습니다. 옥상 텃밭입니다. 12월은 텃밭에서 키운 무와 배추로 김치를 담고 내년 농사를 위해 텃밭을 잘 갈무리하는 것으로 시작합니다.

김장
텃밭 갈무리

1년 내내 텃밭에서 작물을 돌보고 수확해서 나누어 먹었습니다. 1학기에는 감자, 상추, 깻잎, 옥수수를, 2학기에는 무, 배추, 부추, 가을 상추를 재배했지요. 구포시장에서 구입한 씨앗을 심는 날은 비가 부슬부슬 내렸습니다. 비 때문에 어려움이 좀 있기는 했지만, 파종 시기를 놓칠 수는 없지요. 서로 번갈아 우산을 받쳐주며 밭고랑도 만들고 씨앗도 심습니다. 2학기에는 긴 연휴도 있고 태풍도 불어서 텃밭 농사가 녹록하지는 않았지만, 재미있는 일들도 많았습니다.

1학기 때처럼 옥상에 올라가 밭에 물도 주고 잡초도 뽑으며 돌보고 관찰합니다. 무와 배추는 일찍 싹을 틔워 무럭무럭 자라는데 상추와 부추는 느립니다. 특히 부추는 생존력도 좋고 어디서나 잘 자라서 키우기 쉬운 작물이라고 들었는데, 싹을 틔우는 것도 자라는 것도 부실합니다. 이유를 알지 못한 채 애를 태우면서 휑한 밭에 물만 자꾸 줍니다. 아이들도 텃밭에 가면 부추부터 살핍니다. 근근이 자라던 몇 포기마저 어느 날 보니 사라졌습니다. 도대체 어디로 간 것일까요? 부추가 자라던 주변 흙이 심하게 헤쳐져 있고, 흙 바닥에 새 발자국이 뚜렷하게 찍혀있습니다. 아무래도 새가 씨앗을 먹느라 부추를 파헤쳤나 봅니다. 그제야 부추가 제대로 자라지 않은 이유를 짐작하게 됩니다. 부추를 수확하지는 못했지만 이유라도 알게 되니 속이 시원합니다.

배추는 씨앗을 너무 많이 뿌렸나 봅니다. 여러 개의 배추 포기가 한 곳에 엉겨서 자랍니다. 그래서 좀 솎아 주었습니다. 솎아낸 배추를 그냥 버리기가 아까워 부추가 있던 자리에 옮겨 심었는데, 그 주 내내 잎을 축 늘어뜨리고 시들시들합니다. 회생의 기미가 없어 포기해야겠다 싶었는데, 주말을 보내고 가 보니 그 배추들이 싱싱한 새잎을 피우고 있네요. 뿌리 뽑혔다가 새로운 장소에 자리를 잡느라, 나름대로 인고의 시간을 보낸 모양입니다. 그동안 겉으로는 시들해 보였지만, 보이지 않는 곳에서는 열심히 뿌리를 내리고 있었겠지요.

연휴 전후에는 일부러 시간을 내서 텃밭에 물을 더 많이 주고, 태풍 소식이 있을 때는 작물이 피해를 입지 않도록 덮어주며 보살폈습니다. 덕분인지 배추와 무가 싱싱하게 잘 자랍니다. 그런데 어느 땐가부터 배춧잎에 작은 구멍이 생기기 시작합니다. 벌레가 먹은 모양입니다. 아이들이 배춧잎을 갉아 먹은 애벌레가 어딘가에 숨어있을 거라며 구석구석을 뒤지더니, 작고 하얀 나비 한 마리를 찾아냅니다. 배춧잎을 갉아 먹고 성충이 된 배추흰나비겠지요. 다섯 아이는 또 머리를 맞대고 배추벌레를 들여다보면서 뭐가 그리 재미있는지 한참을 떠듭니다. "쟤들은 어떻게 저렇게 관찰을 오래오래 잘할까요?" 새삼스러운 일도 아닌데, 그날따라 진 선생님이 흐뭇한 표정으로 한마디 하시네요.

그런데 시간이 갈수록 배추에 벌레 먹은 구멍이 점점 많아집니다. 아이들이 벌레를 잡으려고 배춧잎 사이를 꼼꼼히 살피지만 보이지 않습니다. 몸을 숙이고 벌레를 찾는 일에 지칠 무렵, 한 아이가 소리칩니다. "와! 이거 배추벌레 똥인 것 같아." 그 옆에서 연두색 배추벌레 한 마리를 발견합니다. 곤충을 아주 사랑하는 5학년 아이가 배추벌레를 손으로 집어 들고 아이들에게 보여주면서 "보호색을 띠고 있어서 발견하기가 어려웠구나" 합니다. 가히 곤충 박사라 불릴 만합니다. 벌레를 발견하지 못해 지루해하던 아이들 눈빛이 반짝거리고 손 움직임도 더 빨라집니다. 그런데 더 이상의 벌레를 발견하

지는 못했습니다.

그러자 그 곤충 박사 아이가 '천연 살충제'를 만들어서 뿌려보자고 합니다. 아이의 말에 의하면 소주와 사카린을 섞어서 뿌리면 배추벌레가 퇴치된다고 합니다. 재료를 사서 제조하고 다시 옥상으로 올라가 잎마다 골고루 뿌려주었습니다. 천연 살충제 덕분인지 알 수는 없지만, 배추가 잘 자랍니다. 옥상에 올라오신 행정 선생님이 초등 배추밭을 보고는 거의 기적 같다고 합니다. 배추는 벌레가 잘 먹어서 약을 치지 않고 키우기가 매우 어려운 작물이라고 하네요. 다행이고 감사한 일입니다.

무도 순탄하지는 않았습니다. 나무로 만든 상자 텃밭이라 흙이 깊지 않아서 그런지, 무가 자라면서 자꾸 흙 위로 솟아오릅니다. 보통 그렇게 자란다고는 하는데, 그 정도가 심합니다. 흙을 보충해서 부어주기도 했지만, 무가 별로 굵어지지 않습니다. 아이들은 텃밭에 올 때마다 머리를 내밀고 있는 무가 얼마나 큰지 뽑아서 확인하고 싶어 합니다. 아이들이 그렇게 소원을 하니, 진 선생님이 그중 가장 큰 것으로 하나 뽑아서 먹어 보자고 합니다. 가장 큰 무를 골라 쑥 뽑습니다. "와! 크다"며 신나 하던 아이들이 막상 씻어서 잘라주니 맛이 너무 맵다고 뱉어내며 손사래를 칩니다. 아직 덜 자라서 그런가 봅니다.

배추와 무가 더 자라도록 기다리면서 열심히 돌보다

가 11월 말에 수확을 했습니다. 먼저 무를 뽑습니다. 전체적으로 크기가 작지만 양은 수북하네요. 뽑은 무에서 무청은 잘라 옥상에 널어 시래기를 만듭니다. 시래기는 예로부터 겨울철에 비타민을 보충할 수 있는 좋은 저장식품이었다고 하지요. 옥상 빨래줄에 무청이 길게 널렸습니다. 그다음 날은 배추를 수확했습니다. 진 선생님이 먼저, 칼로 배추 밑동을 자릅니다. 그렇게 하면 쉽기는 하겠지만 아이들이 큰 칼을 다루는 것이 조심스러워, 그냥 힘으로 배추를 뽑아내기로 합니다. 가소롭게 생각하고 달려든 아이들이 두 손으로 배추를 잡고 힘을 주며 한참을 끙끙댑니다. 배추를 뿌리째 뽑는 일이 생각보다 쉽지 않네요. 아이들 힘으로는 하나도 뽑아내기가 어렵습니다. 하는 수 없이, 아이들이 돌아가며 담임과 함께 칼로 배추 밑동을 자릅니다. 배춧속이 시장에서 파는 것처럼 꽉 차지는 않았네요. 그래도 석 달이 다되도록 애지중지 키운 무와 배추를 한 아름씩 자랑스레 들고 내려왔습니다.

이제부터는 김치를 담글 준비를 합니다. 먼저 김치 양념을 만듭니다. 세 모둠으로 나뉘어 마늘과 생강 찧기, 무채 썰기, 쪽파 다듬어 썰기를 동시에 진행합니다. 밀가루 풀도 쑤어 넣고, 재작년에 만든 매실액도 넣고, 새우젓과 까나리액젓과 고춧가루까지, 모든 재료를 큰 스테인리스 대야에 넣어 잘 섞습니다. 완성된 양념을 진 선생님이 통에 담는 동안, 아이들은 대야에 묻은 양념을 손가락으로 찍어 먹느라고 야단입니다. 매울 텐데 그것도 "짱!" 맛있다고 입맛을 다십니다. 진 선생님이 배춧속을 뽑아 대야 표면에 남은 양념을 훑어서 줍니다. 아이들은 텃밭에서 따온 상추도 양념을 닦아 먹습니다. 양념이 묻어 새

빨갛던 스테인리스 대야 표면이 반짝반짝 깨끗해졌습니다.

그렇게 모든 준비를 다 해놓고, 12월 첫날부터 본격적인 김장을 시작했습니다. 먼저, 배추를 소금에 절입니다. 배추에 칼집을 넣어 가르고 물에 살짝 씻어서 흙을 없애 줍니다. 겨울의 맛을 제대로 보여주는 추운 날씨 때문에 물이 아주 차갑습니다. 아이들의 손이 빨개지지만 멈출 수 없지요. 이제는 큰 대야에 소금물을 만듭니다. 맛을 보면서 염분의 정도를 확인하고 진 선생님이 배추의 줄기 부분 켜켜이 소금을 쳐서 소금물에 담그는 시범을 보입니다. 조용히 지켜보던 아이들이 "와! 드디어 재밌는 일이 돌아왔다"고 외치며 달려듭니다. 주방 바닥에 쭈그리고 앉아 배추를 절이는 작업을 시작합니다. 배추양이 많지 않아, 다리도 아프고 손도 많이 시리겠다 싶을 즈음 작업이 끝났습니다. 적당히 절여질 때까지 아래위로 바꿔 주면서 두고 보기로 합니다. 언 손을 호호 불면서도 자기들이 절여놓은 배추 앞에서 희희낙락 좋아합니다. 하교할 때까지도 배추가 충분히 절여지지 않아 진 선생님이 밤에 씻어서 바구니에 담아 물을 빼놓기로 합니다.

그다음 날 아침에 보니 배추가 알맞게 잘 절여졌네요. 먼저, 깍두기를 만들기 위해 무를 썰어 소금에 절여놓고, 절인 배추에 양념을 묻히는 작업을 시작했습니다. 소금에 절여져 나긋나긋한 배춧잎 사이에 골고루 양념을 묻힙니다. 어른용 비닐장갑을 낀 손으로 켜켜이 양념을 묻히는 일이 쉽지 않습니다. 팔에도 묻고 옷에도 묻고 비닐장갑도 자꾸 벗겨집니다. 수많은 어려움에 직면합니다. 그래도 큰 불평 없이 맡은 몫을 해내고 뒷마무리까지 열심히 합니다. 배추김치를 완성하고, 절여 둔 무로 깍두기도 담았습니다.

아이들이 작업하는 동안, 진 선생님이 돼지고기를 삶아 수육을 만들었네

요. 점심시간에 갓 담은 김치와 수육을 나눠 먹었습니다. 아이들은 목으로
다 넘어가기도 전에 "정말 맛있다"를 연발합니다. 12월 들어 갑자기 기온이
뚝 떨어졌습니다. 겉으로 표현은 하지 않았지만, 속으로는 온갖 어려움이 있
었겠지요. 그래도 무엇을 하든 즐거움을 찾아내고, 언제나 자기 몫을 다하
려고 애를 쓰는 아이들 모습과 이번에도 만날 수 있었습니다. 아이들이 각
자 집에서 김치를 담아 갈 통을 가지고 왔습니다. 꾹꾹 눌러 최대한 많이 담
아달라고 합니다. 그것이 욕심으로 보이지 않고, 노력하고 애쓴
자기 자신에 대한 뿌듯함, 그리고 가족들이 먹으면서 기
뻐할 것에 대한 기대로 느껴졌습니다. 그렇게 김치 담
그기 대장정을 마무리 했습니다.

마무리
잔치

절기상 '대설' 즈음은 농촌에서도 월동준비를 끝내고 농한기를 보내는 시절이라고 합니다. 우리도 한 해 텃밭 농사를 마무리하고 김장도 하고 널어두었던 무청도 걷어 갈무리했습니다. 이제 어울려 노는 '마무리 잔치'를 준비합니다. 잔치를 기다리며 준비하는 마음도 풍성하고 즐겁습니다.

먼저, 1학기 때와 마찬가지로, 한 학기 동안 사용한 공책들을 주제별로 나누어 정리했습니다. '대천천 생물 도감', '참나무 이야기', '나눔 수업', '김장', '그리스신화', '수와 셈', '다문화', '텃밭 일기', '글쓰기' 등, 그동안 활동한 내용을 그림과 글로 꾸준하게 정리해 왔지요. 삶교과 공책은 각 프로젝트 사이에 표지용으로 한 장씩 페이지를 비워두었었습니다. 그 빈 페이지에 표지를 그리는 것이지요. 그림과 글로 가득한 공책들을 하나씩 들춰봅니다. 학기 초에 작성했던 것을 보면서는 새삼 반가워 하기도 하고, "지금 보니, 좀 부끄럽다"고 말하는 아이도 있습니다. 각 공책 내용을 한참씩 들여다보면서 표지를 어떻게 꾸밀지 궁리합니다. 다른 아이들과 의견을 나누기도 합니다. 실제로 표지를 꾸미는 시간보다 궁리하느라 보내는 시간이 훨씬 깁니다. 완성된 공책들을 모아놓으니 수북합니다.

공책 갈무리를 끝내고, 마무리 잔치에 오실 부모님들을 위해서 전시장을 꾸밉니다. 우선 전시장으로 사용될 계절 방과 교실을 대청소합니다. '계절 방'은 아이들이 초등 저학년이었을 때 생활했던 좌식 교실입니다. 올해는 계절의 변화에 따라 아름답게 장식한 계절 탁자를 두고, 계절을 느낄 수 있는 방으로 꾸몄지요. 계절 방 사물함에 수년 동안 초등 저학년 아이들이 사용

했던 교구, 공책, 작품 등이 쌓여있습니다. 사물함을 정리하다
지금은 고등과정으로 올라간 아이가 초등시절에 사용했던
몽당 색연필 세트를 발견했습니다. 연필마다 이름을 쓴 스티
커가 붙어있네요. 얼마나 알뜰하게 썼는지 너무 짧아 손에 잡
기도 힘들 정도입니다. 아이들도 신기한 듯 만져봅니다. 사물함
을 깨끗하게 정리하고 앉은뱅이책상들을 길게 이어붙여 공책을 전시
했습니다. 올해 아이들이 사용하고 있는 교실도 대청소합니다. 각자의
사물함도 정리하고 손공예 시간에 만든 것들을 작업용 책상 위에 쭉
배치합니다.

산책 시간에는 학교 뒷산에 올라가 올해 마지막으로 계절 탁자를 꾸
밀 것들을 채집해 왔습니다. 탁자 위에 낙엽을 수북하게 깔고,
마른 잎이 달린 나뭇가지들을 화병에 꽂습니다. 거기에 각종
크리스마스 장식 소품들이 더해졌습니다. 나뭇가지에는 금색
은색 구슬들이 매달리고, 탁자 전체에는 꼬마전구들이 길게
이어져 반짝거립니다. 아름답고 따뜻한 계절 탁자가 12월 겨울
을 한껏 느끼게 합니다. 마무리잔치가 끝나면 부모님들을 비롯한 참빛
가족 모두가 4층 강당에 모여 뒤풀이를 하기로 했습니다. 내친김에 강당도
깨끗하게 청소하고 크리스마스 장식품으로 꾸몄습니다.

이제 남은 것은 마무리 잔치 날 무대에서 보여줄 공연 준비입니다. 초등 아
이들은 리코더 연주를 선보이기로 했습니다. 2학기를 시작한 9월부터 '리코
더 오름길' 프로젝트를 진행해왔지요. 진 선생님이 열 곡의 노래 악보를 나
눠 주었습니다. '환희의 송가', '다 봄님이에요', '산바람 강바람', '작은 별', '퐁
당퐁당', '에델바이스', '고향의 봄', '가을 길', '하늘나라 동화', '할아버지의
낡은 시계' 등입니다. 비교적 쉬운 곡부터 높은 '레'나 '미'가 들어가고, 샾

(#)같은 조표가 붙은 어려운 곡까지 있습니다. 곡의 난이도에 따라 1번부터 10번까지 순서대로 적은 목록을 교실 벽에 붙여놓고, 한 단계씩 외워서 완주할 때마다 체크합니다. '리코더 오름길'인 것이지요. 11월 말까지 열 단계를 모두 오르기로 계획했습니다.

주로 아침 리듬 활동 시간에 연습하지만, 아이에 따라서는 쉬는 시간이나 점심시간에 스스로 연습하기도 합니다. 높은 '레'나 '미'가 나오고, 샾(#)이 붙은 음을 연주하는 것이 쉽게 익숙해지지 않는가 봅니다. 또 음표 사이사이에 쉼표가 나오면 어떻게 연주해야 할지 몰라 머뭇거립니다. 진 선생님이 하나하나 반복해서 시범을 보이며 알려줍니다. 그렇게 차곡차곡 배워나가는 시간이 길었지만, 11월 말에 이르러 대부분의 아이가 목록표의 모든 곡에 동그라미 체크를 받았습니다. 스스로 미진하다 싶은 아이들은 틈날 때마다 반복해서 연습을 이어갑니다. 12월에 들어서는 마무리 잔치에서 연주할 다섯 곡을 골라 집중적으로 연

습합니다. 더 멋진 연주를 보여주기 위해서 화음을 넣은 이중주
도 배우고 익힙니다. 아침 리듬 활동 시간 중 리코더 연습 시간
이 늘어나고, 따로 수업 시간을 할애하기도 합니다. 아이들은
4층 학사 구석구석으로 찾아 들어가 개별적으로 연습하다가
한 곡이 어느 정도 되었다 싶으면 교실에 모여 앉아 합주합니
다. 그러기를 반복하는 동안 아이들의 연주 실력이
부쩍 늘었습니다. 연주할 곡의 순서도 정하고 곡마다
앞에 나서서 연주를 이끌 사람도 정하고, 이중주에서
낮은 멜로디를 연주할 사람도 정합니다.

그렇게 공연 준비가 착착 진행되는 와중에 안 좋은 소
식이 전해졌습니다. 다섯 아이 중 하나가 마
무리 잔치를 일주일쯤 앞두고 코로나에 걸
려 등교를 할 수 없게 된 것입니다. 나머지
아이들의 분위기가 가라앉았습니다. 역할
분담도 다시 해야 하고 무엇보다, 활달하
고 유머가 많은 성격이라 공연할 때 가장
의지가 될 거라고 믿었던 아이가 빠지게
되자, 나머지 아이들이 자신감을 잃은 모

양입니다. 급기야 5학년 아이는 왜 꼭 마무리 잔치에서 공
연을 해야 하는지 모르겠다며 울분을 토하기까지 합니다.
진 선생님은 일주일만 격리하면 되니까 마무리 잔치 전날
에는 올 수 있을지도 모른다며 위로하고 격려하면서 아이
들을 북돋웁니다.

마무리 잔치 전날, 출근하느라 4층 엘리베이터에서 내려 강

당으로 들어서는데, 아이들이 달려 나옵니다. 나를 보는 아이들의 표정에 실망이 역력합니다. 코로나에 걸려 일주일 동안 학교에 오지 못한 그 아이를 기다린 것이지요. 회복이 느려서 마무리 잔치 당일에도 참석할 수 없다는 소식을 들은 아이들이 오전 내내 우울합니다. 그러자 진 선생님이 특단의 조치를 세우고 그 계획을 아이들에게 알려주었습니다. 참여하지 못하는 그 아이 대신, 진 선생님이 무대에 함께 오르기로 한 것입니다. 그것도 그 아이의 사진을 가면으로 만들어 쓰고 연주를 하겠다고 합니다. 아이들이 뭔가 미심쩍은 표정을 지으면서도 진 선생님의 제안을 받아들입니다. 특급 비밀이므로 공연 전까지 다른 사람들에게는 절대 말하지 않기로 약속도 합니다.

마무리 잔치 당일, 아이들이 뭔가 대단한 비밀을 숨기고 있는 듯 상기된 표정으로 무대에 올랐습니다. 진 선생님은 마지막 곡만 함께 하기로 했기 때문에 아이들끼리 먼저 네 곡을 연주해야 합니다. 자기들끼리 연주를 하면서도 곧 가면을 쓰고 등장할 담임을 생각하니 웃음을 참기가 어려운지 연방 웃느라고 바쁩니다. 드디어 마지막 곡 차례가 되어 가면을 쓰고 다른 아이들보다 훨씬 큰 테너리코더를 든 진 선생님이 무대에 오릅니다. 그 순간 아이들 뿐 아니라 객석의 모든 사람이 박장대소 합니다. 왜 꼭 공연을 해야 하는지 모르겠다며 울분을 터뜨렸던 5학년 아이는 웃음을 참지 못해 바닥에 누워 뒹굴기까지 합니다. 가면을 쓴 진 선생님이 짐짓 태연한 태도로 침착하게 싸인을 주자 연주가 시작됩니다. 웃느라고 준비한 만큼 잘하지는 못했지만, 시종일관 즐겁고 신나게 공연을 마무리 할 수 있었습니다. 한 해를 마무리하는 잔치를 그러한 우여곡절 끝에 무사히 잘 마쳤습니다. 아이들에게 잊지 못할 추억이 되었을 것 같습니다.

리듬이 있는 삶
자연스러움에서 자유로움으로

마지막으로, 한 해를 보내며 꼭 다시 돌아보고 싶은 것이 있습니다. 아침 '리듬 활동'입니다. 3월 개학과 동시에 시작한 '리듬 활동'은 아홉 개의 활동과 순서가 정착된 후부터 학년 마지막 날까지 끊임없이 계속되었습니다. 앞에서도 이미 밝힌 바처럼, 그러한 반복적인 활동이 처음에는 학교생활에 든든한 안정감을 주었고, 시간이 흐름에 따라 자연스러움도 더해 주었습니다. 학년말이 다가오는 11월 즈음부터는 그 활동에서 무한한 자유로움을 느끼게 됩니다. 수개월 동안 반복적으로 하다 보니, 애쓰거나 힘들지 않고도 물 흐르듯 자연스럽게 그 시간을 누리게 되고, 그러한 자연스러움이 자유로움을 가능하게 한 것이 아닐까 싶습니다. 틀은 있지만 자유로울 수 있는 틀, 굳이 표현하자면 '틀 없는 틀'이라고나 할까요. 실제로 그동안 진행한 각각의 리듬 활동은 원래의 취지나 틀을 잃지 않으면서도 자유롭게 춤추듯 변주되면서 흐르고 있었음을 발견합니다.

'계절 노래 부르며 줄지어 걷기'는 몸과 마음의 긴장을 풀고 편안하게 아침을 열도록 돕기 위해서 시작한 활동입니다. 그 활동은 어느 땐가부터 숫자를 세며 걷는 활동으로 이어졌지요. 익숙해져서 숫자를 세는 시간이 한없이 길어지자, 영어로 세기도 했습니다. 근래에 들어서는 숫자세기가 '줄넘기'로 이어집니다. 한 아이가 '줄넘기'를 나눔 수업으로 진행한 후부터 줄넘기에 대한 아이들의 관심이 커졌기 때문입니다. 줄넘기도 숫자를 세며 몸을 움직인다는 점에서는 처음의 취지가 그대로 이어지지만, 아이들의 관심이나 도전 욕구에 따라 자유로운 변형이 일어난 것이지요. 연속해서 숫자를 센 수

만큼 매일 용돈을 적립하는 과정은 자연스럽게 실생활에서 덧셈을 활용하도록 도왔습니다. '줄넘기'도 성공한 횟수에 따라 용돈을 적립합니다. 그런데 이번에는 조금 더 복잡한 과정을 거칩니다. 각 아이가 성공한 줄넘기 횟수를 모두 합하고, 그 수에서 담임이 성공한 횟수를 뺀 만큼 적립하기로 한 것이지요. 더 많은 덧셈을 해야 하고 뺄셈도 해야 합니다. 1학기 내내 했던 용돈 적립으로 익숙해진 덧셈 실력이 이번에는 좀 더 복잡한 과정과 만나 빛을 발하는 것이지요. 이러한 자유로운 운용 속에서 아이들의 배움이 더 흥미롭게 자라나는 듯합니다.

아이들이 가장 신나게 하는 '구구단 외우기'는 목표했던 15단에 이르고 난 후부터, '구구셈 문제 맞히기'가 더해졌지요. 처음에는 줄지어 서서 차례로 한 명씩 담임이 내는 문제를 맞히는 방식이었는데, 이후로는 연속으로 다섯 문제를 맞혀야 합니다. 누구라도 답을 말하면 되지만, 틀리거나 박자를 놓치면 처음부터 다시 시작합니다. 2단부터 순서에 따라 쭉 외우는 것보다 주어지는 개별 문제를 신속하게 떠올려 맞히는 것은 훨씬 어려운 일이지요. 그동안 외운 구구단을 실제로 활용할 수 있도록 심화하는 과정으로 보입니다. 아이들은 그동안 놀이처럼 외웠던 구구셈 실력을 또 놀이처럼 신나게 운용하면서 자유로움을 느끼겠지요. '다섯 문제 연속맞히기'가 끝나면 아이들이 담임에게 보너스 문제를 달라고 조르곤 합니다. 11x11, 12x12, 13x13, 14x14, 15x15.., 어느 날엔가 진 선생님이 아이들이 예상하지 못한 문제를 던집니다. 아이들이 당황합니다. 주기집중 '수와 셈' 시간에 두자리수 세로곱셈을 배우던 시기였던 것 같습니다. 이 문제에도 쉽게 풀 수 있는 규칙이 숨어있다고 합니다. 아이들은 쉬는 시간마다 모여서 그 규칙을 찾느라 끙끙댑니다.

아침 뉴스타임도 다양한 변주가 일어났습니다. 숙제나 일기를 발표하기도 했었지요. 11월 초, 천왕성 엄폐 현상이 동반된 개기월식이 있었을 때는 다음 날 뉴스타임이 '달'에 관한 이야기로 채워지고, 또 언젠가는 뉴스타임이 스무고개 놀이로 변한 적도 있습니다. 전날 산책에서 돌아오는 길에 담임과 아이들이 스무고개 대결을 했는데, 진 선생님이 열 고개를 넘도록 전혀 감을 못 잡아서 나머지 열 고개는 다음 날 아침에 넘기로 했기 때문입니다. 아침 뉴스타임에 진 선생님이 신중하게 서너 개의 질문을 더 했지만, 여전히 오리무중이라, 나머지 고개는 종례 시간까지 가서야 넘을 수 있었습니다. 그래도 결국 맞히지 못해 아이들의 소박한 소원인 아이스크림을 사주기로 했지요. 11월 말까지 열 곡을 모두 외워서 연주하기로 한, '리코더 오름길' 프로젝트로 리코더 연주 시간이 길어지면 형편에 따라 다른 리듬 활동 시간도 조절됩니다.

그 외에도 모든 단계의 리듬 활동은 그 취지나 순서는 그대로 반복되지만, 아이들의 반응과 상황에 따라 살아있는 것처럼 유동하고, 그 반복 안에서 새로운 배움들이 생성됩니다. 틀 안에서 자유로움이 열리는 것이지요. 그러한 자유로움의 가능성이 그 긴 기간 수없이 반복하면서도 아이들이 지루해하지 않도록 하는 힘이기도 한 것 같습니다. 그 힘을 창조하는 주체가 아이들 자신이기도 한 것이지요. 일 년간의 리듬 활동을 지켜보면서, 안정감과 자연스러움이 섞이면서 함께 발휘하는 자유로운 힘을 아이들 안에서 발견합니다. 무엇보다, 이러한 과정이 사전의 계획이나 의도에 따라 이루어지는 것이 아니라는 점이 주목됩니다. 말 그대로 상황에 따라 자유롭게 스스로 일어나는 것이라고 할 수 있을 것 같습니다.

지난 일 년간의 과정을 돌아보면, 참빛학교의 교과과정 전체도 내적으로는 이러한 '리듬'의 큰 흐름 안에서 진행되고 있음이 뚜렷하게 그려집니다.

먼저, 하루는 세 개의 수업으로 진행됩니다. 오전에 삶교과와 보충교과 그리고 오후에 생활교과이지요. 각 수업은 1시간 30분씩 진행되고, 1교시와 2교시 사이에 30분 간의 쉬는 시간이 있습니다. 2교시를 마치면 1시간 30분간의 점심시간입니다. 오후는 2시부터 3교시를 하고, 삼십 분 동안 청소를 하면 4시경 하루가 마무리됩니다. 수업시간도 길고 쉬는 시간도 깁니다. 하루가 이처럼 몇 번의 큰 블록을 이룬 모양으로 구성되고 진행되는 것이지요. 한 교과에 충분히 젖어 들어 몰입하고, 그것이 끝나면 충분히 쉬면서 다음 수업을 새로운 마음으로 시작할 수 있도록 하려는 것이지요.

주기집중식으로 진행하는 보충교과도 이러한 큰 블록 형태라고 할 수 있습니다. 한 교과에 길게 집중했다가 비워내고, 그 교과의 다음번 순서가 돌아왔을 때 그전에 배웠던 것을 각자의 이해정도나 관심에 따라 다시 환기해서 새로운 배움으로 이어가게 하는 것이지요. 한 교과가 4주 동안 계속되어도, 한 번의 수업이 1시간 30분이나 되어도 어려움이 없는 이유는 조용히 앉아서 경청해야 하는 강의식이 아니라, 주로 아이들이 직접 참여하는 활동적인 시간이 많기 때문인 것 같습니다. 이처럼 수업과 휴식, 집중과 이완이라는 리듬 안에서 하루를 보내다 보면, 어느새 집에 갈 시간이 오는 것이지요.

한 주도 그처럼 리듬을 가지고 흐릅니다. 한 주를 시작하는 월요일은 오전에 텃밭 활동을 하고 오후에는 산책을 하면서 여유롭고 편안하게 시작합니다. 화, 수, 목 오전은 삶교과 주제 활동과 보충교과에 집중하는 시간입니다. 화요일 오후는 손공예, 수요일 오후는 도서관 책읽기 수업, 그리고 목요일 오후는 또 산책시간입니다. 그렇게 3일을 집중적으로 보내고, 마지막 금요일 오전은 한 주의 교과 활동을 돌아보면서 정리하고 오후는 생일잔치나 자치회의, 혹은 학교 전체가 모이는 식구총회를 하면서 한 주를 마무리합니다. 한 주도 나름대로 집중하고 이완하는 큰 리듬 속에서 흐릅니다.

한 달도 월별 주제에 따라 리듬을 이루며 흐릅니다. 3월은 만남, 4월은 관계,

5월은 가꿈, 6월과 7월은 어울림, 9월은 성장, 10월은 수확, 11월과 12월은 나눔과 마무리라는 주제를 가지고 진행합니다. 각 주제를 절기와 계절의 흐름에 어울리는 활동으로 풀어갑니다. 매월 다른 프로젝트와 만나 도전하고 성취하는 리듬입니다.

월별 주제와 활동이 다르다고 해서 한 해가 단절적으로 흐르는 것은 결코 아닙니다. 한 해의 전체 흐름은 보편적인 삶의 흐름을 따라갑니다. "사람은 태어나 자라면서 끊임없이 '만남'을 갖습니다. 그 만남 안에서 호기심과 관심과 배움의 욕구가 생기지요. 만나면 갈등도 생기고 놀라움도 생기고 경이로움도 생깁니다. 그런 가운데 '관계'가 만들어지고, 관계 안에서 '가꿈'과 '어울림'이 생겨나며, 그 안에서 개별적인 '성장'도 일어나게 됩니다. 그렇게 '열매' 맺으며 수확하고, 나아가 '나눔'으로 이어지면서 다시 새로운 만남을 준비하게 되는 것이지요."(2022년 양산교육지원청 초등교사연수, 강사 진병찬의 강의록 중) 각 달은 따로 또 함께 일 년이라는 전체를 이루며 이어집니다. 참빛학교의 일 년은 이러한 삶의 흐름을 리듬 삼아 진행됩니다.

이처럼 생활에 리듬을 주는 자연과 삶의 흐름은 아주 중요하고 본질적인 속성을 갖지요. '순환'한다는 것입니다. 하루, 한 주, 한 절기, 한 달, 한 해는 끊임없이 다시 돌아옵니다. 그래서 리듬은 반복성을 갖습니다. 리듬이 있는 생활에서 반복은 무엇보다 안정감을 준다는 점에서 중요한 의미를 갖는다고 했지요. 예상 가능성 속에서 삶에 대한 불안이 줄어들고 세상에 대한 신뢰도 쌓입니다. 반복을 통한 경험의 중첩은 자신에 대한 신뢰와 자신감도 키워줍니다. 더불어, 시도하고 도전할 수 있는 용기도 커지겠지요.

그런데 한편으로는, 그러한 규칙적인 반복이 삶을 규정하고 억압하는 틀로 작용하기도 합니다. 리듬의 반복에 원칙이 있다면, 그것은 반복이라는 규칙을 무조건 따라야 한다는 데에 있는 것이 아니라, 그 안에서 자연스러움과 유연함을 잃지 말아야 한다는 원칙이 아닐까 싶습니다. 자기 자신의 자유로운 의지를 발현할 수 있는 여지를 충분히 허락하는 반복이라야 한다는 것이지요. 허락을 넘어 자유 의지를 태동시키는 반복이면 더 좋겠지요.

자연의 변화는 인간에게 주어진, 가장 기본적이고 필연적인 삶의 틀이라고 할 수 있습니다. 그러한 불가항력적인 것이라 할지라도, 틀과 인간이 적절한 조화를 이루면서 주체가 창조적으로 자유로워질 수 있는, 그런 반복일 때 그것이 진정 리듬이 있는 삶이라고 할 수 있지 않을까 싶습니다. 수동적인 반복이 아니라, 자유가 움트고 샘솟을 수 있는 조건으로서의 반복이라야 한다는 것이지요. 그런데 실제로 '완전히 동일한 반복'은 가능한 것일까요? 한 치의 오차도 없는 동일한 반복은 개념 속에서나 가능한 것이지, 현실 속에서 반복은 언제나 차이를 낳습니다. 그 차이를 강압적이거나 임의적인 기준에 맞추어 교정하려 하지 않고, 능동적으로 긍정하는 것이 주체적이고 건강한 삶을 사는 길이 아닐까 합니다. 그것이 바로 온전히 자기 결대로의 배움을 실현해 가는 길이기도 할 것입니다.

'자유'를 관념이나 주장으로 가르치는 것이 아니라, 반복하는 리듬을 통해 어느 순간 자유로워지는 경험을 스스로 체험하도록, 그러한 경험의 반복을 통해 아이들이 자유로운 인간으로 서갈 수 있도록 도우려는 의지를 참빛학교 교과과정의 구성과 흐름에서 발견하는 한 해였습니다.

참빛학교
교육과정에
담긴
교육철학

더불어
행복한 삶을
가꾸는 **교육**

[교육의 본질을 찾아서]

초등학교에 다니던 어린 시절을 회상할 때면, 누구에게나 가장 먼저 떠오르는 선생님이 있기 마련이지요. 어린 나의 손을 따뜻하게 잡아주던 선생님이 떠오를 수도 있고, 아주 무서웠던 선생님이 떠오를 수도 있습니다. 어린 시절 선생님에 대한 인상이 어떤 것이었든, 교사가 되기를 희망하는 사람이라면 자신은 아이에게 따뜻한 위로가 되고 힘이 되는 선생님, 날마다 아이들의 손을 잡아주는 따뜻한 선생님의 모습을 꿈꾸리라 생각합니다.

그처럼, 교사가 되기 위해서 교육을 받는 대부분은 나름대로 좋은 선생님이 되기 위해 열심히 준비합니다. 교육 서적을 찾아 읽고, 교육과정을 익히고, 교육과정을 잘 가르치기 위해 필요한 배움을 찾아다닙니다. 그런 과정에 자연스럽게 '잘 가르치는 교사'가 좋은 교사라는 생각을 하게 되지요. 아이들에게 도움이 되는 교육내용을 어떻게 하면 잘 가르칠 수 있을지에 대해서 고민하고 연구하면서 생활합니다.

12년 동안 제도권 교육을 받은 경험과 교육대학이나 사범대학에서 교사가 되기 위해 공부하는 과정에서 교육은 자연스럽게 '가르치는' 행위로 이해됩니다. 그럴 때, '무엇을 가르칠 것인가?'가 가장 중요한 질문이 되겠지요. 아이들의 성장을 돕기 위해 교육내용을 찾고, 사회에서 요청되는 가치와 덕목

등 가르칠 내용을 정하는 것이 교사의 중요한 역할이라고 생각하게 됩니다. 교사는 아이들에게 가르칠 교육내용을 확정 짓기까지 계속 고민합니다. 이때 고민이나 논쟁의 초점도 '가르칠만한 내용인가?' 하는 것이지요. 교육내용이 정해지면 '어떻게 하면 이 내용을 더 효율적으로 잘 가르칠 수 있을까?'를 연구합니다. 학생들의 흥미를 이끌어내고 신나고 즐겁게 배울 수 있는 방법을 고민합니다. 그러는 동안 학생들이 가르침의 내용을 잘 이해할 수 있도록 잘 가르치는 교사가 유능하고 좋은 교사라는 믿음을 갖게 됩니다. 학생들이 '가르쳐준 내용을 얼마나 잘 이해하고 있는지'를 확인하고 부족한 부분을 채워 나가기 위한 방법을 고안하며 좋은 교사가 되기 위해 열심히 노력합니다. 가르침의 내용과 방법, 평가까지 끝없는 순환 속에서 유능한 교사가 되어 아이들의 삶에 도움이 되는 교사가 되기를 꿈꿉니다.

그런데 공교육을 벗어나 다양한 현장에서 아이들을 만나온, 30년에 가까운 대안 교육의 경험은 교육의 본질에 대한 완전히 다른 깨달음으로 이끌었습니다. 교육의 중심은 '가르침'이 아니라, '배움'에 있다는 사실입니다. '가르침이 아니라, 배움이 중심이 되어야 한다' 이 작은 깨달음이 오랜 기간 풀리지 않았던 현실 교육의 문제를 근본적으로 다르게 바라볼 수 있게 해주었습니다. 교사의 연구주제는 '무엇을 어떻게 잘 가르칠 것인가?'가 아니라, '아이들은 어떻게 배움의 욕구가 일어나는가?'라야 한다는 것을 알게 된 것이지요.

'무엇을 어떻게 잘 가르칠 것인가?'에 집중하는 동안에는 획일화된 교육으로 학생들을 대상화하고 있는 자신을 발견하게 됩니다. '학생들은 어떻게 배움의 욕구가 일어나는가?'에 관심을 갖게 되면서부터 학생들이 배움의 욕구를 갖는 순간 교육이 절로 진행된다는 사실을 확인하게 됩니다. 그럴 때 교사의 역할은 학생들이 갖고 있는 흥미와 관심을 관찰하고 학생들이 가

진 배움의 욕구를 스스로 풀어갈 수 있도록 도와주는 것입니다. 요즘은 배움의 욕구를 잃은 학생들이 많습니다. 배움의 욕구를 잃고 무기력한 학생들에게 배움의 욕구를 찾아주는 것이 교사의 중요한 역할이라고 생각합니다. 교육의 본질은 배움이고, 배움을 요청하는 학생들이 있어 교사가 존재하며, 바로 거기서 교육은 시작된다는 것입니다.

교육을 바라보는 첫 출발이 달라지니 질문의 내용과 노력의 방향이 달라집니다. '학생 중심', '배움 중심'의 교육을 실현하는 교사는 가르침의 내용을 고민하는 것이 아니라, '학생들은 어떻게 배움의 욕구가 일어나는가?'를 고민하고, 배움의 욕구를 불러일으키는 것을 교육내용으로 정하게 됩니다. 배움의 욕구가 일어나면 교육은 저절로 실현됩니다. 교사에 의해서가 아니라 욕구를 가진 학생들의 노력으로 실현됩니다. 교사는 가르치는 존재가 아니라 '학생들이 이루려는 배움의 욕구를 실현하는데 도움을 주는 존재'이며, 그럴 때 아이들의 자율적이고 주체적인 배움이 성취된다는 사실을 매일 매일 발견합니다.

'교육이란 무엇인가?'라는 질문은 자연스럽게 '교육은 왜 하는가?'라는 질문으로 이어집니다. 교육을 왜 하냐고 물으면 대부분 부모님은 이렇게 답합니다. "우리 아이의 행복한 삶을 위해서 교육하지요." 불행해지라고 아이들을 교육하는 사람은 없습니다. 그런데 교육받은 인간은 당연히 행복한 삶을 살 수 있을 것이라는 막연한 믿음을 구체적인 믿음으로 가져가기 위해서는 좀 더 깊이 있는 고민이 필요할 것 같습니다.

이런 질문들로 시작해봅시다. "우리 아이들은 교육을 통해 행복한 삶을 누리고 있나요?", "우리는 교육을 통해 행복했던 경험을 얼마나 갖고 있나요?", "아이들의 행복한 삶을 가꾸기 위한 교육은 어떤 모습이라야 할까요?"

교육이 일어난 최초의 모습은 어떠했을까요? 무언가에 대해 배움을 요청하는 아이들이 있었을 것이고, 그 누구라도 거기에 화답해줄 수 있는 사람이라면 현재의 표현으로 '교사'가 되었을 것입니다. 배움을 요청하는 학생들이 있어 교사가 존재하고, 그 배움을 실현하기 위해 학교가 생겼을 것이라는 의미입니다.

현재 우리 교육은 가르칠 내용을 분명하게 정하고 있는 '학교'와 그 내용을 효과적으로 잘 가르칠 '교사'가 우선합니다. '아이들'은 그 내용을 가르칠 대상인 것이지요. 교사, 학생, 학부모는 이를 당연하게 받아들입니다. 아이마다 가진 다양한 배움의 욕구가 무시되는 것을 당연하게 여깁니다. 학교가 가르치는 것을 아이들이 얼마나 잘 배웠는지 평가합니다. 교사들도 학교가 가르치고자 하는 내용을 얼마나 잘 가르쳤는가에 따라 평가받습니다.

이런 학교에서는 학생들이 원하는 배움이 교육의 중심으로 서지 못하고, 학생들은 교육의 대상에 불과합니다. 교육의 대상인 학생들, 그들의 개성은 무시되어야 할 것으로 치부됩니다. 그렇게 해서 표준화된 아이로 자랍니다. 가르치는 내용을 따라오지 못하는 학생은 열등하다고 평가되거나 문제시됩니다. 입시와 경쟁이 중심이 된 학교교육으로 인해 아이들은 열등감과 무기력을 학습합니다.

아이들이 경쟁에 내몰리지 않고, 열등감과 무기력에 빠지지 않는 교육과 학교는 어떻게 가능할까요? 그런 학교가 되기 위해서는 가르치려는 욕구가 배움의 욕구에 앞서지 않아야 합니다. 학교가 저마다의 배움을 실현하기를 원하는 아이들의 공간이어야 합니다. 지식 전달이 아니라 삶을 중심에 둔 학교, 마을이 학교이고, 마을 어른들이 교사인 학교, 지역사회와 교사와 부모가 각자 자기 역할을 가지고 함께 운영하는 학교... 이러한 근본적인 전환을 상상하고 실현하지 않고서는 현실의 교육문제를 풀어갈 길을 찾기가 어렵다고 생각합니다. 학교는 아이들에 대한 믿음으로 아이가 자기 삶의 주인으로 자신의 삶을 스스로 가꾸어갈 수 있도록 돕는 곳이어야 합니다. 참빛학교는 그처럼 아이들이 저마다 가진 참빛을 발현 할 수 있도록 돕는 학교를 추구하면서 교과과정에 그러한 길들을 담기 위해 노력해오고 있습니다. 그 실질적인 내용을 설명하기에 앞서, 어떻게 교육을 통해 행복에 이를 수 있는지에 대해 나눠보려고 합니다.

[교육을 통해 행복에 이르는 길]

아이가 태어나 고개를 들고, 배밀이를 하다가 무언가에 기대어 잡고 일어섰을 때 아이는 무한한 환희와 기쁨을 느낍니다. 두 발로 일어서서 걷는 그 과정은 나름의 시련과 고통이 따르지만, 일어나 걸을 때의 행복감은 아이의 표정에 그대로 나타나지요. 아이가 걸음마를 시작할 때 지켜보는 우리도 아이와 같은 기쁨과 환희를 느끼며 생명에 대한 경외심까지도 갖게 됩니다. 이때의 교육은 그저 주변의 위험물을 치워주면서 아이의 내면에서 발현되는 자발적인 의지에 감사와 기쁨으로 함께 하는 것으로 충분하다고 할 수 있습니다.

아이가 태어나 옹알이를 하고 간단한 단어를 말하고 마침내 의사소통이 가능하게 되었을 때 느끼는 기쁨과 즐거움은 부모와 아이 모두의 행복입니다. 보고 듣고 느낀 것을 자유자재로 표현할 수 있는 아이를 보면서 느끼는 행복과 경외감은 아주 특별한 경험입니다. 이때의 교육은 아이들의 작은 표현에 귀 기울여주고 아이들의 표현을 온전히 이해하려는 마음을 내는 것입니다.

아이들이 자라면서 자연을 만나면 자연의 신비로움에 호기심을 보이고 질

문을 하게 됩니다. 부모 이외의 사람을 만나고 또래와 관계를 맺고 소꿉놀
이를 합니다. 아이들 세계에서는 이 모든 것이 행복한 활동이며 나아가 그
자체로 즐거운 삶이라고 할 수 있겠지요. 자연과도 사람과도 관계 맺는 과정
에는 즐거움도 있지만 아픔과 시련도 있습니다. 때론 다치기도 하고 싸우기
도 합니다. 이런 과정을 통해 하나의 자립적인 인간으로 성장합니다. 이때의
교육은 생활 속에서 자연스럽게 자연이나 세상과 관계 맺을 수 있도록 해
주는 것이겠지요.

아이들의 첫 학교생활은 모든 것이 신기합니다. 처음 만나는 책상과 칠판,
선생님… 모든 것이 신비롭고 전보다 많이 갖추어진 규율과 질서가 어색합
니다. 형식을 갖춘 배움의 첫 길에 들어선 아이들의 호기심과 기대가 교사
를 기쁘게 할 때 학교는 행복으로 가득합니다. 세상에 대한 앎이 늘수록 세
상은 더욱 신비로운 존재가 되고 더 많은 호기심을 유발합니다.

이처럼 아이들의 삶을 따라가다 보면 경외심을 갖게 되고 아이들의 성장에
감사하는 마음이 벅차오릅니다. '이 아이를 내게 보내주셔서 감사합니다.'
아이를 받은 교사의 기도는 늘 이런 마음으로 가득합니다. 아이들이 배움
의 과정을 거치면서 보여주는 교사에 대한 신뢰, 세상에 대한 신뢰, 그리고
그러한 신뢰 속에서 무수히 제기하는 질문과 배움… 그 과정을 통해 기쁨과
환희를 느끼는 모습은 종교가 없는 교사라하더라도 아이들을 자신에게 보
내준 누군가에게 끊임없이 감사하게 됩니다.

아이들이 자라는 과정을 오랫동안 관찰하면서 그 안에 숨어있는 신비로움
을 많이 느낄수록 아이들의 발달과정에 대한 이해도 깊어집니다. 발달에 대
한 교사나 부모의 이해는 어린 생명이 자립해가는 과정을 온전히 따뜻한
시선으로 지켜볼 수 있도록 돕습니다. 아이가 내적 힘으로 스스로 성장하
는 과정을 기쁜 마음으로 기다리고 지켜봐 줄 수 있는 지혜를 줍니다.

아이들의 내면에서부터 꿈틀거리는 배움에 대한 욕구에 응답하는 것, 그 답을 통해 세상에 대한 더 깊은 호기심과 관심이 발현되도록 이끌어주고 더 많은 배움의 욕구를 실현할 수 있도록 도와주는 것이 교육이 아닐까요? 많이 알면 알수록 호기심은 풍부해지고 경이로운 세상 앞에서 겸손과 감사함으로 배움에 대한 열정이 더욱 깊어져 가는 삶이 바로 진정한 교육이라고 말하고자 합니다.

초등시기의 아이들은 세상에 대한 호기심으로 배움을 시작하고 배움을 통해 알게 된 세상에 대해 경외심을 가짐으로써 성장합니다. 세상에 대한 신비로움과 호기심을 잃어갈 때 무기력에 빠집니다. 많이 알면 알수록 호기심을 잃고 무기력해지는 아이들이 있다면 우리의 교육에 대해 다시 돌아봐야 할 것입니다. 무엇이 문제일까요?

우리가 오랜 기간 아이들을 관찰하고 그들의 성장을 따뜻한 시선으로 바라본 결과 많은 발달이론이 생겼습니다. 발달이론은 생명의 신비와 경이로움을 전하고 우리 아이들에 대한 굳건한 믿음을 주기 위함입니다. 우리 아이들이 각자 지니고 있는 삶의 과제를 따뜻한 시선으로 지켜봐 주고 스스로 해결할 수 있도록 도와줄 수 있을 때 발달 이론은 의미가 있습니다.

우리가 이해한 발달이 아이들의 발달을 앞당기려 할 때 문제가 생깁니다. 아이들의 영혼을 병들게 하고 신체의 조화로운 성장을 방해하며 삶의 방향을 잃게 합니다. 획일화된 교육방식은 개별 특징을 가진 아이들의 존재를 인정하지 못합니다. 아이들은 자신의 모습을 잃고, 신뢰할 존재도 없고 배움의 호기심도 사라집니다. 우리가 주는 배움이 아이들의 호기심을 잃게 하고 세상에 대한 신비로움을 없애 가는 과정이 아니었는지 돌아보아야 합니다.

교육이라는 이름으로 행해지고 있는 것들이 진정으로 아이를 위한 것인지

한번 돌아봅시다. 세상의 축복을 받으며 태어난 아이가 젖을 물고 스스로 생존의 힘을 얻기 전에 분유를 줍니다. 아이의 성장 발달을 돕기 위해 아이들에게 필요한 영양소를 분석하고 고영양식으로 가득한 분유를 젖병에 담아 줍니다. 큰 힘 들이지 않고 영양 공급을 받을 수 있도록 젖꼭지가 계발되어 물고만 있어도 저절로 입을 통해 몸으로 들어옵니다.

아이들이 스스로 서고자 애쓸 때 보행기를 주어 맘껏 돌아다닐 수 있도록 도움을 줍니다. 언어교육은 24개월 이전에 발달한다는 정보로 언어교육을 시작합니다. 다양한 영상물이 제공되고 텔레비전과 비디오물을 틀어줍니다.

의사소통이 이루어질 때 쯤 아이들은 세상에 대한 궁금증을 풀어냅니다. 우리 아이들의 똑똑함에 놀라며 부모는 자신이 알고 있는 과학 상식을 설명합니다. 계속되는 질문에 대한 부모의 답변이 궁색해질 때쯤 과학서적을 아이에게 줍니다. 책에서 나온 신기한 답들을 익혀 어려운 말을 하는 아이들을 보며 어른들은 흐뭇해합니다. 쉽게 정보를 얻을 수 있도록 다큐물과 애니메이션 영상을 제공합니다.

학교에 입학하기 전에 한글을 읽고 쓸 수 있도록 해야 하고 영어교육은 어릴 때부터 할수록 발음도 좋아지고 의사소통 능력도 좋아진다고 합니다. 숫자는 기본이고 연산도 척척 해내는 우리 아이를 보며 기뻐합니다.

아이가 만나는 세계는 적절한 발달단계와 상관없이 이미 모두 알아버렸고 이제 더 궁금한 것도 알고 싶은 것도 없어집니다. 세상의 궁금증을 영상물과 책을 통해 알아가는 동안 또래들과 어울릴 시간은 없었고 '누가 무엇을 잘하는지?', '내가 남들보다 더 잘하는 것이 무엇인지?' 너무 일찍부터 비교하는 데에 익숙해집니다.

7세가 되기도 전에 세상에 대해 너무 많은 것을 알게 됩니다. 꽃이 피고 지고, 물이 흘러가고, 해가 뜨고 지는 것을 지식적으로 다 알아버린 아이들이 학교에 입학해서 교실에 앉아있습니다. 처음 만나는 교사에 대한 호기심과 경외심도 없습니다. 교사가 가르쳐주는 것은 벌써 알고 있는 지식이고 앎을 자랑하는 일만 남았습니다. 남들보다 더 많이 알고 남들보다 더 많이 해야 하고 남들보다 더 관심받아야 합니다. 그렇지 못하면 자신에 대해 실망하고 친구를 원망합니다.

이럴 때 배움은 힘을 잃습니다. 듣기보다 말하기 좋아하고 배우기보다 가르치기 좋아합니다. 내 속의 기쁨보다 비교에 의한 칭찬을 더 가치롭게 느낍니다. 호기심은 잃었고 자신감은 학년이 올라갈수록 옅어집니다. 내가 해야 할 것에 대한 방향을 잃어 갑니다. 서로 비교하고 자신의 잘남을 자랑하기 위한 배움은 즐거움과 설렘이 없습니다. 중학교에 들어가서 남들보다 더 잘하기 위해 초등시절에 중학교 교과를 미리 배웁니다. 현재 삶은 미래의 행복을 위해 참고 견뎌내야 합니다.

스스로 내적인 배움의 욕구가 사라진 아이에게 어떤 교과가 아이들의 삶을 행복하게 하는데 도움을 줄 수 있을까요? 아이들 삶을 중심에 두지 못하는 교과는 외적 비교 기준을 우선하게 되고 자신의 삶을 외적 기준에 가두어 버립니다. 이러한 것들이 교육이라는 이름으로 행해진 결과입니다.

이제 어떻게 해야 할까요? 더불어 행복한 삶을 가꾸는 교육을 위해서 새롭게 고민하면서 상상력을 펼쳐보기를 제안합니다. 하루, 하루 먹을거리를 찾아서 생활하던 때가 있었습니다. 사냥을 하고 고기를 잡아 하루 먹거리를 해결합니다. 이때도 교육이 있었다면 어떤 모습일까요?

교육과정은 '사냥'과 '고기잡이' 과목을 두었겠지요. 더 세부적인 교과로 도구를 만드는 법, 재료 선택법, 사냥감 구별법, 사냥감이 사는 곳, 물고기 판별법, 효과적인 사냥법을 둘 수도 있지요. 사냥의 역사가 깊어질수록 더 많은 교과가 나올 것입니다. 잉여물이 있다면 사냥감 보관법도 있겠지요. 좀더 체계적인 교육을 위해서 급기야 정해진 공간에 아이들을 모아두고 학교를 세우겠지요. 학교 안에는 각 교과를 효과적으로 배울 수 있도록 공간을 배정합니다. 교사를 둔다면 어떻게 가르칠까요? 교사는 아이들이 잘 배울 수 있도록 체계적인 과정을 두고 가르칠 것입니다. 더 체계적이고 잘 가르치는 교사를 우대하겠지요. 시험을 쳐서 잘하는 아이에게는 상을 주고 못하는 아이에게는 보충학습을 시키겠지요. 우수한 성적으로 졸업한 아이는 높은 지위를 줍니다. 모든 부모는 우리 아이가 더 좋은 성적을 얻도록 하기 위해 집에서 과외를 하고 남들보다 더 높은 지위를 획득할 수 있도록 노력하겠지요. 아이들은 남들보다 더 잘하기 위해 더 열심히 할 것이고 자기보다 잘하는 아이가 있으면 시기와 질투를 하거나 열등감에 빠져들겠지요. 교육이라는 이름으로 삶을 가꾸는 것이 아니라 아이들의 삶을 잃게 하고 의존적인 아이로 만들어 갑니다. 철학과목을 둔다면 그 내용은 아마도 "뛰어난 사냥꾼 한 명이 우리 모두를 먹여 살린다" 같은 것일지도 모르겠습니다. 교육은 뛰어난 사냥꾼을 기르기 위한 활동이 되겠지요.

이번에는 다른 방향으로 상상력을 펼쳐봅시다. 하루, 하루 먹을거리를 찾아서 생활하는 때가 있었고, 사냥을 하고 고기를 잡아 하루 먹거리를 해결합니다. 아이들 삶을 가꾸는 교육은 어떤 모습일까요?

친구들과 물놀이를 갑니다. 열심히 놀다가 배가 고파오고 아이들은 저마다 어른들을 흉내 내어 물고기 잡기를 합니다. 나름의 방법으로 물고기를 잡습니다. 실패하면 각자 집에서 물고기 잡는 법을 연구합니다. 우연히 누군가 물고기를 잡았다면 이 놀이는 더 재미있어집니다. 물고기를 잡은 경험을 나누고 더 잘 잡을 수 있는 방법을 서로 의논하여 찾습니다. 그렇게 찾은 방법으로 오늘보다 내일 더 많은 물고기를 잡습니다. 새로운 방법을 찾은 아이,

효과적인 물고기 잡는 방법을 알아낸 아이가 있다면 또래에서 존중받고 행복감을 느낍니다. 늦게 찾았다고 문제될 것이 없습니다. 늦게 찾아낸 아이도 성취감을 느끼며 내면의 기쁨으로 가득합니다. 실력이 좋은 어른들은 아이들에게 존경의 대상이며 배움의 대상이 됩니다. 그런 어른들에게 배움을 구하고, 어른들은 대견함으로 가르침을 줍니다.

아이들은 점점 더 어려운 사냥터로 안내받고, 존경과 경외심으로 배우는 배움은 설렘과 기대를 줍니다. 아이들은 자신의 잘남을 자랑하지 않고 교사와 어른들이 주는 배움에 감사하며 안정감을 가집니다. 안정감 속에 또 다른 불편을 해결하고 더 나은 삶을 가꾸는 방법을 찾아냅니다. 그렇게 찾아낸 것이 '더불어 행복한 삶의 철학'입니다.

교육은 아이들의 삶을 가꾸기 위해 존재합니다. 우리가 가꾸어야 할 삶은 우리 아이들이 스스로 자립하는 힘을 기르고 더불어 행복한 삶을 살아가는 것입니다. 인류 역사를 통해 획득된 지식은 우리 삶을 풍요롭게 만들었습니다. 그러나 인류 역사 속 지식은 그냥 이루어지지 않았습니다. 인류의 부단한 노력과 문제해결의 과정이 있었기에 지금의 풍요를 누리는 것입니다. 이런 과정을 통해 인류는 지혜를 얻었지요. 우리가 아이들에게 가르칠 내용은 인류가 획득한 지식이 아니라 삶의 문제를 풀어왔던 지혜입니다. '삶을 가꾸는 지혜'를 얻었을 때 스스로 자립한 인간으로 성장할 수 있습니다. 진정으로 아이들이 자신의 삶을 가꾸도록 하고 싶다면 삶의 상황에 직면하게 하고 스스로 배움의 욕구를 가질 수 있도록 해야 합니다. 배움의 욕구 안에서 스스로 찾은 앎은 아이들을 성장시키고 서로를 존중하며 어른에 대한 존경과 감사하는 마음을 갖게 합니다. 이는 지식이 아니라 지혜를 배웠기 때문이지요.

삶을 가꾸는 교육, 즉 교육을 통해 행복에 이르는 길을 요약하면 다음과 같이 열거할 수 있을 것 같습니다. 첫째, 삶을 가꾸는 교육은 아이들의 진정한 성장을 돕는 길입니다. 둘째, 삶을 가꾸는 교육은 아이들이 스스로 배움의 욕구를 가질 수 있도록 돕습니다. 셋째, 삶을 가꾸는 교육은 지식을 배우는 것이 아니라 살아가는 지혜를 배우는 것입니다. 넷째, 삶을 가꾸는 교육은 혼자 잘나서 이루어지는 것이 아니라, 많은 사람의 도움으로 가능합니다. 책상에 앉아 이루어지는 교육이 아니라 관계 속에서 실현되는 교육이기 때문입니다. 마지막으로, 삶을 가꾸는 교육은 더불어 행복한 삶의 가치를 배우도록 돕습니다.

더불어
행복한 삶을 가꾸는
교육과정

['삶교과'의 의미]

부산참빛학교는 '더불어 행복한 삶을 가꾸기 위한' 교육과정을 만들어갑니다. 국어, 수학, 영어와 같은 교과는 익히 들어 어떤 내용인지 무엇을 가르치는지 누구나 쉽게 짐작할 수 있습니다. 우리 모두는 그 체계 속에서 학교를 다녔습니다. 지금도 학교에서 배우는 내용은 국어, 수학 같은 과목입니다. '국어는 왜 배울까? 또는 국어는 왜 가르칠까?', '수학은 왜 배울까? 또는 수학은 왜 가르칠까?', 배우는 입장에서나 가르치는 입장에서 한 번쯤 생각은 해봤겠지만 깊이 있게 생각한 기억은 별로 없을 것입니다. 생각해 봤더라도 마음에 와 닿는 답을 얻지는 못했을 것 같습니다.

우리 학교에서는 교육의 목적을 아이들의 삶을 가꾸는데 두고 있고, 이를 실현하기 위해 교과가 만들어집니다. 모든 교과는 아이들 삶을 가꾸는 것에 도움을 주기 위해 만들어졌고 가르쳐지고 있습니다. 교과는 삶을 풍요롭게 가꾸는 데에 도움을 주기 위한 수단입니다. 교과를 목적으로 하면 학생은 교육의 대상이 됩니다.

'어떻게 아이들의 삶을 가꿀 것인가?'가 우리 학교 교육의 본질적 질문입니다. 삶을 가꾸기 위해 국어 교과는, 수학 교과는, 영어 교과는 어떤 도움을 줄 수 있는가?' 교육의 본질에 가까이 가기 위해서는 꼭 해야 할 질문입니다. 교육의 목적이 행복이라는 데에 모두가 동의한다면, 이 질문이 꼭 우리 학교에만 한정되는 것은 아니겠지요.

우리학교는 언제나 우리가 설정하는 교과가 "아이들의 삶을 풍성하게 가꾸어가고 있는가?"라는 질문에서 출발합니다. 그러한 질문에 따라 아이들의 삶을 가꿀 수 있는 교과를 중심교과로 설정하였습니다. 이것이 '삶교과'입니다. 삶의 문제에 직면할 수 있는 주제를 가지고 아이들을 관찰하고 아이들 속에서 배움의 욕구를 찾아내고 실현해가는 교육과정입니다.

참빛학교의 교육과정의 중심은 '삶교과'에 있습니다. '삶교과'는 아이들의 삶을 중심에 두고 풀어가는 교육과정이며, 고정된 틀 없이 아이들의 삶의 현실을 반영한 교육과정이 될 수 있도록 구성합니다. 삶교과를 중심교과로 설정하고, 삶 교과의 내용 선정과 조직의 원리, 교수-학습방법을 고안하여 아이들 생활과 직접적으로 관계하는 담임교사가 풀어나가는 교육과정입니다. 참빛학교의 교육과정은 이러한 삶교과를 중심으로 보충교과(국어, 수학, 다문화, 예술)와 생활교과(산책, 수공예, 취미생활 등)가 아이들의 삶을 가꾸는 데에 도움을 주고 있습니다. 학년이 올라갈수록 각 교과는 세분화되고 전문화됩니다. 중등과정은 자치교육과 진로교과를 더합니다. 고등과정은 전문교과와 진로교육을 더하여 스스로 삶교과를 구성합니다.

['삶교과'의 구성과 조직의 원리]

삶교과를 비롯해 참빛학교의 모든 교과에는 교과서가 없습니다. 아이들과 만나는 구체적인 수업내용은 담임교사의 자율적인 판단으로 진행됩니다. 담임교사가 아이들과 함께 한 해 동안 진행한 삶교과의 구체적인 내용은 아이들 성장기록과 아이들 공책으로 남습니다. 다음 해에 맡은 선생님에게 참고 교재는 될지언정 그 자체가 교과서가 될 수는 없습니다. 삶교과에서 진행해야 할 구체적인 내용은 정해진 것이 없다고 해야 할 것 같습니다. 단지, 삶교과 내용 선정과 조직의 원리만 존재합니다. 오랜 기간 교사들의 경험과 연구를 바탕으로 마련한, 삶교과 구성을 위한 최소한의 틀이라고 할 수 있을 것 같습니다. 대략 세 가지 정도입니다. 첫 번째는 '자연의 흐름에 따른 교육과정 구성'이고, 두 번째는 아이들의 '발달의 흐름에 따른 교육과정 구성'이며, 세 번째는 '아이들의 관심과 호기심에 따른 교육과정 구성'입니다. 이 세 가지 요소는 아이들에게 배움의 욕구를 일으키는 교육과정을 구성하기 위한 것으로 담임교사가 한 해의 교과과정을 준비하고 수업을 진행할 때 고려하는 최소한의 수업 조직의 바탕이라고 할 수 있습니다.

자연의 흐름에 따른 교과과정 구성

참빛학교에서는 자연의 흐름을 중요하게 생각합니다. 자연의 흐름은 리듬활동으로 구체화됩니다. 하루의 리듬, 달의 리듬, 계절의 리듬, 한 해의 리듬을 찾아 배움을 실현합니다. 리듬활동을 쉽게 이해하려면 신체기관 중 심장의 활동을 보면 됩니다. 심장은 끊임없이 리듬활동을 합니다. 심장의 리듬이 불규칙하면 병이 생기고 움직임을 멈추면 죽게 됩니다. 의식하지 않아도 심장은 고유의 리듬활동을 통해 생명을 이어줍니다.

리듬활동은 자연스러움입니다. 자연은 억지스럽지 않습니다. 자연스러움은 편안함을 줍니다. 리듬을 찾아가는 배움은 아이들에게 안정감을 줍니다. 리듬활동은 일정한 리듬을 가진 수축과 팽창, 들숨과 날숨, 집중과 분산이 있습니다. 들숨과 날숨이 고르고, 집중과 분산이 알맞을 때 안정감을 줍니다. 건강한 하루의 리듬을 가질 때 몸과 마음, 정신이 건강해집니다.

대체로 우리 몸이 자연의 리듬을 따라가면 건강해집니다. 해지면 자고 해뜨면 일어나는 삶이 가장 건강한 삶입니다. 계절의 변화에 따라 자연의 리듬에 삶을 맞출 때 건강한 삶을 살 수 있습니다. 아이들이 학교생활을 할 때에도 리듬활동은 안정감과 배움의 욕구를 갖는 데에 큰 도움을 줍니다. 종소리나 지시, 명령의 언어는 아이들에게 불안을 줍니다. 외적 힘에 의해 강제되는 규칙은 벌을 모면하기 위해 억지스러운 행동을 낳습니다. 리듬활동은 자연스럽고 안정감 있는 학교생활에 도움을 주고 아이들의 삶을 건강하게 합니다.

또한, 리듬활동은 예술활동과 연관됩니다. 아침 시를 암송하면서 수업의 시작을 몸으로 알고, 노래를 부르면서 모이고 흩어집니다. 리듬활동은 힘든 일을 즐거운 놀이로 변화시킵니다. 학급운영의 일환으로도 리듬활동을 진행할 수 있습니다. 자연스럽고 안정되면서도 질서있는 아이들을 만날 수 있을 것입니다. 교과활동을 리듬활동으로 만들 수 있다면 배움은 즐거움이 됩니다. 시낭송, 노래, 악기연주, 놀이, 그림, 공예활동, 이야기와 같은 예술활동은 그 자체로 리듬활동이 됩니다. 하루의 리듬, 달의 리듬, 계절의 리듬, 한 해의 리듬을 예술활동으로 만들어 보시길 권합니다. 아이들과 교사 모두 행복한 배움의 시간이 될 것입니다.

우리가 사는 세계는 여러 가지 리듬(주기)을 따라 움직이고 있습니다. 우리의 몸은 자연의 한 부분이고 그런 까닭에 우리의 몸과 마음, 정서 또한 해와 달과 계절의 순환, 심지어 바다의 조수와 같은 자연의 리듬에 서로 영향을 주고 받습니다. 따라서 하루 리듬, 조수 리듬, 달 또는 음력리듬, 그리고 해 또는 계절 리듬과 같은 자연의 리듬과 흐름은 우리 몸의 모든 리듬에 바탕이 됩니다.● 아이들의 몸과 마음의 리듬이 자연의 리듬과 일치될 때 아이들은 자연스런 성장 과정을 거치게 됩니다.

● 《우주 리듬을 타라》, 디펙 초프라, 이현주 역. 샨티. 2013 49p 참조.

① 하루 흐름

지구가 한 바퀴 자전하는 동안 우리는 하루 종일 밤낮으로 따라서 돌며 '24 시간 주기 리듬'을 경험합니다. 이 리듬은 지구의 자전에서 나오는 것인데, 지구의 한 부분인 우리 몸의 모든 기관도 지구 리듬을 따라서 함께 돌고 있습니다. 이 생체 리듬이, 예를 들어 장거리 비행으로 말미암아 깨어지면 우리는 정신이 몽롱해집니다. 무슨 일로 밤을 새면 이튿날 휴식을 취해도 몸이 무겁습니다. 우리 몸의 생체 리듬이 자연의 리듬에서 어긋나 있기 때문입니다.● 아이들의 몸과 마음이 건강하게 자라려면 이러한 하루리듬을 건강하게 따라갈 수 있도록 가정과 학교에서 환경을 조성해주고 배려해 주는 것이 중요합니다.

참빛학교 아이들의 하루는 이렇게 진행됩니다.

아이들이 아침에 일어나 학교에 옵니다. 학교에 온 아이들은 신발장에 신발을 넣고 실내화로 갈아 신습니다. 먼저 온 아이들과 이야기를 나누거나 놀이를 합니다. 시작 시간이 되면, 아이들은 책상을 정리하고 아침공부를 준비합니다. 교사가 문을 열고 들어서면 아이들은 한 줄로 섭니다. 교사는 아이들 한 명씩 손을 잡고 아이들 상태에 대한 짐작된 내용으로 안부를 묻습니다. 아이마다 구체적인 몸과 마음, 정신 상황을 파악하고 자리에 앉습니다. 아이들 한 명씩 이름을 부르고 대답을 들으며 서로를 확인합니다.

그날의 날짜와 날씨를 점검하고 전날 저녁에 본 달의 모양을 이야기하기도 합니다. 그리고 어제 있었던 서로의 특별한 소식을 전합니다. 특별한 소식을 전하고자 하는 아이들은 앞에 나와 친구들에게 자신의 이야기를 들려줄 수도 있습니다. 서로의 삶을 나누는 시간이지요. 아이들의 삶 나누기가 끝나면 교사가 전하고 싶은 삶을 아이들과 나눕니다. 소식을 전하는 시간에 아

● 《우주 리듬을 타라》 52p 참조.

이들과 차를 마시기도 합니다.

이처럼 날마다 반복되는 의식은 은연중에 공동체 생활의 흐름이 되고 말하지 않아도 몸이 알아서 진행하는 상태가 됩니다. 이는 아이들에게 안정감을 줍니다. 안정감은 자기표현을 편안하게 할 수 있도록 하며, 활동에 적극적이고 새로운 것에 도전을 할 수 있는 힘을 주기도 합니다.

이제, 아이들이 일어나 의자를 책상에 넣고 바른 자세로 계절 노래를 부릅니다. 서서 부르기도 하고 걸으면서 부르기도 합니다. 공을 던지면서 부르기도 합니다. 리코더로 불러보기도 하고 함께 연주할 수 있는 다른 악기를 이용할 수도 있습니다. 계절 노래가 끝나면 자리에 앉고, 그날 주제에 따른 삶교과 수업내용이 진행됩니다.

위에서 예시한 형식으로 하든 다른 형식으로 하든 관계없이 학교생활의 시작은 아이들의 상태를 파악할 수 있고 아이들이 안정된 상태로 생활할 수 있는 마음 자세를 갖추는 방향으로 진행하면 됩니다. 하루 하루 진행되는 새로운 배움에 안정감을 가지고 직면할 수 있도록 돕습니다. 여기서 중요한 것은 교사가 계획한 오늘 수업내용을 얼마나 잘 가르칠 것인가가 아니라, 하루의 시작을 통해 아이들이 요구하는 배움의 내용과 욕구를 파악하는 것이 교과 수업의 시작입니다.

삶교과 주제 수업은 아이들이 아침에 등교하고부터 아침공부가 마무리되는 과정까지입니다. 계획된 시간은 보통 9시에 시작해서 10시 30분에 마칩니다. 주제 수업의 전 과정은 담임교사가 진행합니다. 이렇게 1교시가 끝나면 30분간 중간 놀이시간을 가집니다.

11시부터 12시 30분까지 보충교과를 진행합니다. 참빛학교는 삶을 가꾸는 삶교과를 보충할 수 있는 교과로 국어, 수학, 다문화(혹은 외국어), 예술교과를 두고 있습니다. 늘 고정적인 것이 아니라 아이들 삶을 가꾸는 수단으로서 각 보충교과가 역할을 다 할 수 있을 때 의미가 있습니다. 지금까지 12년간 꾸준히 진행된 보충교과의 방향을 간략하게 정리하면 이렇습니다.

보충교과의 성격은 아이들 삶을 가꾸는 수단으로써의 교과이며, 교과 자체가 목표가 아니라 삶을 가꾸는 수단으로서의 의미가 있습니다. 각 교과의 특징으로 어떻게 아이들 삶을 가꿀 것인지가 중요합니다. '국어'는 인간의 삶에 대한 이해와 한글의 올바른 사용, 그리고 자기를 표현하는 수단으로서 도움을 주는 교과입니다. '수학'은 생각하는 힘과 생활 속의 문제해결력을 키우고, 수와 도형이 만들어내는 아름다움을 발견하도록 돕는 교과입니다. '외국어·다문화'는 다른 문화에 대한 이해를 높이고, 외국어를 올바로 사용하도록 돕는 교과입니다. 마지막으로 '예술'은 몸과 마음과 정신의 아름다움을 추구하도록 돕고, 생활 속에서 미적 체험과 표현을 할 수 있도록 돕는 교과입니다.

12시 30분부터 2시까지 점심시간 및 휴식 시간을 가집니다. 2시부터 3시 30분까지 생활교과를 운영합니다. 생활교과는 산책, 놀이, 요리, 공예활동, 악기수업, 생활과학과 같은 취미생활과 건강생활이 주를 이룹니다. 저학년에서는 산책과 놀이로 진행되다가 고학년으로 갈수록 수업형태를 갖추어 갑니다.

3시 30분부터 4시까지는 청소 및 정리 시간을 가지고 일과가 마무리됩니다. 집으로 돌아간 아이들은 저녁을 먹고 쉬었다가 잠을 자는 것으로 하루가 마무리되지요. 삶을 가꾸는 생활을 위해서는 가정에서도 지켜야 할 것들이 요청됩니다. 예습과 복습을 하지 않습니다. 학원 및 기타 과외공부를 받지 않기를 희망합니다. 텔레비전, 컴퓨터, 스마트폰 등 미디어에 최대한 노출되지 않는 생활을 권장합니다. 밤 아홉시에는 불을 끄고 아이들이 잠자리에 들도록 합니다.

② 달의 흐름

달의 리듬은 지구와 해와 달이 서로 영향을 주고받는 데서 생기는 '30일 주기 리듬'이지요. 이 리듬은 달이 차고 기우는 것에 직결됩니다. 보름달에서 반달로 그믐달로 기울었다가 다시 반달로 보름달로 차는 달을 보면서 음력 한 달을 순환합니다. 사람의 수정과 월경은 달리듬의 작용을 잘 보여주지요. 그 밖에도 여러 가지로 30일 주기 리듬이 우리 몸에 작용한다고 합니다. 디펙 초프라는 의사신분으로 병원 응급실에서 근무할 때, 해와 달의 순환에 따라 비슷한 종류의 환자들이 몰려오는 것을 자주 보았다고 합니다.[●]

참빛학교에서 아이들은 아침마다 전날 저녁 보았던 달의 모양을 기억하고 기록합니다. 현대인들은 자연의 변화에 점차 무뎌지면서 몸과 마음 또한 자연의 리듬과 어긋나는 삶을 살아가고 있습니다. 자연의 흐름에 민감해질 때 우리의 몸과 마음도 자연의 리듬에 어긋나지 않는 삶을 살아갈 수 있을 것입니다.

참빛학교의 삶교과(주제통합교과)는 한 달을 주기로 진행됩니다. 뒤에 더 다루게 될 계절과 한해의 흐름을 고려하여 달마다 중심 주제를 정하여 집중적으로 활동하게 됩니다.

③ 계절의 흐름

지구가 해를 한 바퀴 도는 동안 우리는 계절 리듬을 경험하면서 몸-마음에 생화학적 변화를 일으킵니다. 계절의 변화는 사람 몸뿐 아니라 나무, 꽃, 나비 등 자연의 모든 생명체에 영향을 미칩니다.[●●]

봄이면 대천천 옆으로 늘어선 버드나무 가지마다 올망졸망 새순이 돋아납

[●] 《우주 리듬을 타라》 p51 참조.
[●●] 《우주 리듬을 타라》 52p 참조.

니다. 따뜻한 햇살이 겨우 내 단단히 얼었던 땅을 부드럽게 쓰다듬으면 민들레, 제비꽃들이 피어납니다. 대천천 물 속에서는 올챙이가 알에서 깨어나며 개구리와 도마뱀, 물고기들이 노는 모습을 볼 수 있습니다. 겨우내 움츠렸던 아이들도 대천천에 놀러 나가 풀꽃놀이도 하고 물고기 잡기도 합니다. 경쾌한 새들의 노래소리도 듣습니다.

여름이면 나뭇잎이 무성해지고 매미가 울어댑니다. 아이들은 버드나무 가지마다 열매처럼 다닥다닥 붙어있는 매미 허물을 보물 찾듯이 찾아다닙니다. 하늘소, 풍뎅이 온갖 풀벌레들이 숨바꼭질하듯 아이들의 손길을 피해 날아다니기도 합니다. 여름철 빼놓을 수 없는 기쁨은 대천천 물놀이입니다. 멀리 갈 것도 없이 아무데서고 풍덩풍덩 신나는 물놀이가 시작됩니다. 신발이며 패트병, 각종 도구를 이용해 물고기를 잡는 실력도 제법입니다.

가을이 되면 대천천은 한층 풍성해집니다. 억새와 갈대가 대천천을 에워싸고 그 틈바구니에서 고마리, 며느리배꼽, 개망초, 온갖 꽃들이 얼굴을 내밉니다. 바야흐로 결실의 계절이지요. 낙엽이 지면서 나뭇가지가 앙상해지고 겨울 준비가 시작됩니다.

겨울은 겨울대로 운이 좋을 땐 꽁꽁 얼어있는 대천천에서 썰매를 탈 수도 있습니다. 봄에 하얀 꽃을 피우는 목련은 겨울부터 나뭇가지 가득히 보송보송한 잎눈, 꽃눈을 품고 겨울을 납니다.

참빛학교 가까이에 계절의 변화를 잘 느낄 수 있는 대천천과 금정산이 있는 것은 참으로 감사한 일입니다. 아이들은 이렇게 계절에 따라 다양한 모습을 보여주는 자연의 품속에서 자연스럽게 계절의 리듬을 자기 몸으로 받아들이게 됩니다.

④ 한 해의 흐름

옛날 사람들은 날씨와 자연의 변화에 특히나 민감했습니다. 계절과 자연의 변화에 따라 한 해를 24절기로 나누어 한 해의 리듬을 삶과 생활의 리듬으로 받아들였습니다.

이처럼 한 해의 리듬에 따라 변화해가는 자연의 변화를 민감하게 관찰하고 생활의 리듬으로 받아들이는 삶을 통해 아이들 역시 자연의 한 부분으로서 억지 없이 자연스럽게 자라나게 됩니다. 참빛학교에서 아이들은 매일 날씨 일기를 기록하며 절기에 따른 자연의 변화를 세심하게 관찰합니다.

우수(雨水)에 내리는 빗속에서 대천천 버드나무 가지마다 푸르스름한 기운이 돌고 그 비가 그치고 나면 어김없이 가지마다 새순이 돋아 옵니다. 경칩이면 여기저기 고개 내민 개구리를 실제로 보면서 아이들은 세시와 절기에 스며있는 조상들의 슬기를 발견하게 되지요.

대천천이 흐르는 이 마을에서는 해마다 단오에 온 마을 사람들이 모여 단오행사를 엽니다. 바쁜 농번기를 앞두고 마을의 힘을 모아야 했던 옛사람들의 필요성은 없어졌지만, 더운 여름을 앞두고 온 마을 사람들이 모여 서로의 삶의 모습을 나누고 잔치를 벌이는 것은 아이들에게 더없이 생생한 삶의 경험을 안겨줍니다.

이렇듯 자연의 리듬을 삶의 리듬으로 반영한 절기와 세시의 흐름을 바탕으로, 오늘을 살아가는 아이들의 구체적인 삶의 과정을 달별 주제로 반영한 것이 참빛학교의 삶교과의 흐름입니다.

아이들의 발달의 흐름에 따른 교과과정 구성

① 발달의 흐름을 이해해야 하는 까닭, 인간 이해

교육은 사회와 어른이 원하는 인간상을 만들어가는 작업이 아니라, 개별 아이들이 자기 결에 따라 몸과 마음과 정신의 조화로운 결합과 성장을 통해 자기 삶의 방향을 스스로 찾아갈 수 있도록 돕는 작업입니다. 이는 지금 당장 눈앞에서 어떤 결과를 얻어내려는 조급함에서 벗어나 씨앗을 심되, 그것의 싹틈과 열매 맺음은 더 오랜 시간을 두고 기다릴 수 있는 긴 안목을 기르는 교사의 자기 성장의 작업이기도 합니다. 인간의 발달과 기질은 인간에 대한 폭넓은 이해를 위한 것입니다. 교사가 아이들을 신비로움과 경외심을 가지고 만날 때, 인간을 이해하는 폭은 넓어지고 깊어집니다.

인간 발달의 흐름을 알면 아이들을 이해할 수 있습니다. 시기마다 아이들의 관심과 호기심의 대상을 이해할 수 있고, 배움의 욕구가 어떻게 일어나지를 알 수 있습니다. 발달의 흐름에 대한 이해는 적당한 시기에 적절한 교육내용을 제공함으로써 배움의 욕구를 일으키는 데에 도움을 줄 수 있고, 그렇게 함으로써 아이가 스스로 배움을 찾아가도록 도울 수 있는 것입니다.

많은 사람이 인간을 이해하기 위한 노력을 해왔습니다. 현재 다양한 발달이론이 있고 인간을 이해하는데 많은 도움을 주고 있습니다. 신체발달과 언어발달, 인지발달, 사회성발달, 도덕성발달까지 다양한 분야에서 발달이론들이 정리되고 있습니다. 교육학에서는 특히 인지발달에 대한 이해가 깊습니다. 발달이론이 인간을 이해하는 바탕으로 가지 못하고 특정 영역을 발달시킬 목적으로 적용될 때 인간을 도구화시키는 역할을 합니다. 인지발달이 수학을 비롯한 특정 교과를 잘하게 하는 수단으로 이용되기도 하고 인지발달을 앞당기기 위한 프로그램으로 활용되는 것을 보기도 합니다. 인간의 이해가 아닌 인간을 교정하고 발달을 조숙화시키기 위한 목적으로 활용되면 아이들의 자연스러운 발달을 방해하게 됩니다. 조기교육의 흐름은 과한 지적 발달을 조장하고 신체와 정신을 병들게 합니다.

참빛학교는 다양한 발달이론을 인간을 이해하는 바탕으로 삼습니다. 특히, 슈타이너가 말하는 인간의 이해는 시기별로 효과적인 방법적 접근을 제시하는 차원을 넘어서, 인간에 대한 총체적이고 심층적 이해와 접근을 가능하게 해줍니다. 몸와 마음, 정신의 조화로운 발달을 추구하는 슈타이너의 인간이해는 학생들이 배움의 욕구를 찾아가는데 많은 도움을 줍니다. 아래 학년별 발달에 대한 내용은 슈타이너의 발달론[●]에 근거하여 초등시기를 중심으로 정리하였습니다. 오랜 시간 아이들을 만나면서 아이들을 통해 배운 내용들입니다. 학년별 주요 관심과 배움의 욕구를 찾는데 도움을 얻을 수 있기를 희망합니다.

②학년별 발달의 흐름

슈타이너는 인간의 네가지 구성요소를 연결하여 7년 주기로 발달이론을 정리합니다. 물질체(신체), 에테르체(생명체), 아스트랄체(감성체), 자아체로 네가지 구성요소를 설명하고 7년주기로 몸과 마음, 정신의 조화로운 발달을 위한 교육활동에 도움을 줍니다. 슈타이너는 초등시기를 감성의 힘을 기르는 시기로 발달을 이야기합니다. 초등 시기는 예술을 통한 감성적 접근을 통해 공감 능력을 최대화하고 아름다움을 깊이 경험하는 시기입니다.

초등시기에는 자연 세계와 인간사회 및 역사에 대해 객관적, 이성적으로 접근하기보다는, 상상과 감성적으로 접근합니다. 자연 규칙에 내재된 질서와 경이로움, 아름다움을 경험함으로써 감성적 공감대를 형성하고 자연과 인

[●]《발도르프 아동교육》 루돌프 슈타이너, 이정희 옮김, 도서출판 씽크스마트 참조.

간사회를 더욱 깊이 이해하게 되며 따뜻한 인성을 갖게 됩니다. 들숨과 날숨의 규칙적인 리듬을 다양하고 깊게 경험함으로써 안정감을 갖고 자연의 한 부분으로서의 인간으로 성장해 갑니다. 이야기를 통한 세상에 대한 이미지를 형성하는 힘이 더욱 활발하게 작용하여 다양한 예술적 작업이 이루어집니다.

<1,2학년> 1,2학년 아이들은 아직 세상과 하나입니다. 《나의 라임 오렌지 나무》에 나오는 어린 시절 '제제'처럼 세상의 모든 사물과 대화를 나누며 친구가 되고 동화 속 주인공이 바로 내가 됩니다. 세상의 모든 것들이 신비롭고 호기심에 거침없이 반응하며 몸이 먼저 나갑니다. 이러한 아이들에게 논리적이며 이성적인 접근은 적절하지 못합니다. 과학지식과 같은 정확한 답을 제시하는 것은 아이들의 무한한 상상력을 제한하고 메마르게 합니다. 배움은 차가운 지식이 아니라 풍부한 상상력을 마음껏 펼칠 수 있는 따뜻하고 감성적인 이야기를 통해 전달됩니다.

학교생활을 시작하는 첫 3년간은 안정감을 갖는 것이 중요합니다. 자신이 한없는 사랑 가운데 보호받고 있다는 느낌 속에서 부모와 교사 등 주변의 어른에 대한 무한한 신뢰와 존경을 바탕으로 아이는 조금씩 세상과 친해지고 관계 맺기를 해 나갑니다. 불안감은 이 시기 아이들이 세상으로 나아가는 것을 방해합니다. 안정감을 줄 수 있는 가장 중요한 요소는 의심없이 믿고 따를 수 있는 대상입니다. 부모와 교사는 아이들에게 믿음의 존재이며 권위자로서 존경받는 대상이기도 합니다. 어른의 안정적이며 자연스런 권위에 기대어 아이들은 안정감을 느끼고 그 어른을 모방함으로써 삶의 지혜를 몸으로 익힙니다.

따라서 이 시기에는 생활 속에서 일관성 있고 지속적인 반복을 통해 바람직한 생활습관을 형성하고 생활규범을 자연스럽게 익히게 됩니다. 이 시기

교사는 안정감 속에 아이가 내부와 외부세계 사이에서 균형을 가지고 조화를 이루도록 돕습니다. 내적 호기심에 근거한 배움을 통해 경외감을 가지고 세상과 관계를 맺습니다.

초등 1학년으로 학교에 입학하면 학교의 모든 것이 새롭습니다. 1학년 아이들은 호기심으로 가득하고 부산하게 움직입니다. 의자에 앉았다 일어났다를 반복하고, 책상을 두드려보기도 하고 책상 위에 앉아보기도 합니다. 보이는 모든 것을 손으로 만져보고 움직여보기도 합니다. 부산하게 주변을 마음껏 탐색합니다. 교사는 학교생활의 규칙을 만들고 새로운 환경에 적응할 수 있도록 돕습니다. 강압적인 규칙의 강요와 많은 규제는 아이들을 불안하게 합니다. 불안은 이 시기 아이들의 성장을 방해합니다. 배움의 욕구가 가장 가득한 이 시기에 중요한 것은 안정감을 주는 것입니다. 시간을 알리는 종소리와 OO을 하기, OO은 하지 않기 같은 개념적 규칙은 아이들이 이해하기에 억압적으로 느껴져 불안을 가중시킵니다.

함께 노래부르며 모이고 리듬생활을 반복함으로서 자연스럽게 생활 규칙이 습관으로 자리잡도록 하는 것이 안정감을 줍니다. 안정감 속에서 개별적인 호기심은 마음껏 풀어갈 수 있습니다. 수업을 계획할 때 많은 내용을 제공하거나 배움의 장소를 많이 변화시키지 않도록 하는 것이 좋습니다. 변화는 아이들에게 불안을 줍니다. 놀이터를 간다면 같은 놀이터에서 오랜 기간 활동하는 것이 좋습니다. 처음 갔을 때는 탐색하면서 안정감을 찾기 위해 노력하고 두 번째 가면 처음 보다는 편안하게 관심있는 분야를 찾아 집중하는 것을 볼 수 있습니다. 가는 횟수가 늘어날수록 더 편안하게 자기 활동에 집중하는 것을 볼 수 있습니다. 놀이터를 옮겨가면서 활동하면 갈 때마다 불안을 해소하느라 자기 활동에 집중하지 못하는 모습을 봅니다.

2학년은 안정감 있는 학교생활 속에 교사에 대한 신뢰와 반에 대한 소속감이 두드러집니다. 반 친구들과 관계를 맺어가는 법을 배웁니다. 친구들의 좋은 면과 불편한 면을 느끼게 되고 관계 안에서 잘 지낼 수 있는 방법을 찾아갑니다. 아직 감성적으로 느끼는 부분이라 개념화된 규칙과 지시를 이해하고 해결하기에는 어려움을 가집니다. 관계를 불편하게 만들어가는 자신의 부정적인 행동에 대해서도 이해하기 어렵습니다. 이 시기 관계 안에서 주로 나타나는 문제는 상대를 배려하지 않음으로 생깁니다. 자기 중심적이라 자기가 한 말과 행동에 상대가 불편을 느끼는 것은 이해되지 않지만 다른 사람의 말과 행동으로 내가 불편한 것은 많이 힘들고 속상해합니다. 특별히 2학년시기에 나타나는 관계 안에서 어려움은 자아를 발견해가는 과정에서 느끼는 혼란입니다. 말로 설명하고 이해시키는 활동은 관계에서 나오는 어려움을 해결하기 힘듭니다. 자연스럽게 받아들이고 관련된 동화, 동물우화, 성인들의 이야기를 들려주는 것이 도움이 됩니다.

<3,4학년> 3.4학년 아이들은 자아가 형성되고, '나는' 어떠한 사람인지에 대한 고민을 시작합니다. 하지만 여전히 상상력을 자극하는 이야기에 감명을 받고, 권위 있는 목소리를 통한 안내가 필요합니다. 호기심과 불안함을 이성적으로 해결하기보다 상상력을 통한 내적 이미지 구축을 통해 경험적으로 해소해나가는 것이 중요한 시기입니다. 실질적인 도움과 기술이나 방법의 제안을 통해 아이들이 인정할 만한 권위를 경험하고 교사와 새로운 관계 맺기가 일어납니다.

실생활과 깊은 연관이 있는 활동들이 이 시기의 아이들에게 더 매력적이게 다가갑니다. 한편으로 아이들의 호기심과 세상에 대한 분리감을 충족시키고, 책임감을 가질 수 있도록 공동 작업을 진행하는 것이 효과적입니다.

3학년 아이들은 서서히 세상과 분리되기 시작합니다. 사물은 사물이고 나는 나입니다. 나와 다른 세계에 대한 인식을 바탕으로 사물을 객관적으로 바라보기 시작하는 시기입니다. 세상과 내가 분리되면서 아이들은 세상에 대한 호기심을 강하게 느끼는 반면, 분리에서 오는 알 수 없는 불안감과 상실감을 느끼기도 합니다. '둘도 없는 친구였던 라임오렌지 나무와 이제 더 이상 대화를 나눌 수 없게 된 제제'처럼 말입니다.

구체적인 현실 속으로 점점 발을 들여놓으면서 아이들은 생활에 필요한 도구를 만든다거나, 구체적으로 생활에 필요한 여러 가지 영역들을 수행해 보는 활동에 크게 자극 받습니다. 이 시기 아이들은 여전히 이성과 논리적인 접근보다는 직접적인 사물을 가지고 몸으로 체험함으로써 배움을 인식합니다.

3학년 시기를 창세기에 아담과 이브에 비유하여 설명하기도 합니다. 신의 보호아래 걱정과 근심 없는 에덴동산에서 살아가던 아이들이 '선악과를 먹으면 죽는다'는 신의 말에 의심을 가집니다. 선악과를 따 먹는 행동과 에덴동산에서의 추방, 스스로 먹고, 자고, 입는 것을 해결해야 하는 상황을 맞이합니다. 이 시기 아이들은 어른과 세상의 질서에 의심을 가집니다. 의심을 표현함으로써 부모와 어른들에게 버림받을 것 같은 두려움을 가집니다. 스스로 먹고, 자고, 입는 문제를 해결하고자 하는 욕구를 느낍니다.

우는 아이에게 선물을 주지 않는다는 산타할아버지 이야기에 의심을 가지고 잠을 자지 않고 산타할아버지의 실체를 밝혀 보려합니다. 어른의 말에 의심을 가지고 자기 힘으로 하고자 하는 욕구를 보이기도 합니다. 심리적으로 불안감과 호기심 사이에서 새로운 균형을 찾아가야하는 시기라면, 신체적으로도 크게 자라면서 여러 가지 성장통을 겪기도 합니다. 부모와 분리, 떨어지는 꿈을 꾸기도 하고 두통, 배앓이와 같은 증상을 자주 호소합니다.

4학년 아이들은 3학년 시기의 분리에 따른 불안감을 딛고, 권위에 대한 도전을 시도합니다. 자신감과 내적인 힘을 바탕으로 세상을 더욱 확장시키고

자 하며, 늘 무엇이든 하려고 듭니다. 세상에 발 딛고 세상 속으로 나아가는 4학년 아이들은 다양하게 분화된 세상을 만납니다. 보다 독립적인 존재로서 세상을 사랑하는 것을 배우고 자신이 공간과 시간에서 자아를 찾아갑니다. 자신감과 힘을 바탕으로 뻗어나가는 시기이며 늘 부산하고 무엇이든 시도하고자 하는 욕구가 강합니다. 인간의 이해를 중심으로 세상을 관찰하는 힘을 키우며 세상을 향해 적극적으로 도전합니다. 어려운 문제를 앞에 두고 교사가 해결방법을 제안하고자 하면 거부하기도 합니다. 누구의 도움 없이 스스로 해결하고자 하는 욕구를 보입니다. 1,2학년 시기 아이들은 교사의 도움으로 작품을 만들어도 자신이 만들었다고 자랑합니다. 4학년 시기는 교사의 도움을 받는 것은 자존심 상하는 일이며 누군가의 도움으로 만들어진 것은 자기가 한 것이 아니다고 생각하는 것을 볼 수 있습니다. 심하게는 교사가 간섭해서 더 잘할 수 있는 것을 못하게 되었다고 불평을 늘어놓기도 합니다.

자신의 관점으로 옳고 그름, 좋은 것과 싫은 것을 판단하고 문제해결의 방법까지 제안하고 실행합니다. 교사와 부모에게 반항을 시작하고 자신의 뜻대로 하고자 하는 고집을 부리기도 합니다. 아이들의 주장과 논리를 인정해주는 분위기의 학교라면 아이들이 부리는 고집을 감당하기 쉽지 않습니다. 권위에 대립적인 판단의 경우, 교사의 제안에 대한 부당함을 이야기하고 집단의 힘으로 자신들의 판단을 관철시키려고 시도하기도 합니다. 혹, 자신이 주장하고 실행한 내용이 잘못되어도 그 원인은 다른 곳에 있다고 우깁니다. 심리적으로 원망과 억울함이 가득한 시기입니다. 교사가 4학년 시기의 발달을 이해하면, 미덥지 못한 아이들의 계획을 인정하고 실행하고 도전할 수 있도록 허용할 것입니다. 수습할 것이 많지만 이런 지도가 이 시기 아이들의 성장에 도움이 되기 때문입니다. 억울함과 원망 속에서도 자신을 객관적으로 돌아보는 힘을 가지고 있고 인정하기 싫지만 자신의 잘못을 인정하는 모습을 보이기도 합니다. 북유럽신화에 나오는 '로키'라는 인물은 이 시기 아이들의 상황을 잘 표현해주고 있습니다. 인정에 대한 욕구와 자존감이 강한 시기라 자신이 계획하고 실행하는 경험과 이를 통한 성취를 인정받는 경험은 이 시기 아이들에게 강한 성장의 동력이 됩니다.

<5,6학년> 정서적으로 안정적인 시기에 접어듭니다. 다양한 의견에 대한 수용과 균형감을 가집니다. 5,6학년은 자신을 객관적으로 돌아보는 힘이 생깁니다. 자신의 생각을 논리적으로 표현하고 근거를 가진 주장은 힘이 있습니다.

5학년 아이들은 조화로움을 가지고 더 넓은 세상 속으로 거침없이 걸어갑니다. 아동기의 중심기로 자아의식은 계속 커지고 교사의 제안에 논리적으로 반박하며 집단의 힘을 발휘합니다. 결과에 대한 원인을 파악하는 힘을 가지고 있어 잘못된 결과에 누군가를 원망하고 탓하기보다 자기를 돌아보기도 합니다. 교사는 어린 집단의 힘을 느끼게 되고 일방적인 권위로 밀어붙이기보다 정서적 교류와 설득으로 새로운 관계를 맺어갑니다.

현상과 관계에 대한 의문들이 생기게 되고, 상황에 따른 유연성을 발휘합니다. 사실적이고 논리적인 사고의 발달은 심리적인 혼란을 주기도 합니다. 지금까지의 교사와 어른에 대한 신뢰는 반감으로 작용하고 신뢰할 만한 사람인가에 대한 의문을 가지고 도전적으로 표현하기도 합니다. "왜 이렇게 해야 해요?", "이렇게 하면 안 되나요?"와 같은 표현을 자주하고, 교사의 제안에 대해 날카롭고 비평적인 태도를 보이기도 합니다. 자신의 생각을 교사와 어른을 통해 인정받기보다 또래 친구들의 공감과 지지가 더 큰 힘이 됩니다. 개별 아이들의 재능과 기질이 뚜렷하게 드러나고 집단 안에서 구분되는 역할이 생깁니다. 교사가 개별 인격체로 아이들을 인정하고 집단의 의견에 귀 기울이고 합리적인 범위에서 집단의 요구를 들어주는 과정을 통해 균형과 조화를 이루면서 안정감을 찾아갑니다.

5학년시기에 제공되는 교과활동에서도 자신의 재능을 뚜렷하게 나타내기 시작하며 논리적이고 인과적 사고가 가능합니다. 특별히 주의해야할 것은 배움의 욕구가 일어나는 적절한 도전과제를 제공하는 것이 필요합니다. 너무 쉽고 유치하게 느껴지는 활동은 이 시기 아이들을 무력하게 만들고 교사에 대한 신뢰를 깹니다. 도전의지와 배움에 대한 내적 의지를 강화되는 과제는 아이들이 가진 힘과 더불어 신나고 즐거운 활동이 됩니다. 5학년 아이들과 조화와 균형을 가진 수업을 경험한 교사는 이 시기의 활동을 가장 행복한 기억으로 가지고 있는 경우가 많습니다.

6학년이 되면 조화로움과 균형감을 바탕으로 세상에 대한 본격적인 배움의 욕구를 가집니다. 자연현상과 인류의 역사에 대한 관심이 커지고 현상에 대한 원인과 결과를 이해하고자 합니다. 또한, 논리와 이성적인 사고를 바탕으로 모든 관계 속에서 개별적인 반감, 반항심이 커지는 시기입니다. 아이들의 의견과 생각을 잘 들어주고 자유로운 활동들로 아이들의 반감을 풀어줄 수 있어야 합니다. 인격체로 인정해주고 존중해 주어야하는 시기입니다. 이 아이들은 이제 어른의 가르침 없이도 자신의 의지로 세상을 살아가고자 합니다. 자립에 대한 의지가 강하고 현상적이고 실제적인 관점에서 사고합니다. 실제적인 세상을 경험하고 싶어 하고, 가능하다면 세상을 자기 것으로 만들고 싶어 합니다. 자신의 생각과 의견을 제안하고 책임감을 가지고 행동합니다. 실제적이고 명료하고 무엇보다 공정한 사람을 원하고 필요로 합니다. 이 시기 아이들은 어른들 앞에서는 자기 생각을 잘 표현하지 못하게 되는 경향이 있습니다. 특별히 억압적인 상황은 이성적인 사고를 방해하고 자신의 생각을 표현하는 방법을 찾지 못해 혼란스러워합니다. 교사와 어른들과의 관계에서 안정감을 얻지 못하면 또래 관계에서 자신을 찾고자 합니다. 또래문화들이 활발하게 일어나고 자신들의 은어로 유창하게 표현하고 인정받기도 합니다.

6학년시기에 제공되는 교과활동은 원인과 결과를 명확하게 찾아갈 수 있는 자연과학과 인류역사, 존경할 만한 인물의 전기가 도움이 됩니다. 현상과 실제적인 세상에 대한 이해에 도움을 줄 수 있는 활동, 자신의 힘으로 이루어낸 성과가 사회적 성취와 변화를 만들어 가는 활동은 이 시기 아이들의 성장에 도움을 줍니다. 자신이 살고 있는 마을의 문제 찾고 그 원인을 찾아 해결방법을 제안하고 실제 현실에서 문제를 해결해 본 경험은 배움의 욕구를 강화시키고 자기 존중감을 느끼게 해줍니다.

아이들의 관심과 호기심에 따른 교과과정 구성

학기가 시작되기 전, 담임은 맡은 아이들의 개별적 기질과 관심분야에 바탕을 두고 배움의 욕구를 실현할 수 있도록 교육과정을 계획합니다. 한 해 계획된 교육과정은 학생들의 배움의 욕구를 실현하는 것을 목적으로 합니다. 계획된 교육과정을 목적으로 두는 것이 아니라 학생들의 배움의 요구를 발견하고 스스로 실현할 수 있도록 도움을 주는 수단으로 교육과정을 이해합니다. 활동이 시작되는 그 순간부터 제공된 교육과정을 통해 학생들의 관심과 호기심이 어떻게 일어나는가를 관찰하고 유연하게 재구성하여 운영합니다. 앞선 1년간의 교육활동 기록 안에서 어떻게 작동하는지 발견할 수 있으면 좋겠습니다.

각 달마다 주제를 중심으로 수업을 풀어갑니다. 각 달에 정해진 주제가 아이들에게 배움에 대한 호기심과 관심을 줄 수 있어야겠습니다. 호기심과 관심에서 출발한 배움이 더 깊은 배움을 요구하고 그 욕구를 실현할 수 있도록 진행합니다.

그럼에도 주제와 상관없이 아이들의 배움의 욕구가 흘러간다면 정해진 주제를 풀어내기보다 아이들 배움의 욕구를 우선하는 수업이 삶 교과 수업입니다.

학교 설립 초, '수확'을 주제로 10월에 진행한 삶교과 수업을 사례로 아이들의 배움의 욕구가 어떻게 일어나고 실현되는지 발견해보았으면 합니다. 이 삶교과 수업은 '수학' 수업과 결합하여 진행되었습니다.

[수업 사례] '수확'은 10월의 삶교과에 적절한 주제이지요. 10월 들녘에는 벼가 익어 황금물결을 이루는 시기입니다. 지인의 소개로 김해로 나들이를 가서 아이들과 벼베기를 합니다. 낫을 처음 잡아 보는 아이들이 조심스럽게 벼 베는 방법을 익히고 난 후, 벼포기를 잡고 벼를 벱니다. 하루 반나절 아이들과 벤 벼를 차에 싣고 학교 강당에 쌓아둡니다. 10월 한달 동안 아이들에게 주어진 과제는 벼 베기를 하고 탈곡하고 우리가 도정한 쌀로 음식을 해 먹는 것입니다. 이 모든 과정이 한 달 과정의 삶 교과 수업입니다. 그 과정에 부분 과제들이 포함됩니다.

첫 번째 부분 과제는 '수 놀이'입니다.

탈곡을 시작하면서, 알곡이 가장 많이 붙은 이삭을 찾아오게 합니다. 아이들은 자기가 보기에 가장 알곡이 많이 달렸다 싶은 이삭을 골라서 알곡의 수를 세기 시작합니다. 적은 것은 150여 개, 많은 것은 300개에 가깝습니다.

초등 1학년은 세다가 센 수를 잊어버리고 다시 셉니다. 몇 번의 반복적인 수 세기를 통해 묶음을 만듭니다. 100개씩 묶음을 만드는 아이, 50개씩 묶음을 만드는 아이, 10개씩 묶음을 만드는 아이. 신기하게도 자신이 자신 있게 셀 수 있는 만큼의 묶음을 만듭니다. 그렇게 해서 다시 세는 어려움을 스스로 극복합니다. 더욱 신기한 것은 묶음을 가르치지 않아도 스스로의 힘으로 불편을 극복하는 방법을 찾아낸다는 점입니다. 수 세기로 묶음이 만들어지면 연산에 대한 요구가 나옵니다. 더하기의 필요를 느끼고 더하기 방법에 대한 배움의 욕구를 보입니다.

고학년으로 올라갈수록 300까지 정도의 수는 쉽게 셉니다. 그래서 고학년의 경우, 묶음을 따로 만드는 아이는 적습니다. 고학년에서 묶음의 적용은 1,000개 이상의 수를 셀 때라야 나타납니다. 만약, 교사가 아이들이 생활 속에서 필요하다고 느끼지 않는 수 세기를 제안한다면 아이들에게는 고통스러운 일이 될 것입니다. 생활 속에서 필요를 느끼고 자신의 욕구를 해결하기 위한 활동은 그것이 수를 세는 것이라 하더라도 즐거운 놀이로 전환됩니다.

아이들은 자신이 가져온 벼 이삭에 달린 알곡의 개수를 세어보고는 더 많은 알곡이 붙은 벼를 찾아오고 싶어합니다. 이를 허용하면 더 많은 알곡이 붙은 벼를 찾아와서 즐겁게 셉니다. 누구보다 많은 알곡이 붙은 벼를 찾은 아이는 즐거워하면서 더 많은 알곡이 붙은 벼를 찾아 나섭니다. 그리고 수 세기를 반복합니다. 자신이 찾은 지혜로 수를 세기 시작합니다.

이런 모습 속에 나타나는 경쟁심은 이기적이고 남을 비하하는 모습이 아니라, 자신의 성장을 위해 몰입하는 동기로 작용합니다. 사람들은 모두 경쟁심을 가지고 있습니다. 이는 배움의 동기가 되기도 하고 자신의 삶을 풍성하게 만들어가는 힘이 되기도 합니다. 경쟁심이 나의 성장을 위한 것이 아니라, 남이 잘하면 배 아프고, 남을 눌러야 자신이 나은 평가를 받는 것으로 되어서는 배움을 대하는 태도가 아니라고 할 것입니다. 우리가 아이들에게 주고자 하는 배움이 자신과 남을 파괴하는 경쟁심으로 나타나는지, 자기 성장의 동기로 나타나는지 잘 관찰했으면 합니다.

두 번째 부분과제는 '탈곡과 도정을 위한 도구의 개발'입니다.

옛 사람들은 벼를 베고 나면 탈곡을 합니다. 도리깨를 사용하기도 하고 탈곡기를 만들어 탈곡을 합니다. 우리 아이들은 손으로 탈곡을 했습니다. 수세기를 하면서 하나씩 이삭을 떼어내는 활동은 처음엔 즐거운 활동입니다. 한 시간 정도의 즐거움은 될 수 있을지 몰라도 몇 시간씩 이런 활동을 한다는 것은 아이들에게 힘겨운 노동이 됩니다.

처음엔 신나게 강당으로 가서 돗자리 펴고, 바구니를 옆에 끼고 벼 알곡을 떼어 바구니에 담습니다. 하나씩 떼어내다가 손으로 훑기도 합니다. 손은 까칠해지고 마음도 까칠해집니다. 시간이 지날수록 불만이 입 밖으로 나오고 '이 많은 벼를 어떻게 다 하나'하는 마음이 듭니다. 하루에 많아도 1시간 정도 탈곡을 합니다. 하루 이틀 지나면 아이마다 탈곡하는 방법이 달라집니다. 어떤 아이가 머리빗을 들고 와서 손으로 훑던 것을 빗으로 훑습니다.

옆의 아이들은 이 아이의 발견에 놀라움을 표하고 너나 할 것 없이 빗을 요구합니다. 한 아이의 지혜는 공동체의 이상을 실현하는데 도움이 되었고 공동체 구성원은 그 발견에 지지와 존경을 표합니다. 또 다른 아이가 탈곡 도구 만들기를 제안하고 학교에 있는 다양한 재료로 도구를 개발합니다. 나무토막에 못을 촘촘히 박아 큰 빗을 만들고 벼 다발을 훑어냅니다. 각자 불편을 해소하기 위해 다양한 방법을 모색하고 함께 느끼는 어려움을 해결해 내었을 때 그것은 공동체에 힘을 주고 서로가 서로에게 감사의 마음을 갖게 합니다. 개인의 성취가 집단의 성취에 도움이 되고 서로에 대한 존중이 나에 대한 자존감으로 이어집니다.

끝없어 보이던 작업이 서로의 지혜로 일주일 사이에 끝납니다. 도구의 사용은 아이들에게 지혜와 기쁨을 주었지만 우리가 만든 도구를 사용한 탈곡은 지푸라기를 남겼습니다. 지푸라기와 알곡을 분리하는 것도 쉽지 않은 작업입니다. 또 다시 지혜를 모아 알곡을 골라냅니다.

골라낸 알곡은 껍질을 까는 도정을 거칩니다. 손으로 껍질을 까면서 우리가 익히 아는 쌀알이 나오는 것을 발견하는 것은 신비로움이고 기쁨입니다. 처음의 신비로움은 시간이 지날수록 괴로운 노동이 되고 또다시 좀 더 손쉬운 도정방법을 찾아냅니다. 절구로 찧어보자는 지혜가 나오고 직접 실행해 보면서 알곡이 짓물러지는 것을 발견합니다. 알곡을 말릴 필요를 느끼게 되는 것이지요. 해 뜨면 옥상에서 말리고 저녁에 거두어두었다가 다시 말리기를 반복합니다. 말린 알곡은 껍질이 더 잘 까진다는 것도 배웁니다. 한 달간 우리는 한 되 정도의 쌀알을 건집니다. 남은 쌀알은 도정기가 있는 곳을 찾아 도정을 했습니다. 도정기를 개발한 사람에게 감사한 마음을 보내며, 흔쾌히 우리 쌀을 도정해준 분께도 감사한 마음으로 도정을 했습니다.

이 쌀로 밥을 하면 아이들은 한 톨의 쌀도 버리지 않습니다. 씻다가 흘려보낸 쌀알 한 톨을 아깝게 여깁니다. 이 쌀로 떡을 하면 떡을 싫어하는 아이도 맛있게 먹습니다. 배움을 통해 삶의 태도가 달라집니다.

옛 사람들은 삶을 통해 배움을 얻었고 배움을 통해 편리한 삶을 가꾸어 왔습니다. 정리된 공식은 불편을 겪지 않아도 지금의 풍요를 즐길 수 있게 도움을 줍니다. 그 과정에서 잃어버리는 것이 있지요. 그것은 삶의 지혜이며 감사의 마음입니다. 왜 수학이라는 것을 만들어 우리를 힘들게 하는지 불평하는 아이는 많지만, 우리의 삶을 풍성하게 만들기 위해 제공된 삶의 지혜에 감사하는 아이는 드뭅니다. 이런 배움은 자신에게 삶의 지혜를 얻게 할 뿐만 아니라 지금의 풍성함을 준 사람들에게 감사하는 마음을 갖게 합니다.

세 번째 부분과제는 '잔치준비'입니다.

"옛 사람들은 어른 한사람이 한 끼를 먹을 수 있는 양을 한 홉이라고 했단다. 우리 한 홉에 들어 있는 쌀의 개수를 세어볼까?"

도정한 쌀을 가지고 한 홉의 양을 세어봅니다. 약 6,000개의 쌀알이 들어있습니다. 6,000개의 쌀알을 세면서 아이들은 각자의 묶음을 만들고 수 세기의 원리를 발견합니다. '가르치지 않아도 배움을 얻는다는 것은 이런 것이구나'하는 깨달음을 얻는 시간이었습니다.

한 홉이 10개가 모여 한 되가 됩니다. 한 되가 열이 모여 한 말이 됩니다. 우리 옛 사람들은 한 끼의 밥을 통해 일 년 농사에 필요한 양을 가늠하고 부족한 먹을거리를 해결할 방법을 찾았습니다. 옛날 측정단위는 삶의 필요에 의해서 만들어졌습니다. 사람을 중심에 둔 단위는 이해하기도 싶고 생활에 적용하기도 쉽습니다.

"우리 집에 쌀 4홉이 있어.

우리 식구는 4명이고 몇 끼를 먹을 수 있는 양일까?"

"한 끼"

"우리 집에 쌀 4되가 있어.

우리 식구는 4명이고 몇 끼를 먹을 수 있는 양일까?"

"열 끼"

"우리 집에 쌀 1말이 있어.

우리 식구는 4명이고 몇 끼를 먹을 수 있는 양일까?"

 이런 식의 문제는 삶을 통해 해결해야만 하는 것이고 그 시대를 사는 사람들에게는 중요한 문제입니다. 수학은 이런 구체적인 문제조차 쉽게 풀어내는데 도움을 줍니다.

아이들과 잔치를 준비하고 학교에 찾아오는 손님의 수를 짐작하여 많은 손님을 대접하기 위해 필요한 음료의 양을 계산하고 직접 사서 준비하는 과정은 직면하는 삶의 문제입니다. 돈 계산하는 수준의 수학이 아니라, 잔치를 기획하고 손님을 환대하는 아름다운 마음으로 풀어가는 문제입니다. 이 문제를 해결하기 위해 가장 큰 도움을 주는 것이 수학입니다. 이는 계산만을 위해 필요한 것이 아니라 사람들에 대한 감사와 존경의 마음을 갖고 잔치를 준비하면서, 잔치를 찾는 사람들에게 모자람 없이 넉넉히 대접하고자 하는 아름다운 마음을 실현하는데 도움을 줍니다.

더불어 행복한 삶을 가꾸는 **교사**

[교사는 어떤 사람인가?]

어느 날, 대안학교 선생이라고 소개하니, 큰 스승님이 이렇게 묻습니다.

"배움이 먼저냐?, 가르침이 먼저냐?"

머뭇거리자 선생님은 이렇게 말씀하십니다.

"스스로 선생이라고 하는 사람들은 잘못된 것이야. 선생은 자신이 선택하는 것이 아니야. 스스로 선생이 될 수는 없어. 배움을 요청하는 이가 있어야 선생이 있는거야. 배움을 요청하는 사람이 찾아와 배움을 구하면 선생이 되기 싫어도 선생이 되는거야. 누군가가 불러주는 이름이지 스스로 부르는 이름이 아니란 말이지."

선생님의 말씀이 큰 울림이 되어 마음 속 깊이 자리 잡습니다. '내가 교사로 존재할 수 있는 것은 아이들 덕분입니다. 내게 배움을 청하러 온 아이가 있어 내가 존재합니다. 내게 온 아이를 감사함으로 받고 그들이 요청하는 배움에 화답하는 것이 교사로 살아가는 사명입니다. 깨우침을 주신 선생님께 감사드리며 그 길을 걷고자 합니다.'

돌아보면 우리의 교육은 가르침을 우선에 둡니다. 가르침을 우선에 두는 곳에서는 배움이 자라지 않습니다. 가르침을 따라오지 않는 아이를 문제시하고 학생은 대상화됩니다. 교사는 가르친 내용을 알고 있는지 끊임없이 평가

하고, 학생은 왜 배우는지도 모른 채 평가받기 위해 살아갑니다. 가르침을 우선에 둔 교사는 왜 가르치는가를 묻지 않고 어떻게 잘 가르칠 것인가를 생각합니다. 가르침의 성취가 아이를 통해 평가받길 원하고 아이의 성취가 자신의 능력인양 착각합니다. 가르침을 중심에 둔 부모도 마찬가지입니다. 배움을 중심에 둔 교육은 학생중심의 교육으로 갈 수 밖에 없습니다. 배움의 욕구를 가진 이도 학생이고 깨달음을 얻는 것도 학생입니다. 교사는 아이들이 요청하는 배움에 화답할 뿐입니다. 배움을 중심에 둔 교사는 가르칠 내용을 찾기보다 아이들의 결을 살피고 학생들이 무엇을 원하는지 알고 싶어 합니다. 학생은 직면하는 삶을 통해 배움을 찾아갑니다. 결을 살펴 직면하는 삶을 피하지 않고 도전하고 성취할 수 있도록 돕습니다. 직면할 수 있는 삶의 내용을 교육과정으로 제공하고 제공된 교육내용은 학생들이 기대와 설렘으로 대면할 수 있도록 합니다. 학생이 깨달음을 얻고 성취를 이루었다면 교사는 함께 기뻐할 뿐 그의 성취를 위해 내가 한 것이 특별히 없음을 깨닫습니다. 배움을 중심에 둔 부모도 이와 같겠지요.

배움을 중심에 둔 교사는 아이들을 통해 배움을 얻고 깨달음을 얻습니다. 아이들을 통해 교사로서 나의 부족과 과제를 깨닫고 더욱 정진하는 기회로 삼습니다. 큰 스승님은 늘 학생이라고 자신을 소개하십니다. 사람은 배우기 위해 이 땅에 왔다고 말씀하십니다. 내가 교사로서 존재할 수 있는 것도 아이들 덕분이고, 아이들을 통해 늘 배우고 나의 부족과 과제를 깨닫게 되니 아이들이 나의 선생이기도 합니다.

[삶을 가꾸는 교육을 위한 교사의 마음가짐]

자연은 이루려고(成) 하지 않는다, 다만 열매 맺을 뿐이다. ●

교육도 그러합니다. 교육을 통하여 구체적인 목적을 달성하려 애쓰는 순간, 교육 속에서 아이들의 생생한 삶은 빛을 잃기 시작하고 이루고자 하는 목표와 과정 속에 아이들을 끼워 맞추려는 오류를 범하게 됩니다. 결과를 이루려는 욕심이 교육을 그르치게 되는 것입니다

어린 도토리가 싹이 트고 자라 참나무가 되고 또 다른 도토리 열매를 맺습니다. 비옥한 땅과 따뜻한 햇살, 살랑거리는 바람과 촉촉한 빗방울을 듬뿍 머금고 도토리는 땅 속으로 뿌리를 내리며 싹이 돋습니다. 도토리를 싹트게 하는 것은 땅이 아닙니다. 햇살도 아닙니다. 바람도, 비도 아닙니다. 그렇다고 도토리 혼자 힘으로 자랄 수 있는 것도 아닙니다. 비옥한 땅과 햇살, 비와 바람이 함께 자연스럽게 어우러질 때 도토리는 제 속에서 힘찬 생명의 기운을 뿜어내며 싹을 틔웁니다. 때론 거센 비바람에 온몸이 휘청거리면서도 여린 뿌리 땅속으로 더욱 깊이 파고들어가 제가 선 자리 쉬이 놓아버리지 않는 힘을 몸속에 차곡차곡 쌓아갑니다.

교사는 그 모진 바람조차 도토리가 더 굳건히 뿌리내릴 수 있도록 돕는 존재입니다. 교사는 햇살 한 줌과 같은 존재입니다. 내가 도토리의 싹을 틔워내겠다는 욕심을 갖게 되는 순간 나의 열정은 오히려 도토리를 숨 막히는 열기로 말라 죽게 만들지도 모릅니다. 나의 틀과 목적의식을 내려놓고 내 앞에 서 있는 아이의 '지금 이 순간'에 집중할 때, 아이의 내면에서부터 꿈

● 이현주 목사님의 장일순 선생님 회고 강연 중. (2013년 사랑어린배움터)

틀거리는 배움의 욕구와 성장을 향한 강한 생명력을 만나게 됩니다. 교사는 자연의 리듬을 세심하게 관찰하듯이 아이들의 겉으로 보이는 모습뿐 아니라 내면의 목소리에 귀를 기울일 수 있어야 합니다.

참된 교사는 추상적인 이론에 지배당하지도 않고 자기 계획에 사로잡히지도 않는다. 아이들 삶의 지금과 여기에서 침묵으로 들리는 음성에 귀를 기울일 줄 안다. ●

참된 교사는 아이들 영혼의 세계로 교사 자신이 깊숙이 들어갈 수 있어야 한다. 아이들의 특징에 대해 이렇다 저렇다 하면서 이상화하거나 일반화 하지 않으면서, 자신이 몸소 아이들의 순수함, 민감함에 대하여 직관을 하고, 아이들의 세계에 대한 인식과 주변의 현실에 대한 감성적인 반응에 활짝 열려 있어야 한다. ●●

[과정별 교사의 역할]

삶 교과를 실현하는 교사는 아이들의 삶을 깊이 있게 관찰하고 아이들이 각자 자신의 삶을 풍성하게 가꾸어갈 수 있도록 도움을 주는 교사입니다. 이런 교사를 참빛학교에서는 담임교사라 합니다. 학교생활 전체를 아이들과 함께 하고 가정생활 전반에 관심을 가지고 지켜보며 부모와 협의하여 아이들 삶이 풍성해 질 수 있도록 돕는 사람입니다.

● 장 바니에, 〈사랑의 선물, 예수〉, 풍경소리 2010, 4월호 참조.
●● 《아이들에게 온 마음을》 수호믈린스키, 고인돌, 2013, p22.

'초등과정'에서 삶 교과의 주요내용이자 교재는 교사 자체입니다. 초등과정 아이들에게는 교사의 계획과 설계가 중요한 역할을 합니다. 교사는 아이들의 삶을 관찰하고 아이들이 지닌 내적 배움의 욕구에 근거하여 아주 세밀하게 삶 교과를 계획하고 설계합니다. 교사의 교육과정 설계가 진정으로 아이들을 돕는 세밀한 과정이 되려면 교사가 자신의 내면을 갈고 닦는 노력을 통해 아이들에 대한 관찰이 피상적이지 않고 보다 깊이 있는 통찰이 이루어질 수 있도록 해야 합니다.

'중등과정'에서 삶 교과의 주요내용과 교재는 교사와 학생의 협력활동으로 구성됩니다. 큰 틀에서 삶 교과의 방향을 교사가 정하고 삶 교과를 설계합니다. 구체적이고 세밀한 부분은 아이들이 스스로 찾고 해결할 수 있도록 도움을 줍니다. 아이들이 성장하는 동안 교사도 함께 성장합니다. 이 시기까지는 아이들의 배움의 욕구 실현을 위해 교사가 설계한 교과내용을 통해 도움을 줄 수 있습니다.

'상급과정'에서 삶 교과의 주요내용과 교재는 학생이 스스로 추구하는 삶의 설계와 실천이며 교사는 학생들이 자기 계획을 구체적으로 실현할 수 있도록 도움을 줍니다. 상급과정에 있는 학생들은 개별의 관심이 분화되고 전문성을 요청합니다. 상급과정 교사는 자신의 능력만으로 아이들이 갖는 배움의 욕구를 충족시키기 힘듭니다. 다양한 배움의 내용을 충족시킬 수 있도록 전문가그룹의 인력풀을 확보하고 활동 공간에 대한 네트워킹을 갖추어가야 합니다. 개별적인 관심과 성취가 표현될 수 있는 활동을 기획하고 개별 학생들이 자신의 참빛을 찾아갈 수 있도록 도움을 줍니다. 상급과정은 학생들이 설계한 삶 교과 내용이 잘 실현될 수 있도록 돕는 것이 교사의 역할입니다.

더불어 행복한 삶을 가꾸는 교육방법

삶의 상황에 직면하도록 하여 내적 호기심과 관심을 갖게 하기

교과서와 시험문제 안에는 정답만이 있고 지식의 정도를 측정할 수 있을 뿐, 삶을 가꾸어 가는 지혜는 없습니다. 답을 찾기는 쉽지만 생활 속에서 다양한 문제 상황에 알맞은 실천을 찾기는 어렵습니다. 교과서와 시험문제에는 정답이 있지만 삶과 아이들이 직면하는 문제 속에는 정답이 없습니다. 삶과 아이들이 직면하는 문제 상황에는 적절하고 다양한 삶의 방식이 있을 뿐입니다. 틀렸다고 절망하지 않고 바른 삶의 방식을 찾기 위해 노력하는 과정에서 실패는 지혜를 얻게 합니다.

삶을 가꾸는 교육은 아이들에게 절망과 열등감을 주지 않습니다. 어느 누구와 비교하지도 않습니다. 삶의 상황에서 얻은 배움은 삶에 희열을 주고 또 다른 깊이의 호기심과 관심을 갖게 합니다. 스스로 발견한 문제에 대한, 불편에 대한 문제의식은 당면한 상황을 섬세하게 관찰하고, 관찰에서 얻은 해결의 실마리는 호기심과 관심으로 대체됩니다. 해결의 실마리를 찾기 위한 배움은 삶을 가꾸고 인간을 성장하게 합니다. 성장한 인간은 자립할 수 있습니다. 스스로 문제를 해결할 수 있는 힘을 얻습니다. 배움의 과정에 많은 이들의 도움이 있었음을 알고 감사하는 마음을 가집니다. 친구가 있어 더 큰 힘을 얻습니다.

아이들 스스로 해결할 수 있도록 돕고 기다려 주기

스스로 가진 호기심과 관심은 배움의 욕구로 나타납니다. 관찰하고 시도하고 풀어내는 과정을 거치면서 스스로 답을 찾아갑니다. 그 답이 때로 알맞지 않고 잘못되었다 하더라도 스스로 발견하고 고쳐가는 동안 믿고 기다려 주는 것이 필요합니다.

어른의 섣부른 도움은 정답을 알려 줄 수는 있어도 아이들이 스스로 찾은 기쁨을 대체할 수 없으며, 더 깊은 호기심과 관심으로 이끌어 주지도 못합니다. 앎은 더 깊은 배움의 욕구로 표현됩니다. 손쉽게 빨리 찾은 답은 신비로움과 경외심을 잃게 하고 아이들을 점점 더 무기력하게 할 뿐입니다.

주어지는 답에 익숙한 아이들은 한두 번의 시도와 실패에도 쉽게 좌절합니다. 아이들이 해결의 실마리를 찾지 못해 막막해할 때 아이들이 포기하지 않도록 격려해주며, 이정표를 제시해 주는 것이 교사의 중요한 역할입니다.

몸으로 익혀 습관으로 정착되게 돕기

지식은 머리로 익히지만 지혜는 몸으로 익혀 습관으로 정착됩니다. 입고 먹고 자고 놀고 생활하는 구체적인 삶의 일상들 속에서 몸을 움직여 배움을 얻고 불편과 힘듦을 해결하기 위한 방법을 찾아내는 과정에서 살아있는 삶의 지혜를 얻게 됩니다. 지식을 쌓기 위한 내용의 제공이 아니라 몸으로 익혀 생활에 활용하고 습관으로 정착될 수 있도록 한다면 아이들 삶은 더욱 풍성해지고 자립의 힘도 커질 것입니다. 자신의 몸과 마음을 쏟아 꾸준하게 답을 찾아가는 과정은 그 자체로 아이들의 몸 속에 소중한 지혜로 새겨지게 됩니다.

혼자 해결할 수 있는 과제보다 함께 해결할 수 있는 과제 제공하기

지금 이 순간에도 우리 모두는 많은 사람들의 도움으로 행복을 누리고 있습니다. 살고 있는 집, 입고 있는 옷, 먹고 있는 음식에서부터 전기, 수도, 지하철... 오늘 하루 살아가는 모든 것은 많은 사람의 도움으로 누리는 것입니다. 각자 하는 모든 일이 가치롭고 의미 있습니다. ●

함께 해결하는 과제를 풀어가는 과정에서 서로의 능력과 가치가 존중받고, 자신의 가치를 소중히 여기는 삶을 가꾸어 갑니다. 공동의 과제는 다양한 분야에서 각자의 능력이 발휘되어 서로 도움을 주고받으면서 해결하는 즐거움을 맛봅니다. 각자 알맞은 역할을 할 때 공동의 과제는 높은 성취를 얻게 됩니다. 각자 잘하는 것이 있고 각자 부족함을 보충하면서 모두 성장합니다.

스스로 배움의 요청이 있기 전에 먼저 가르치지 않기

아이들은 저마다 발달과정을 거쳐 알맞게 성장합니다. 때로 늦는 아이도 있고, 빠른 아이도 있습니다. 모두가 획일적인 과정에 맞추어 지도하고 나아가 조기교육을 통해 빨리 배우는 것을 선호하면 아이들의 개성이 죽고 배움의 욕구도 죽습니다. 잘못된 조기교육은 무기력한 아이들로 자라게 합니다. 아이들은 저마다 자기만의 고유한 발달 시간표를 갖고 있습니다. 이러한 자기 발달의 시간표에 맞게 요청하는 배움의 욕구에 따라 적기에 교육하는 것이 아이들의 성장을 도울 수 있습니다.

아이들의 배움의 욕구는 쉽게 겉으로 표현되기도 하지만 그렇지 않을 수도

● 부산참빛학교 학부모 교육내용 중 발췌.

있습니다. 반대로 겉으로는 배움의 욕구를 표현하는 것 같지만 아이들의 내면이 진정으로 바라는 것은 겉으로 표현되는 그것이 아닌 다른 것일 수도 있지요.

8세나 9세의 아이가 글자 읽기를 거부한다고 해서 내면에 배움의 욕구가 없는 것은 아닙니다. 계속된 실패의 경험으로 인해 겉으로는 그것을 거부하지만 내면에서는 그 무엇보다 간절히 배움을 요구하고 있을 수 있습니다. 그렇다고 모든 8,9세 아이가 이 시기가 되면 글자 읽기를 바란다고 단정 지을 수도 없습니다. 5세 아이가 글자 읽기를 원한다고 해서 아이의 내면이 진정으로 바라는 것이 문자 교육은 아닌 경우가 많습니다.

따라서 아이들이 내면의 목소리로 말하고 있는 진정한 배움의 욕구를 세심하게 살펴서 그러한 요청에 적절하게 반응해 주는 것이 필요합니다.

심심함을 즐기도록 돕기

부모교육시간에 집에 텔레비전과 컴퓨터, 스마트폰을 비롯한 미디어를 없애길 권장합니다. 아이들이 심심하다는 말을 달고 산다고 합니다. 우리는 아이들이 심심하지 않도록 애를 씁니다. 갖가지 장난감을 주고 놀잇감을 제공합니다. 심심해하는 아이들과 놀아주는 것이 좋은 교육이라고 생각합니다.

심심함을 즐길 수 있는 능력은 그 무엇보다 아이들에게 필요한 삶의 힘입니다. 심심한 아이들에게 우리가 어떤 것도 제공해주지 않는다면 아이들은 스스로 놀이 방법을 찾고 놀잇감을 만들 것입니다. 그림을 그리는 아이, 책을 보는 아이, 형제가 있다면 형제들과 놀 것입니다. 형제들이 없다면 친구를 찾을 것입니다. 심심함은 아이들이 자발적으로 자신의 삶을 가꾸도록 하는 중요한 요소입니다.

학교에서는 심심한 아이들이 없습니다. 친구들이 있는 교실에서는 스스로 만든 놀이와 관계를 통해 심심할 여가가 없습니다. 심심함은 아이들에게 그 시기에 맞는, 삶을 가꾸는 방법을 스스로 찾게 만듭니다. 각종 미디어는 아이들을 수동적으로 만듭니다. 시간을 죽이기에 얼마나 좋습니까. 다큐멘터리와 과학 애니메이션이 가지고 있는 좋은 점이 있을지 모르지만 우리 아이들에게는 수동적인 지식만을 줄 뿐, 삶을 가꾸는 지혜를 주지는 못합니다. 심심함을 즐길 줄 아는 아이는 자신의 삶을 스스로 가꾸는 힘을 키워갑니다.

모든 배움이 일이 아니라 놀이가 되도록 하기

아이들이 흥미를 가지고 배움을 찾고자 할 때 우리는 아이들이 놀이로 접근하는지 일로 접근하는지 잘 보아야 합니다. 일로 접근하는 아이에게는 즐거운 놀이가 될 수 있도록 도와주어야 합니다. 놀이로 접근하고 있는 아이의 즐거움을 일로 만들어 힘들게 하지 않아야 합니다. 배움이 일이 아니라 놀이로 남아 있으려면 배움의 욕구를 절제하는 경험도 필요합니다.

아이가 학교에서 더하기를 배우고 와서 자랑하며 더하기 문제를 내어달라고 합니다. 처음엔 대견스러워 몇 문제 내어주다가 자꾸 내어달라니 아이의 배움의 욕구를 채워 주고자 문제집을 사줍니다. 절제 없는 배움의 과정은 아이들에게 더 이상 배움이 설레는 기다림의 과정으로 남아 있지 않게 됩니다. 아이는 당장 문제 푸는 동안 즐거웠을지 몰라도 오래지 않아 질리게 됩니다. 더 이상 놀이가 아닌 일로 남게 됩니다. 적절한 절제와 기다림을 통해 아이에게 배움은 늘 기다려지는 놀이가 될 수 있습니다.

우리 학교에는 유독 배우기 좋아하는 아이들이 많습니다. 피아노, 수영, 외국어 등등... 집에 돌아오면 더 배우고 싶다고 합니다. 과유불급(過猶不及)이라는 말이 있듯이 놀이로 접근된 배움의 욕구가 일이 되지 않도록 조절하는 것이 필요합니다. 질리지 않고 배움의 깊이를 추구할 수 있도록 돕는 것이 아이들 삶을 가꾸는 교육입니다.

이상으로 부산참빛학교의 교육과정이 어떠한 교육철학적 바탕 위에서 구성되고 진행되고 있는지 살펴보았습니다. 이 책의 1부에 관찰기록된 1년간의 교과과정을 조금 더 깊이있게 이해하는 데에 도움이 되었으면 좋겠습니다. 교육의 본질은 '가르침'이 아니라 '배움'에 있다는 점을 마지막으로 다시 한 번 강조하고, 그러한 교육에 관한 관점의 전환이 어떤 식으로 교실에서 펼쳐지고 또 그것이 어떻게 아이들의 행복한 배움과 삶으로 이어질지 독자들이 그려볼 수 있기를 기대하며 책을 마칩니다.

아이들은 나무처럼 자란다